国家社会科学基金重大委托项目
“蒙古族源与元朝帝陵综合研究”
（批准号 12@ZH014）
学 术 成 果

张久和　刘国祥　主编

中国古代北方民族史

拓跋鲜卑卷

梁　云　白劲松　著

科学出版社
北　京

内 容 简 介

拓跋鲜卑为鲜卑一部，属东胡后裔。本书依据文献史料，结合考古学、民族学资料，在前人研究成果基础上，对386年拓跋珪建立北魏之前鲜卑拓跋部的历史做了较为全面的研究，内容涉及拓跋鲜卑的名称与来源、历史演变、经济生活、文化习俗、与诸族及诸政权的关系、呼伦贝尔地区拓跋鲜卑遗存考古发现与研究等方面，是一部研究拓跋鲜卑早期历史的学术专著。

本书适合于从事历史学、考古学、民族学等方面的专家、学者以及对中国古代北方民族史感兴趣者参考阅读。

图书在版编目（CIP）数据

中国古代北方民族史．拓跋鲜卑卷 / 张久和，刘国祥主编；梁云，白劲松著．—北京：科学出版社，2021.8

ISBN 978-7-03-069011-1

Ⅰ．①中…　Ⅱ．①张…　②刘…　③梁…　④白…　Ⅲ．①古代民族－民族历史－华北地区②拓跋鲜卑－民族历史　Ⅳ．①K289

中国版本图书馆CIP数据核字（2021）第107774号

责任编辑：孙　莉　雷　英　赵　越 / 责任校对：王晓茜
责任印制：赵　博 / 封面设计：张　放

科学出版社出版
北京东黄城根北街16号
邮政编码：100717
http://www.sciencep.com
涿州市般润文化传播有限公司印刷
科学出版社发行　各地新华书店经销
*
2021年8月第　一　版　开本：720×1000　1/16
2024年4月第五次印刷　印张：12 1/4
字数：246 000

定价：128.00元
（如有印装质量问题，我社负责调换）

《中国古代北方民族史》编辑委员会

编辑单位

中国社会科学院考古研究所
中国社会科学院蒙古族源研究中心
内蒙古自治区文物局
内蒙古大学历史与旅游文化学院
内蒙古自治区社会科学院历史研究所
呼伦贝尔博物院
呼伦贝尔学院民族历史文化研究院

编辑委员会

主　　编：张久和　刘国祥
副 主 编：何天明　白劲松
编　　委（以姓氏笔画为序）：

王　洁　王丽娟　王海城　田广林　丛德新
包文胜　冯　科　闫向东　孙英民　李春林
吴　飞　沈睿文　张文平　陈永志　陈星灿
胡玉春　袁　刚　倪润安　徐昭峰　殷焕良
曹建恩　崔剑锋　梁　云　魏　坚

《中国古代北方民族史》工作组

组　　长：刘国祥　白劲松

副 组 长：孙　莉　陈桂婷　王　珏　冯　科

成　　员（以姓氏笔画为序）：

于伯乐　于昊申　王　苹　王石雨　王东风

田彦国　白志强　邝漫华　任　翔　刘玉莹

刘旭东　刘江涛　孙　冰　宋岩金　张　宇

张克成　林　睿　哈　达　姜天华　栗媛秋

曹　磊　康准永　雷　英　燕云辉

作 者 简 介

梁云，女，毕业于内蒙古大学。历史学博士。呼伦贝尔学院三级教授。研究领域为北方民族史，主攻早期拓跋鲜卑史。发表学术论文20余篇。主持完成国家社会科学基金项目《拓跋鲜卑起源及早期历史若干问题研究》，内蒙古自治区哲学社会科学基金项目、内蒙古自治区高等学校科学技术研究项目若干项。现主持国家社会科学基金重大项目“东胡系民族历史文献整理与研究”子课题“乌桓、鲜卑历史文献整理与研究”。曾任呼伦贝尔学院历史文化学院副院长、民族历史文化研究院副院长，现任呼伦贝尔学院历史文化学院党总支书记。

白劲松，男，毕业于中央民族大学历史系。现任呼伦贝尔博物院党总支书记、院长。文博二级研究员。文化部优秀专家。主要研究领域为北方民族考古与历史。发表学术论文20余篇，主编、参编《海拉尔谢尔塔拉墓地》《呼伦贝尔民族文物考古研究》《呼伦贝尔民族文物考古大系》等多部学术著作。担任中国博物馆协会民族专业委员会副主任、蒙古族源项目呼伦贝尔办公室主任、内蒙古文物学会副会长、内蒙古博物馆学会副会长、内蒙古大学兼职教授。

北方民族史是中国历史的有机组成部分

——《中国古代北方民族史》（代序）

张久和　刘国祥

《中国古代北方民族史》（十卷本）经过策划、组织、研究和编辑工作，即将付梓。这是倡导者、组织者、研究者和编辑者诸同仁共同努力的结晶。面对多年来北方民族史领域丰富的学术成果，选择十个民族、按照大体一致的体例进行进一步的系统研究，力求在学术上有所推进，这对每一位研究者都具有很强的挑战性。今天，我们怀着惴惴之心把十部书稿呈送于学界，以求在学术难点、值得深度研讨的问题等方面引发更为深入的思考，探求更为全面、更为系统的学术研究途径，以期共同推进中国古代北方民族史的研究。

长期以来，前辈学者对中国古代北方民族史的研究取得了丰硕成果。中国国内，马长寿先生《乌桓与鲜卑》、林幹先生《匈奴通史》、田余庆先生《拓跋史探》、周伟洲先生《敕勒与柔然》、段连勤先生《丁零、高车与铁勒》、薛宗正先生《突厥史》等论著，基本都是以族别史体例研究北方民族史的力作，解决了许多悬而未决的问题，探寻出一些值得借鉴的研究方法，启迪着学者们的思路。1977 年由内蒙古自治区蒙古语文历史研究所历史研究室、内蒙古大学蒙古史研究室编写出版的《中国古代北方各族简史》，2003 年林幹先生的《中国古代北方民族通史》，在北方民族的通史性成果方面具有开创性。其他国家和地区的学者也向学界奉献了学术亮点独特的论著。法国汉学家德吉涅《匈奴、突厥、蒙古及其他西方鞑靼人通史》、英国学者巴克尔《鞑靼千年史》、法国史家勒内·格鲁塞《草原帝国》等著作，均涉及多个欧亚草原游牧民族的历史。

近些年来，随着改革开放各项文化事业的蓬勃发展，各族人民日益增长的物质文化、精神文化需求不断提高，对历史的关注度不断强化，北方民族史研究也越来越受到重视，促进了相关研究向前发展。学术成果的积累，科研团队的形成，研究出版经费的保障，为全面系统地研究中国古代北方民族史，编纂和出版北方民族史著作带来了机遇，提供了条件和保证。这部十卷本的《中国古代北方民族史》就是我们的一个初步尝试，付梓之际，诚待学界赐正，并期待对学术发展、社会文化进步有所裨益。

一

中国古代北方民族在广义上是对历史上曾经活动在中国古代北方地区的各个民族的总称；学界也有从狭义上专指以蒙古高原及周边地区为主要活动地域、以游牧业为主要生产生活方式、操阿尔泰语系诸语言的各民族的看法。国内学界一般将其简称为“北方民族”；国外研究者基于不同的认识，称其为“马背民族”“骑马民族”等。从狭义上讲，中国古代北方民族的历史，既包括蒙古族兴起以前的诸北方游牧民族史，又包括古代蒙古史。由于蒙古族兴起后，经过多个世纪的漫长岁月，已经由一个古代民族逐渐发展为现代民族，而且，早期蒙古史一般又与元史、北元—明代蒙古史、清代蒙古史及近现代蒙古史形成了比较完整的研究体系。因此，学界一般就将中国古代北方民族史的研究对象集中在公元前 3 世纪至公元 13 世纪活动在蒙古高原及周邻地区的各个民族，并形成了以族别史为特征又大体可以按照时间顺序研究的北方民族史研究体系。这些古代民族主要涉及匈奴、东胡、乌桓、鲜卑、柔然、敕勒—高车、铁勒、突厥、薛延陀、回鹘（回纥）、黠戛斯、契丹、库莫奚、室韦—达怛等各个游牧民族的历史。至今，学界针对这些民族的研究，已经涉及族源、政治、经济、风俗习惯、文化传承等各个方面，成果颇丰，学术争议点亦较多。而经过对各个民族历史的专题研究，努力寻求中国古代北方民族整体发展的历史规律仍然是有待突破的重点与难点。

中国历代汉文典籍中有关北方民族的历史记载是从事研究的基本史料。《史记》《汉书》《后汉书》《三国志》《晋书》《魏书》《北齐书》《周书》《隋书》《北史》《旧唐书》《新唐书》《旧五代史》《新五代史》《辽史》等纪传体史书,《资治通鉴》《续资治通鉴长编》等编年体史书,《通典》《通志》《文献通考》等典志体史书,《唐会要》《五代会要》等会要体史书,《元和郡县图志》《太平寰宇记》等地理总志以及《太平御览》《册府元龟》等大型类书以及其他体裁的古籍,均保留着与北方民族历史有关的史料。不过,由于各类史籍的成书年代不同,后出史书往往与先成史书有着抄录关系,内容也存在程度不同的沿袭继承;而且,随着历史的发展和情况的变化,后出史书又常常收录了为先成史书所不载的资料,增加了某些新的内容,加大了辨别取舍的难度。另外,各代史家对北方民族资料掌握的多寡不同,取舍角度有别,记述方式有异,所记内容与实际情况可能有一定出入,或存在误记错记等情况,也必须因时、因地、因人,因事详加考辨,方可在不断的研讨中逐步接近真实。尤其值得注意的是,由于历代中原史家不同程度地受到时代、民族、地域、立场和思想文化等诸方面的局限,也在相关文献中反映出对北方民族的歧视和偏见。基于上述,尽可能全面、系统地占有研究北方民族历史的汉文文献史料,并且进行详细比对、辨析,探明史源关系,明确史料价值,摒弃各种偏见,坚持客观评判的标准,在研究北方民族历史工作中显得格外重要。除了汉文史料以外,粟特文、突厥文、回鹘文、契丹文、西夏文、蒙古文、波斯文等文字的文献,多为北方民族记载的其自身的历史活动,有其不同的视角、内容、观点和方法,虽因文字的掌握与识读存在较大的难度,但对于全面深入研究北方民族历史文化却具有独特珍贵价值。中国学界不乏倡导和践行利用多语种文字史料进行综合研究的专家学者。

中国古代历史文献,记载内地王朝史一般都较为系统和丰富,相比之下,同一部古籍中有关北方民族史的史料则显得零散和匮乏。仅以记录北方各民族历史内容最多、最系统、相对可靠的正史即“廿四史”为例,与北方民族有关的史料主要是列传中的各族专传和纪、传、志、表当中的散见史料,系统性与涵盖面均存在误漏,甚至难以成章,形成研究中的诸多难题。因此,除了稽考、辨析、使用文献史料作研究以外,利用考古资料进行北方民族史研究也是学界传统。百余年来,北方民族的物质文化遗存有多少不等的发现,相关资料和研究成果相继发表,程度不同地为研究者提供了难得的研究依据。匈奴遗存主要集中在外贝加尔、蒙古国和中国境内的北方草原地带，发表的考古资料与研究性成果较多。其中，蒙古国境内的诺彦乌拉、高勒毛都，中国境内的桃红巴拉、阿鲁柴登等匈奴墓葬，为研究匈奴历史文化提供了珍贵的实物资料。乌桓的考古学文化虽然没有确论，但学界对夏家店上层文化、井沟子墓地、平洋墓葬、西岔沟墓群的探讨，对探究乌桓史有着重要的参考价值。拓跋鲜卑早期遗存主要集中发现于中国内蒙古呼伦贝尔地区，嘎仙洞遗址，扎赉诺尔、完工、孟根楚鲁、拉布达林墓葬等资料，为研究早期拓跋鲜卑史提供了重要依据。柔然考古学文化虽尚未被正式识别出来，但高昌文书等出土文献与《茹茹造像碑题记》《魏开府仪同长广郡开国高公妻茹茹公主闾氏墓志》等碑刻墓志丰富了柔然史资料。重要的突厥卢尼文碑有《暾欲谷碑》《阙特勤碑》《毗伽可汗碑》，与回鹘有关的碑铭有《磨延啜碑》《铁尔痕碑》《九姓回鹘可汗碑》等，在叶尼塞河流域发现的碑刻资料则多与黠戛斯有关。突厥、回鹘、黠戛斯的碑铭资料为研究提供了新的视角和维度，是研究北方民族历史文化的珍贵史料。此外，中蒙联合考古队确定了蒙古国的四方形遗址为回鹘贵族墓地，从而填补了回鹘考古学文化领域的空白，为研究回鹘历史文化提供了宝贵的考古资料。契丹的考古遗存早期以平民墓葬为主，辽朝建立后的耶律羽之家族墓、陈国公主与驸马合葬墓、吐尔基山辽墓、萧贵妃墓等资料，对契丹早期历史文化的研究也有重要参考作用。库莫奚考古目前可以确定的是《大王记结亲事碑》《奚国质子热瓌墓志》等十余通属于奚人的碑刻材料，内容或为史书所未载，或可与文献史料相印证，具有珍贵的史料价值。室韦考古学文化的发现、识别和研究，对于探索蒙古族族源具有重要学术意义。西乌珠尔、谢尔塔拉、岗嘎等墓葬资料的研究与运用，无疑使室韦历史文化的研究内容变得更加充实可靠和丰富多彩，并为蒙古族发祥、兴起于呼伦贝尔提供了确凿证据。总之，与北方民族相关的考古资料，在很大程度上有效地起到了与文献交互印证、补充文献记载之不足、纠正文献记载之错谬的作用。因此，充分结合运用考古资料研究北方民族史，将考古学与历史学密切结合是十分必要的。

先秦时期，北方民族已见载于史册。荤粥、猃狁、诸戎狄与商、周及春秋时期北方诸侯国，东胡、匈奴、林胡、楼烦与战国时期北方的燕、赵、秦诸国均有和战关系，东胡、匈奴、丁零等北方诸民族之间亦关系密切。秦末汉初，匈奴势力强大，东破东胡，西击月氏，北服丁零，控制蒙古高原及其周边，第一次建立了统一中国古代北方地区的游牧政权，与中原政权共同缔造着祖国的历史。东胡被击溃后，溃散的部众分别据保乌桓山和鲜卑山，因山名族，称乌桓、鲜卑。两汉时期，乌桓先后三次南迁，逐步进入中原北部，与汉、鲜卑、匈奴等融合。东汉时期，匈奴衰弱，南匈奴南迁入塞，北匈奴连续遭逢东汉联军攻击，最后远走西域，留下了值得重视的历史文化。蒙古高原上的匈奴余部并入鲜卑，鲜卑由此渐盛，继匈奴之后控制大漠南北，建立了地分东中西三部的部落军事大联盟。联盟瓦解后，鲜卑逐渐分化形成慕容、宇文、段、拓跋、秃发、乞伏诸部。魏晋南北朝时期，各支鲜卑渐次南迁，逐鹿中原，加入到民族大迁徙大融合浪潮之中。慕容、宇文、段、拓跋等部相互征伐，宇文战败，从中分化出契丹、库莫奚二部。同期，鲜卑后裔室韦见于文献著录，与契丹、库莫奚地分南北，活动于东胡及其后裔曾经往来驻牧的地区。吐谷浑自慕容鲜卑分离，迁徙甘青地区，后建立吐谷浑政权，史事绵延，直至唐代。慕容建立前燕、后燕、西燕、南燕，拓跋建立代，秃发、乞伏建立南凉、西秦等区域性政权。匈奴后裔建立有汉、前赵、北凉、大夏等政权。南迁的丁零也建立了翟魏政权。丁零后裔亦以“敕勒”“高车”“铁勒”等名称为史书所记载，分布于漠南漠北。最终拓跋鲜卑建立的北魏统一中国古代北方地区，形成了南北朝对峙格局。同期，东胡苗裔柔然兴起于大漠南北，建立柔然汗国。南北朝末期，随着柔然的衰败，突厥兴起并灭亡柔然，成为蒙古高原霸主，建立突厥汗国，强盛一时。唐初，突厥汗国被唐灭掉，大量突厥民众曾进入内地。后来突厥贵族重新建立游牧政权，再度控制蒙古高原。隋唐时期，铁勒分化出许多大大小小的部落。其中，铁勒部落中的薛延陀、回鹘在反抗突厥统治的过程中逐步强大起来，薛延陀一度建立政权，称雄漠北，后被唐灭亡。回鹘灭掉东突厥后汗国，建立回鹘汗国，与唐朝关系密切，9世纪中期被黠戛斯击溃。隋唐时期，进入中原的鲜卑逐渐融合于汉族以及各族之中。契丹与奚在突厥、回鹘不断衰落的过程中日益强大起来。唐末，契丹最终兼并奚、室韦等周边各族，随后在五代政权的更迭中得到燕云十六州之地，建立了与北宋对峙的辽朝政权。与蒙古族源关系密切的室韦各部，在唐代又被诸突厥语族部落称为达怛，并为唐朝中原人接受。蒙古族的祖先部落“蒙兀室韦”首见《旧唐书》记载，“蒙兀”是“Mongghol”（蒙古）的最早汉字译写形式。蒙古族发祥于今内蒙古额尔古纳河下游东南。唐朝中期以后，室韦—达怛诸部乘回鹘汗国衰亡之机，陆续西迁蒙古高原核心地带，或南迁至中原北部边塞。不难看出，在数千年的历史长河中，在中国古代北方地区，各个民族名号不断更换，政权轮番交替，与中原的往来绵延不绝、从未间断。辽金时期，与蒙古族有渊源关系的各部逐步壮大。至13世纪前后，在语言、地域、文化和经济生活上具有共同性的蒙古高原诸部具备了形成新的古代民族共同体的条件。1206年，铁木真统一蒙古高原诸部，在继承众多北方民族长期分化和融合历史的基础上，以室韦—达怛部落为核心和主要成分，吸收契丹等蒙古语族和回鹘等突厥语族部落，建立了大蒙古国（Yeke Mongghol Ulus）。至此，蒙古高原上大大小小的部落和民族兴衰演替的历史始告结束，各有名号的部落、民族统一在了“蒙古”名下[①]，古代蒙古民族共同体初步形成。蒙古族成为北方民族历史文化的集大成者，掀开了中国历史的新篇章。

北方民族以畜牧、狩猎为生业，“游牧”是其经济形态，“行国”是其政治表征。游牧经济比较脆弱，更多地依赖于自然环境和气候条件，迫切需要农副产品作为生产、生活的补充；农耕经济以定居为主，也十分需要游牧经济产品。游牧与农耕经济之间的差异性、互补性，导致双方谁也离不开谁，形成了互相依存、互相促进的格局。和平时期，官方、民间贸易交换频繁，各取所需；对峙争锋阶段，双方的战争也往往是经济因素在起着诱因和主导作用。许多时候，北方游牧民族及其政权更看重经济利益，更多地从经济角度出发制定策略，采取政治、军事行动；中原农耕民族及其政权包括入主中原的北族政权则常以中心、正统自居，更看重政治名分。经济发展的内在动力，使繁衍生息于蒙古高原及其周边地区的北方民族，掀起了一波又一波的向中原地区的南迁、南进运动，先后建立了统治区域大小不等的政权，与中原农耕民族发生了密切的政治、经济、社会和文化联系。匈奴、柔然、突厥、回鹘、契丹、蒙古等

① 亦邻真：《中国北方民族与蒙古族族源》，《内蒙古大学学报》1979年第3、4期。

建立的政权，打通了欧亚大陆草原世界，使得各民族之间的经济文化交流更为频繁，更为广泛，其历史不但是中国历史的有机组成部分，并且也成为亚洲史、欧洲史的研究内容。鲜卑、契丹、蒙古等民族更是建立了囊括中国古代北方地区和中原地区的政权，或统治中国古代北方，或实现了全国大一统，直接把游牧和农耕两种文化融汇在一起，你中有我，我中有你，互相认同，在深刻地改变和创造中国历史的同时，也在潜移默化地改变和重塑着自己。

史实证明，在中国历史上的各个时期，都有北方民族程度不同地参与到创造中国多元历史文化的进程之中，印证了中国的历史是由各民族共同创造的发展规律。

二

中国古代北方民族史历来备受国内外学术界的重视，论著颇丰。但是，由于研究者所处时代不同，立场、价值观、研究方法等有别，加之资料匮乏，今天看来，有些成果多带有时代的烙印，存在争议而尚未解决甚至难以解决的问题较多，在一些具体问题上形成了许多不同的观点，也构建了某些不同的话语体系。近代以来，由于中国陷入半封建半殖民地社会深渊，国家影响力大幅度降低，历史学研究的环境、条件、人才等均遭受到严重的桎梏与影响，在北方民族史研究领域的话语权逐步弱化。与此形成鲜明对比的是，19 世纪末以来，西方和日本学界对于中国古代北方民族史的研究日趋深入，其理论方法和研究成果迭出，形成了多种话语体系并存的局面。在试图阐释中国古代北方民族历史进程的时候，对国外学界的相关说法予以关注和述评，明确我们的初步认识和看法，是十分必要的。

（一）西方汉学与“内亚史观”

19 世纪末 20 世纪初，传统汉学在西方逐渐转化为一门独立学科。法国学者沙畹（Édouard Émmannuel Chavannes）将汉文文献与西方实证主义史学相结合，使汉学逐渐发展成为现代化的专门学科。伯希和（Paul Eugène Pelliot）结合文献学与历史比较语言学，发展了历史语言学考证法，沿用了欧洲早期汉学家惯用的“高地亚洲”（la Haute Asie）概念，并将地中海、印度与中国中原地区之间七八百万平方千米的广阔“弓形”地域统称为“中央亚细亚”（Central Asia），认为“中央亚细亚”既是地中海世界、印度与中国中原地区之间的地理屏障，又是这三个文明中心之间的联系纽带，彼此之间联系与影响的程度虽因历史变迁有所差异，但从未间断[①]。

塞诺（Denis Sinor）在“高地亚洲”概念基础上提出了大体相同于中央欧亚（Central Eurasian）的“内亚”（Inner Asia）理论，他将中央欧亚视为一个不同于周边文明板块的独立的文明区域，其中又可以根据自然环境、经济生活和语言文化的差异，划分出若干的亚文化类型。游牧生产生活方式是这些类型中最为成功的一种[②]，而不同的亚文化类型在历史进程中逐渐向趋同性发展。中央欧亚在大多数历史时期都是挑战欧亚各大文明的“蛮族”的活动舞台，“传统文明的承载者与来自内亚的蛮族之间的冲突对抗与交流互动，构成了理解人类历史发展的一条基本主线”[③]。

美国学者傅礼初（Joseph F. Fletcher）是内亚史观的代表人物之一。语言上的优势使他能够打破汉学、阿尔泰学与伊斯兰学之间的藩篱，站在“全史”（Integrative history）的角度来审视内亚在世界历史中的地位和作用，进而总结内亚游牧帝国演变转型的规律性问题。而对20世纪中后期现代社会学、政治学、人类学等社会科学理论的吸收，则进一步促使其从宏观上思考欧亚大陆各地区历史发展的趋同性与合流性问题。他认为，历史现象中存在“关联性”（interconnections）与“延续性”（continuties）现象，而要认识这两种现象，就必须先要对不同地域之间的社会、经济、文化等领域的平行性现象进行研究，考察其内在联系，

---

① 〔法〕伯希和：《高地亚洲》，耿世民译，《民族史译文集》第6辑，中国社会科学院民族研究所，1978年，第1—3页。

② 〔美〕丹尼斯·塞诺：《论中央欧亚》，《丹尼斯·塞诺内亚研究文选》，中华书局，2006年，第5页。

③ 钟焓：《重释内亚史——以研究方法论的检视为中心》，社会科学文献出版社，2017年，第3页。

归纳出欧亚大陆人类社会的整体发展趋势[①]。

拉铁摩尔（Owen Lattimore）也是20世纪美国著名的内亚史学者，在塞诺提出“内亚”理论之前，拉铁摩尔已在对中国北方田野调查与文献研究的基础上形成了“中国边疆理论”。拉氏关注的“内亚”仅限于当时中国境内的蒙古、东北、新疆、西藏四个地区，并没有后来塞诺所认为的那样广阔。他将中国的这四个边疆地区视作各自具有独立地理环境、社会、经济和政治特征的有机整体，建立了一套历史学与历史地理学、社会生态学相结合的理论体系，用以探究每个边疆地区内部的机制特性，进而考察每个地区与中原地区的关系特征[②]。拉氏认为，特定的地理环境决定了每一边疆地区的经济形态，进而在经济形态上产生出不同的社会与政治形态。

“内亚史观”从北方民族和内陆边疆的视角来审视欧亚大陆历史的变迁与发展，对于习惯了从中原王朝视角看待内陆边疆与北方民族的中国传统史学来说具有启发和借鉴意义，从方法上讲，有助于推动北方民族史研究的发展。但“内亚史观”片面强调内陆亚洲在地理环境、经济生活、政治传统、文化习俗等方面的独特性、差异性和连续性，罔顾中国古代北方地区与中原地区、北方游牧民族与中原农耕民族之间长期密切的政治、经济、文化联系，淡化双方的共同性和相互影响、互相依存、彼此交融的历史事实，忽视北方游牧民族对中原地区的向心力与相互认同的历史事实，刻意构建“内陆亚洲”文化本位和独立的“内亚体系”“内亚传统”，一定程度上存在解构中华民族多元一体民族观和统一多民族国家观的意图。对此，我们应当有清醒认识。在研究中，要把握中国古代北方民族史与所谓“内亚”民族史的本质区别、中国古代北方民族史与中华民族多元一体格局历史发展的内在有机联系和多民族共同创造中国历史的大原则。

---

① Joseph F. Fletcher. Integrative history: parallels and interconnections in the early modern period, 1500-1800 [《全史：论早期近代（1500—1800）的平行化与关联性》]. Studies on Chinese and Islamic Inner Asia. Variorum Ashgate Publishing Limited, 1995, pp.1-35.

② 〔美〕拉铁摩尔著，唐晓峰译：《中国的亚洲内陆边疆》，江苏人民出版社，2010年，《译者的话》第2页。

（二）日本的“东洋史学”

日本明治维新后，国力迅速增长，在“脱亚入欧”思潮影响下，开始向西方列强学习，走上了对外侵略扩张的道路。为了服务其政治需求，以中国、朝鲜等东亚或东北亚国家的历史、地理、文化等为主要研究对象的所谓“东洋史学”应需而兴，而且，与军事侵略目标相关联，提出了一系列论调，在北方民族史研究领域形成了殖民色彩浓郁的“东洋史学”话语体系。

白鸟库吉等人以兰克学派的实证主义为指导，在研究过程中注重文献考证与实地调查有机结合，形成了“东洋史学东京文献学派”，其学术成果在一定程度上促进了北方民族史研究的进一步深入。然而，为日本帝国主义殖民扩张服务的主要目的，却使其论著体现出了强烈的政治意图和鲜明的殖民主义色彩。

白鸟库吉等人着意构建了“满鲜史观”，提出了“间空地论”与“南北二元对抗论”。“满鲜史观”的本质即“满鲜一体论”。认为“满洲”与朝鲜半岛在历史上种族相同，文化习俗与宗教信仰相近，是一个不同于中国内地的独立的历史地理单位①。“间空地”系指三方势力处于均衡态时的缓冲地带，一旦这种均衡态被打破，“间空地”便会被实力相对强大的一方所占据②。在“满洲”和朝鲜半岛的历史上曾多次出现过“间空地”，而这些“间空地”实质上是“无主之地”，不属于中国和朝鲜任何一方③。可以看出，所谓的“间空地论”实际上是在为日本侵占中国东北和朝鲜半岛提供“历史依据”和“学理依据”。

“南北二元对抗论”的核心含义，则是人为地将中国古代北方游牧民族与中原汉族割裂开来。认为历史上的匈奴、夫余、肃慎、乌桓、鲜

---

① 〔日〕旗田巍：《滿鮮史の虚像》，《日本人の朝鮮観》，勁草書房，1969年，第138頁；〔日〕稲葉君山：《滿鮮不可分の史的考察》，《支那社会史研究》，大鐙閣，1922年，第299頁。

② 张文静：《〈满洲历史地理〉的学术特征及观点倾向》，《史学集刊》2015年第4期。

③ 〔日〕白鳥庫吉：《白鳥庫吉全集》第十卷，岩波書店，1971年，第152、153頁；〔日〕白鳥庫吉監修，箭内亙、稲葉岩吉、松井等：《滿州歷史地理》第一卷，南滿州鉄道株式会社，1913年，第44、45、81頁。

卑、室韦、柔然、突厥、契丹、蒙古都是与汉族敌对的“外族”或“外国”，整个东亚大陆的历史就是以长城为界的中原汉族与北方民族对抗的历史①。这种论调将“汉地”等同于“中国”，刻意突出南北民族间的对抗史，而对各族关系发展中在时间、空间占主要地位的封贡、和亲、互市等和平交流史视若不见。

日本的矢野仁一是“东洋史学京都学派”的代表性人物，主要致力于中国近现代史的研究，是日本中国近现代史研究的重要开创者。在为日本帝国主义侵华提供“理论依据”方面，矢野比白鸟等人更加积极，也走得更远。从20世纪20年代开始，他先后发表了《支那无国境论》《满蒙藏非支那本来领土论》《支那非国家论》《历史上满洲的支那主权无根据论》《日本在满蒙的正当地位》等一系列文章，公开鼓吹“满蒙非中国论”“长城以北非中国论”“中国非国论”等谬论。在矢野搭建的体系中，中国领土的形成是近代以来列强与清政府交涉的结果，古代中国并没有明确的领土和边境概念，中央政府实际能够控制的领土大多局限在长城以内。矢野的这套理论不仅为日本帝国主义侵华提供了“合理”依据，还妄图解构中国各族人民的国家认同，瓦解抗日斗志，进而达到分裂中国，各个击破的目的，可谓阴毒至极。

20世纪初期，日本史学界为了配合日本军国主义侵略扩张和殖民目的而形成的赤裸裸的话语表述，虽然已经随着时代变迁、社会进步而寿终正寝，但是其论调的变种仍不绝于世，应该引起学界的重视。

（三）泛突厥主义

19世纪后期，为反抗沙皇俄国的民族压迫并与“泛斯拉夫主义”运动相抗衡，“泛突厥主义”思潮在沙俄境内的突厥语族人群中兴起。克里米亚的鞑靼人伊斯梅尔·迦斯普林斯基（Ismail Gasprinskiy）将近代西方历史比较语言学概念中的“阿尔泰语系突厥语族”等同于“突厥民族”，人为创造出了一个在现实世界中并不存在的民族，并试图将沙俄境内的突厥语族人群联合起来。泛突厥主义思潮兴起后，很快传入面临崩溃边

① 〔日〕白鳥庫吉監修，箭内亙、稲葉岩吉、松井等：《滿州歷史地理》第一卷，第32、189、199、219、220頁。

缘的奥斯曼帝国。被称为“土耳其泛突厥主义之父”的兹亚·乔加勒普（Ziya Gokalp）设想将亚得里亚海至日本海这片广阔地域上的所有突厥语人群统一起来，建立一个“大图兰”国家，这便是所谓的“大图兰主义”。1923 年，兹亚·乔加勒普的《突厥主义原理》问世，提出了“三步走实现突厥民族政治联合”的主张[①]。

泛突厥主义形成后不久，便与泛伊斯兰主义一道通过俄国鞑靼人和奥斯曼土耳其人传入中国新疆地区，催生出了新疆分裂主义。20 世纪三四十年代，混乱的时局和外部势力的推波助澜使得泛突厥主义和分裂主义思想在新疆地区大行其道，不但产生了《东突厥斯坦历史》这种新疆分裂主义的代表作，还先后出现了“东突厥斯坦伊斯兰共和国”“东突厥斯坦共和国”两个分裂政权。虽然最终都归于失败，但是却扩大了新疆分裂主义的影响。中华人民共和国成立后，泛突厥主义和新疆分裂主义一度得到有效遏制，几乎销声匿迹。但是改革开放后，随着对外联系和交往的日益增多，泛突厥主义和新疆分裂主义再度沉渣泛起，而且呈现出一些新的现象[②]。在“理论”层面,《匈奴简史》《维吾尔人》《维吾尔古代文学史》等一系列宣扬“维吾尔斯坦一贯独立论”的著作陆续出版。在实践层面，“东伊运”“世维会”等恐怖组织先后组建，并在新疆等地制造了多起暴力恐怖事件，对中国国家安全和新疆各族人民的生命财产造成了严重危害。

历史上的“突厥”，主要是指 6—8 世纪活跃在中国古代北方地区的青突厥人，曾以蒙古高原为主要地域建立过东突厥汗国。但随着 745 年东突厥后汗国的灭亡，突厥人在之后的漫长岁月中逐渐与其他民族融合，“突厥”已经成为一个历史名词。9 世纪以后，出现于欧洲、阿拉伯文献中的“Turk”（汉译为“突厥”）实际上泛指阿尔泰语系突厥语族游牧人，并无民族学上的确切含义[③]。泛突厥主义既无历史依据，又无现实基础，其人为制造的所谓“突厥民族”与中国古代北方地区的青突厥人没有任

---

① 张玉艳:《泛突厥主义在土耳其的由来与发展》,《国际政治研究》2019 年第 5 期。

② 张玉艳:《新疆分裂主义中的突厥因素研究》，兰州大学博士学位论文，2015 年，第 225、226 页。

③ 亦邻真:《成吉思汗与蒙古民族共同体的形成》,《内蒙古大学学报》1962 年第 1 期。

何民族学上的联系和继承关系，维吾尔族祖先回鹘人与突厥人也没有直接历史源流关系。泛突厥主义完全是19世纪末以来俄罗斯、土耳其等国突厥语族人群中的所谓精英分子，基于唯心史观和历史虚无主义、民族沙文主义的痴心妄想，其“大图兰联邦”的诉求更与现代以主权国家为主体的国际社会格格不入，没有任何实现的可能性。泛突厥主义传入中国后，则演变为分裂主义分子用来谋求新疆独立的工具，并于20世纪90年代后呈现出日益极端化、恐怖主义化的特征。对于泛突厥主义及其各类衍生变种的巨大危害，我们务必要认识明确，高度警惕，并做好与其进行长期不懈斗争的准备。

（四）征服王朝论

1949年，美籍德裔学者魏特夫（Karl August Wittfogel）在与中国学者冯家昇合著的《中国辽代社会史（907—1125）》[History of Chinese Society, Liao（907-1125）] 总述中提出了“征服王朝论”。魏氏将中国历史上的王朝，按照社会文化形态划分为“典型中国朝代”和“征服与渗透王朝”。其中，“典型中国朝代”包括秦、两汉、魏、两晋、南朝、隋、唐、两宋、明。十六国诸政权、北朝、辽、金、元、清则被定性为“征服与渗透王朝”。而“征服与渗透王朝”又可根据其对汉文化的态度归为两类，第一类是以十六国诸王朝、北魏为代表的“渗透王朝”，这类王朝在华北地区通过以半和平的渗透而建立政权[①]，它们对汉文化的态度倾向于吸收；第二类为辽、金、元、清四个“征服王朝”，这类王朝以征服部分或全部汉族居住地而建立政权，其对汉文化的态度倾向于抵制。在“征服王朝”内部，又因对汉文化抵制程度的强弱再细分为三个类别，其中辽、元为文化抵抗型，金为文化让步型，清则介于二者之间，为文化过渡型[②]。在论述这些文化关系时，魏氏引入了人类学中的涵化（Acculturation）概念，认为“征服与渗透王朝”与汉地之间

---

① 郑钦仁、李明仁译著：《征服王朝论文集》（修订版），稻乡出版社，2002年，第1页。

② 〔美〕魏特夫、冯家昇：《中国辽代社会史（907—1125）总述》，苏国良等译，《征服王朝论文集》（修订版），第51页。

的文化接触会在各种不同的情况中发生，且其接触的程度（Degree）和强度（Intensity）不相同，只要社会没有实现完全融合，文化差异就会一直存在[①]。

征服王朝论经由田村实造等人传入日本之后，在日本史学界引起巨大反响，成为日本北亚史学界的主要研究课题。根据研究领域和观点的不同，大致形成了三种不同的概念。第一种以田村实造、护雅夫、吉田顺一等为代表，他们大体上赞同魏氏的理论，认为金、清与辽、元并列，都是征服王朝，但要将征服王朝放在北亚世界历史发展的进程中加以讨论[②]。北亚世界从游牧社会向农牧社会的体制变化，是游牧社会、国家发展为征服王朝的决定性因素。整个北亚游牧民族史以辽为界，可以划分为游牧国家和征服王朝两个时期，征服王朝是游牧社会、国家发展的一个归结[③]。由于征服部族的北亚属性，征服王朝在政治、军事、经济、文化等方面均呈现出"二元制"的特性。第二种以村上正二为代表。他认为"具有强烈的游牧民的自觉意识（self-consciousness），在其意识之下征服、并统治农耕社会的游牧民王朝"[④]，才能称之为"征服王朝"。而北匈奴、柔然等纯粹的游牧国家以及南匈奴、北魏等渗透王朝都不能发展为征服王朝，只有继承了突厥帝国和回鹘帝国基于同一语言文化意识的强烈的民族文化意识和游牧都城文化传统的辽、蒙古帝国、元等才能发展为征服王朝[⑤]，金、清两个王朝则被排除于征服王朝之外。在征服王朝中，辽朝是二元社会，元朝是更多元的复合社会。第三种的代表人物为岛田正郎。岛田对魏特夫的征服王朝论进行了批判，他认为辽朝不建郊

---

① 〔美〕魏特夫、冯家昇：《中国辽代社会史（907—1125）总述》，苏国良等译，《征服王朝论文集》（修订版），第 11 页。

② 〔日〕田村实造：《中国征服王朝——总括》，李明仁译，《征服王朝论文集》（修订版），第 74 页。

③ 〔日〕护雅夫：《内陆亚世界的展开·总说》，郑钦仁译，《征服王朝论文集》（修订版），第 169 页。

④ 〔日〕村上正二：《征服王朝》，郑钦仁译，《征服王朝论文集》（修订版），第 114 页。

⑤ 〔日〕村上正二：《征服王朝》，郑钦仁译，《征服王朝论文集》（修订版），第 120 页。

丘，不行郊祀，转而将“祭山仪”[①]作为国家最重要仪式的做法，是故意对中国王朝政教传统的排斥，故而应当将辽朝置于中国王朝系列之外，视为胡族国家[②]。

魏特夫试图对中国古代史上的王朝类型提出一种“合理”的解释，但其对中国历代王朝的分类明显是基于中原汉族文化立场的，出发点就是狭隘的，有悖于历史和现实的证据事实。在具体划分过程中，片面地夸大了北方民族王朝“渗透”或“征服”的主导性，与其双向涵化的观点自相矛盾[③]。故其结论必然是不科学和不能成立的。在日本，征服王朝论则发展出了新的倾向，日本学者更注重从北亚史的视角观察研究征服王朝，并将征服王朝的出现看作是北亚游牧社会历史发展的必然结果。这实际上人为地割断了历史上北方游牧民族与中原汉族之间的密切互动与联系，夸大了游牧社会和游牧经济在历史变迁中的独立性，是对中国社会多元性和统一多民族国家的国家性质的否定。

（五）蒙古地区一贯独立论

“蒙古地区一贯独立论”是 20 世纪中后期以来在蒙古国兴起的一种有关北方民族的认识和定位的话语体系。该理论认为，蒙古地区从公元前 3 世纪匈奴兴起时开始，直到 21 世纪的今天，一贯是独立于中国之外的[④]。宣扬蒙古地区一贯独立论的主要著作有《关于匈奴的社会制度问题》《匈奴人的经济、社会、文化和族源》等。一些蒙古国学者为了证明“蒙古地区自古以来便是独立的”观点，错误地将匈奴作为蒙古族的族源，认为匈奴、鲜卑、柔然、蒙古等北方民族从种族到经济文化都是一脉相承的，独立地在蒙古高原先后发展起来的。基于此，他们认为，从匈奴单于国、鲜卑部落军事大联盟、柔然汗国到大蒙古国等北方民族政权都

① （元）脱脱等：《辽史》卷四十九《礼志一》，中华书局点校本，1974 年，第 834 页。

② 〔日〕岛田正郎：《征服王朝乎？胡族国家乎？》，李明仁译，《征服王朝论文集》（修订版），第 232—234 页。

③ 李志安：《民族融汇与中国历史发展第二条基本线索论纲》，《史学集刊》2019 年第 1 期。

④ 林幹：《中国古代北方民族史新论》，内蒙古人民出版社，2007 年，第 52 页。

是一贯独立的[①]。

众所周知，蒙古地区在历史上一直是中国的一部分，不同历史时期在蒙古高原上活动的匈奴、鲜卑、柔然、突厥、回鹘、蒙古等都属于中国古代北方民族，这是基本的历史事实。1921年7月，外蒙古在苏俄的支持下事实独立；1946年1月，国民政府承认外蒙古独立，蒙古国从法理上获得了独立地位。可见，蒙古的独立是20世纪才发生的事情。不能因为现在的蒙古国是一个独立国家，就认为蒙古地区是一贯独立的，数千年来活动于蒙古高原的北方民族所建立的政权也是一贯独立的。我们采用谭其骧先生确定的以18世纪50年代至1840年期间的清朝版图为历史上的中国范围，出现在漠南漠北的蒙古族及历史上的北方各民族，都是中国古代北方民族，不能因为曾在今天蒙古国之内活动就不算历史上中国的民族。但我们也不反对蒙古国在写他的历史时把这些北方民族写成他的先民[②]。

（六）“新清史”与“大元史”

20世纪90年代以来，美国史学界兴起了反对“汉族中心论”、强调清朝统治与历代汉族王朝的区别为特征的“新清史”，其代表人物有路康乐（Edward Rhoads）、欧立德（Mark C. Elliott）、柯娇燕（Pamela K. Crossley）、罗友枝（Evelyn Rawski）等。欧立德曾对“新清史”的学术观点进行过总结，认为“新清史”最关键的学术主张有三条：一是清史研究必须重视清朝的“内亚维度”（Inner Asian Dimension），强调清朝统治的内亚性质[③]；二是清史研究必须利用满文、蒙古文、藏文、维吾尔文等非汉文资料，尤其是满文资料；三是清史研究必须要有全球视角，立足于全球史语境。从学术研究方法上来讲，“新清史”提倡的充分利用非汉文资料和全球视角是有利于清史研究发展的。但“新清史”片面强调清朝与蒙古、西藏、新疆等地区文化联系的重要性，有意或无意地忽视

① 林幹：《中国古代北方民族史新论》，第53页。

② 谭其骧：《历史上的中国和中国历代疆域》，《中国边疆史地研究》1991年第1期。

③ 沈卫荣：《大元史与新清史——以元代和清代西藏和藏传佛教研究为中心》，上海古籍出版社，2019年，第214页。

掩盖满族文化与汉地文化间的密切程度远超前者的历史事实[①]，从而构建清朝“内亚帝国”性质的做法，体现了西方学术界的意识形态偏见和西方的东方主义学术传统的话语霸权。与此同时，日本出现了力图将蒙古族建立的元朝从“古代中国王朝历史”的叙事框架中分离出来，转而把它置于全球史、欧亚史之中，从而形成一种比肩“新清史”的“大元史”叙事模式。元朝和清朝作为中国历史上的正统王朝，其政权和疆域以及多民族的历史文化是由蒙古族、满族、汉族和其他各族人民共同创造的，其统治中国的合法性也受到了当时和后世中国各族人民的普遍认可。因此，将元朝和清朝视为与中国王朝对立的“内亚帝国”缺乏充分的历史依据和法理依据。

通过梳理大略可知，关于19世纪末叶以来北方民族史领域的各种西方话语体系，要么是基于现代西方资产阶级立场和现代民族国家价值取向的认知偏差，要么是为帝国主义侵略中国或者分裂分子割裂中国提供的理论依据。虽然主观动机不同，但二者都是不符合历史事实的错误认识和观点。这些错误认识和观点，对中华民族多元一体的民族观和统一多民族国家的国家观形成了严峻挑战，对我国的民族团结和国家安全可能会产生负面影响，对部分研究北方民族史的学者的理论思维可能会带来一定偏差，对人民群众、高校学生学习和认识中国历史可能会形成一些误导，其危害性不可失防。因此，加强对中国古代北方民族史的全面系统性研究，构建客观科学的话语体系刻不容缓。

三

《中国古代北方民族史》（十卷本）研究的历史上的中国疆域范围和北方民族，按照1981年5月谭其骧先生在“中国民族关系史研究学术座谈会”上的讲话内容作为基本原则来把握[②]。即以几千年来历史发展所自然形成的中国为历史上的中国，以18世纪50年代至1840年这段时期的

① 李治安：《民族融汇与中国历史发展第二条基本线索论纲》，《史学集刊》2019年第1期。

② 谭其骧：《历史上的中国和中国历代疆域》，《中国边疆史地研究》1991年第1期。

清朝版图作为历史时期的中国范围。在这个范围内活动的匈奴、鲜卑、柔然、突厥、回鹘、契丹等民族，都是中国历史上的北方民族，这些民族建立的政权都是中国历史上的北方民族政权。

这次撰写的十个民族的历史，以中国历史上活动在蒙古高原及其周边地区的匈奴、乌桓、拓跋鲜卑、柔然、突厥、回鹘、黠戛斯、契丹、库莫奚、室韦为研究对象，以族别史体例为整体设计，每个民族自成一卷，史观、体例、内容安排等力求一致。各卷作者按照编写体例和要求，以唯物史观为指导，吸收借鉴前人研究成果，依据文献和考古资料，对诸民族的族名族源、历史变迁、政治制度、生产生活方式、文化习俗、民族关系、最后流向等尽可能作了较为全面的阐述，对一些具体问题作了较为深入的探讨，提出了自己的看法，对北方民族的历史作用、影响和贡献尽量作了客观的评价。各卷或多或少体现出以下特点：①既有相对一致的结构，又根据具体情况谋篇布局，尽可能完整地呈现各自的学术思路与逻辑特点；各族的历史内容既属于全书整体不可或缺的重要部分，又相对独立成书。②尽可能详细占有史料，注意充分辨析史料的史源关系，运用有价值史料进行研究。③各卷根据具体情况，充分结合运用考古资料，以达到用实物资料证史、补史、纠史的作用，突出历史学与考古学的综合研究。④运用古代民族文字史料，如突厥文、回鹘文、契丹文资料等进行研究。⑤利用汉语音韵学、民族史语文学方法进行研究，辨析相关说法。

《中国古代北方民族史》（十卷本）是作为国家社会科学基金重大委托项目“蒙古族源与元朝帝陵综合研究”子课题而开展研究、编写的一套书稿。选取的十个古代北方民族，既有内在的历史联系，又与古代蒙古族存在或近或远、或直接或间接的渊源关系。通过系统论述匈奴等十个北方民族的历史变迁，可以启发与蒙古族族源有关问题的思考，澄清一些错误认识。

长期以来，中外学界针对蒙古族族源开展了广泛研究，形成有匈奴、东胡、鲜卑、敕勒—高车、柔然、突厥、蒙汉同源、吐蕃、室韦、突厥、吐蕃混合、东夷等十余种观点。中国学界主流看法认为，蒙古族祖源东胡，鲜卑—室韦—蒙古有一脉相承的历史渊源。这一学术观点有着更为充分的历史文献学依据和考古学证据。《旧唐书·室韦传》记载有望建河

（即今额尔古纳河及黑龙江）“其河源出突厥东北界俱轮泊，屈曲东流”，“东经蒙兀室韦之北”。《史集》亦载，远古时期蒙古人居住在“额尔古涅·昆”一带。今内蒙古自治区额尔古纳河右岸是蒙古族发祥地。历史文献的相关记载和研究成果显示，室韦和鲜卑译名根据相同，与早期拓跋鲜卑活动地域相同、语言相通、有代表性风俗习惯相近等特征，可证室韦的主要部分应与早期拓跋鲜卑同源。室韦即南北朝时期入据中原的拓跋鲜卑统治者给予鲜卑后裔的新的汉字译写形式。内蒙古自治区呼伦贝尔市陈巴尔虎旗西乌珠尔墓地、海拉尔区谢尔塔拉墓地和陈巴尔虎旗岗嘎墓地，分别代表了7—8世纪、9—10世纪和8—10世纪的室韦遗存①。相关考古遗存的发掘和研究，也为蒙古族主体来源于室韦，以及呼伦贝尔是蒙古民族发源地提供了有力佐证。在呼伦贝尔地区系统开展田野考古调查和发掘工作，为蒙古族族源研究提供系列考古实证资料，同时开展历史学、考古学、民族学、人类学、民俗学、语言学等多学科综合研究，推出具有影响力的蒙古族族源研究领域的学术成果，确立内蒙古呼伦贝尔地区作为蒙古族发祥地的重要历史地位，有助于澄清学术界关于蒙古族族源研究的各种说法，推进相关学术研究的进展。

中国古代北方民族的历史绵延数千年，是中国历史的有机组成部分。中国历史不但包括汉族、北方民族建立的内地（中原）王朝史，也包括北方民族建立的政权史。在中国历史的不同时期，生活在不同地区、经济形态有别、风俗习惯有同有异的多民族之间的相互交往、彼此影响、吸收交融从来就没有停止过。北方民族与中原汉族建立起了密切的政治、经济、社会和文化联系，而建立在中原的北族王朝则无不以中原“正统”自居。北方民族史与内地王朝史有机的融合，不断地推动着中国历史的发展进程。中国古代各民族、各地区的历史共同构成了中国历史的有机整体。中华民族的悠久历史和灿烂文化，是包括北方民族在内的中国历史上各个民族交融共进共同创造的。北方民族是中华文明进程的重要参

① 中国社会科学院考古研究所、内蒙古自治区文物考古研究所、北京大学考古文博学院、呼伦贝尔民族博物院呼伦贝尔联合考古队：《内蒙古陈巴尔虎旗岗嘎墓地》，《考古》2015年第7期。

与者和推动者，对中国古代疆域、中西文化交流、中华民族多元一体格局的形成、中国历史文化的发展和进步做出了不可磨灭的贡献。近代以来，汉族和各少数民族的命运共同体更为牢固，共同建立了统一的多民族国家。研究中国古代北方民族史是北方民族历史与考古工作者义不容辞的责任。系统全面研究中国古代北方民族史，清晰梳理其来自哪里去向何方的历史变迁过程，深入探究其政治、经济、社会、文化的内涵及其发展规律，深刻阐释其与中国历史上汉族及其他民族建立的内地王朝政权的关系，充分认识其历史地位、作用与贡献，对深入学习和认识中国史，树立正确的历史观、民族观、国家观，维护民族团结、国家统一局面，铸牢中华民族共同体意识均具有重大的理论和现实意义。

前　言

拓跋鲜卑是中国北方古老民族东胡后裔，最初在今大兴安岭北部和呼伦贝尔草原活动，东汉末期迁徙至阴山以北，加入到鲜卑檀石槐军事部落大联盟之中。魏晋南北朝时期，先后在呼和浩特平原建立代和北魏政权。以北魏建立为分界线，拓跋鲜卑历史包括建立政权之前的拓跋部和之后的拓跋魏两个时期。建立政权之前拓跋部历史包括“大鲜卑山”时期、“大泽”时期、“匈奴故地”时期和“盛乐”时期四个阶段，拓跋魏王朝史从386年北魏建立，至398年拓跋珪迁都平城、493年拓跋宏迁都洛阳，至534—535年北魏分裂为东魏和西魏。本书内容主要涉及拓跋鲜卑建立政权之前拓跋部族的历史或称拓跋鲜卑早期历史。

拓跋鲜卑是中国古代第一个入主中原建立政权统一北方地区的游牧民族，它所建立的北魏王朝是中国历史上一个重要朝代，上承汉晋之风，下启隋唐气韵，开创了长城内外连成一片、政治一体、经济互补的统治格局，在中华民族多元一体形成过程中起着非常重要的作用。对早期拓跋鲜卑历史进行全面系统研究，具有重要的学术价值和现实意义。

《宋书》《南齐书》《魏书》《晋书》等古代历史文献有关拓跋鲜卑的记载是研究拓跋部族历史问题的文献依据；半个多世纪以来陆续发现的考古发掘成果与文献史料相互补证，为我们系统深入研究早期拓跋鲜卑的政治、经济、社会、文化习俗、民族关系等提供了实物资料的支撑。不同时代的中外史学研究者对拓跋鲜卑不断进行探索研究，取得的丰厚成果是进一步研究拓跋鲜卑部族史的基础。本书试图在辨析拓跋鲜卑基本史料基础上，充分利用考古资料，总结吸收前人研究成果，较为系统地阐述拓跋部的名称与来源、历史变迁、经济生活、民族关系、文化习俗和考古学文化等内容。全书分七章，梁云撰写了第一至第六章，白劲松撰写了第七章。

需要说明的是，文中许多观点融合了前代和当代学者的研究成果，本人在注释中已逐一列出。对学界尚无定论的问题，一般不做辨析。在进行拓跋鲜卑部族历史研究过程中，即便经过艰难的甄别与梳理，尽力将新的研究成果融入其中，仍自觉还有许多方面难如人意。有些想法自觉合理，就比较坚决地写了下去，得出一些相关的结论，也许很不成熟，敬请专家学者和广大读者批评斧正。

目　　录

第一章　拓跋鲜卑的资料和研究概况

中国古代不同时期的历史文献有拓跋鲜卑历史的记载。通过对这些文献史料的梳理与辨析，可以获知拓跋鲜卑历史变迁的大致情况，是研究拓跋鲜卑历史诸问题的文献依据。此外，在不同历史时期的不同区域，拓跋鲜卑留下了诸多遗迹，通过考古调查和发掘，形成了一些考古资料，为进一步研究拓跋鲜卑的起源地、地域迁徙、早期社会状态、经济生活、文化习俗等诸问题提供了更为直观形象的材料，也是研究拓跋鲜卑历史的重要依据。

在中国古代北方民族历史研究领域，拓跋鲜卑很早就引起了中外学者的关注，研究者挖掘历史文献、结合考古发掘资料，从不同的视角，利用多元的方法，或进行专题研究，或将其历史归入鲜卑史内容中整体讨论，取得了丰厚成果，为我们从不同视角研究拓跋鲜卑历史提供了重要参考。

第一节　文献史料和考古资料

拓跋鲜卑早期历史在中国古代文献资料中有一些反映。按照古籍成书时间的先后及体例，应当重点关注《宋书》《南齐书》《魏书》《晋书》《北史》《通典》《资治通鉴》《文献通考》《读史方舆纪要》[①] 等文献

---

① （南朝梁）沈约：《宋书》，中华书局点校本，1974 年；（南朝梁）萧子显：《南齐书》，中华书局点校本，1972 年；（北齐）魏收：《魏书》，中华书局点校本，1974 年；（唐）房玄龄等：《晋书》，中华书局点校本，1974 年；（唐）李延寿：《北史》，中华书局点校本，1974 年；（唐）杜佑：《通典》，中华书局点校本，1984 年；（宋）司马光编著，（元）胡三省音注：《资治通鉴》，中华书局点校本，1956 年；（元）马端临：《文献通考》，中华书局，1986 年；（清）顾祖禹：《读史方舆纪要》，中华书局点校本，2005 年。

中有关早期拓跋鲜卑的专传、专条和人物载记，通过初步比较和分析研究，尽可能明确各部史籍所载内容反映的历史时代和史文来源，辨析史籍之间的彼此关系，确认史料价值，为进行研究打下较为坚实的文献史料基础。

研究拓跋鲜卑历史，《宋书》是需要关注的史籍。该书为南朝梁沈约所撰，记述了刘宋一代历史，是“廿四史”的一部。其中位列卷95列传第55的《索虏传》是研究早期拓跋鲜卑历史的重要资料。《宋书·索虏传》以惠帝、怀帝、愍帝在位的时间顺序记述猗㐌、猗卢时期的历史。在记述东晋时期有关什翼犍的史事时，则未标注年号，需对具体时间进行辨析。《宋书·索虏传》记述虽然简略，但有些异于其他史料的内容，补充了《魏书》等史籍记载的不足，反映了拓跋鲜卑早期历史的一些细节。《宋书》与《魏书》等其他诸书可相互参证。《宋书》为南朝史家所撰，对北魏政权不免有中伤抵触之意，但它在记述拓跋鲜卑早期历史情形时，并没有多少歪曲和否定。所以，《宋书·索虏传》所记拓跋鲜卑早期历史的绝大部分内容是可以作为有价值的史料使用的。

另一部正史《南齐书》是记述南朝齐的纪传体史书，南朝梁萧子显撰，在卷57列传第38《魏虏传》中，有对拓跋鲜卑部族历史的记述。《南齐书》亦为南朝史学家记述与之并存的拓跋魏政权的史书，称谓中的“魏虏”明显带有歧视贬低之意。书中对北魏采用了“魏虏”“索虏”等蔑称，把北魏主写成“虏伪主”和“虏帅”，对于北魏史事的记载也多有传闻不确之处。值得肯定的是其对拓跋先世的记载保存了一些珍贵的史料，这也是《南齐书·魏虏传》为后人研究拓跋鲜卑部族历史提供的其他史籍中没有的内容，可与其他史书相互参证。

在“廿四史”中，北齐时期的《魏书》比较系统地记载了与拓跋鲜卑历史有关的内容。尤其是《序纪》及相关传记是需要反复阅读和辨析的。从整体看，《魏书》是记述北魏、东魏历史的纪传体史书，由生活在北齐时期的魏收撰写。《魏书》是现存最早的系统全面著录拓跋鲜卑早期历史的史籍，是研究拓跋鲜卑历史的最基本史料。《魏书》中设有“帝纪”共计12卷，《序纪》立于卷首，用以追述道武帝拓跋珪建立魏国以前的历史，即拓跋鲜卑先祖“载籍无闻”的“六十七世”，以及自成帝毛至献明帝寔被北魏道武帝拓跋珪追尊为28君在位时期的拓跋部多方面的史事，包括拓跋鲜卑的族源、地理方位、自然环境、经济生活、社会状况、风俗习惯、发展壮大的历程，以及拓跋鲜卑与曹魏、两晋、十六国的关系，拓跋鲜卑与鲜卑其他诸部的关系，拓跋鲜卑与高车及乌孙等诸北族的关系等内容。《魏书》所依据的史料来源应当是可靠的。第一，《魏书·序纪》前半部分内容所叙述的有关拓跋鲜卑起源地及两次迁徙的历史，在同书其他志、传中亦有所记载，如《官氏志》《礼志》《乌洛侯传》等多有涉及，许多内容可以作为史料间互证的资料，是研究拓跋鲜卑早期历史诸问题（如起源、迁徙、经济生活、社会状况和风俗习惯等）的有价值史料。第二，早期拓跋鲜卑虽然“不为文字”，但史事“人相传授”，以世代口耳相传的方式保存了历史。当然，口耳相传的历史内容不可避免地会掺杂相互矛盾、抵牾以及流传中不断有所妄加的内容，在使用时要加以认真分辨。第三，考古发现证明《魏书·序纪》等有关早期拓跋鲜卑的记载有其可信性。1980 年，考古工作者在今内蒙古自治区呼伦贝尔市鄂伦春自治旗阿里河镇西北 10 千米的嘎仙洞内发现了北魏太平真君四年（443）的石刻祝文，证明拓跋鲜卑祖先确实在“大鲜卑山”生活了很长一段时间，《魏书·序纪》记载的拓跋鲜卑先祖的世系不是凭空编造的。今呼伦湖周边的墓葬群，证明了拓跋鲜卑确实南迁“大泽”（今呼伦湖），并生活了多个世代。阴山南北的拓跋鲜卑遗迹同样证明了文献记载的拓跋鲜卑进一步南迁、逐步进入今呼和浩特平原的史实。因此，《魏书》是研究拓跋鲜卑历史最全面、最可靠、最基本的文献史料。

可以互补和参照的史籍还有《晋书》。《晋书》是记述西晋、东晋历史的纪传体史书，由唐房玄龄等修撰。《晋书》也是一部记载拓跋鲜卑史料的基本史籍，拓跋鲜卑历史散见于各本纪、列传、载记之中。尽管《晋书》对于拓跋鲜卑早期历史的内容未能集中记述，但也仍然具有研究拓跋鲜卑的史料价值。《晋书》成书于唐初，成书时间晚于《宋书》《南齐书》《魏书》，但就关于记述拓跋鲜卑的内容来说，《晋书》未受到这些史书的影响，主要参照晋代史家关于拓跋鲜卑历史的记载，保持了所记拓跋鲜卑史实的原始性，应该有新的史源。作为研究早期拓跋鲜卑历史的史料依据，可与其他史料对照使用。

《北史》是记述北朝北魏、东魏、西魏、北齐、北周及隋六朝史事的纪传体史书，唐李延寿撰。拓跋鲜卑部族历史记述在卷1《魏本纪·拓跋部》之中。关于拓跋鲜卑史料内容，《北史》基本上是抄录、删节《魏书》而成，实际内容及行文顺序基本未作改动，二者主体内容相同。从文献学角度看，在拓跋鲜卑历史研究中，《北史》的记载只能作为第二手资料，没有什么特殊史料价值。但它的简约为后世史家所认可，诸多内容被后世史书转抄。

《通典》是一部记载历代典章制度的典志体史书，唐杜佑撰。拓跋鲜卑部族历史记述在卷196《边防》12《北狄》“拓跋氏”条目之中。就拓跋鲜卑部族历史而言，通过与以前诸史比对发现，《通典·边防典》“拓跋氏”条目的遣词用字及逻辑关系等与《魏书》《北史》相关内容较为接近，可证《通典》中关于拓跋鲜卑史料系抄引自《魏书》《北史》，或者说《通典》所收录的拓跋鲜卑史料与《魏书》《北史》有相同的来源。《通典》迻录《北史》并不是全盘照抄，在删除一些内容的同时，对个别语句做了改写，使文章含义更加通俗易懂，世系关系交代更为清晰。《通典》“拓跋”条史文除族源内容外，其余均沿袭《北史·魏本纪·拓跋部》，极少字词参考《魏书·序纪》，史料价值不大。

《资治通鉴》是北宋司马光主持编写的我国第一部编年体通史，其中关于拓跋鲜卑历史的记载值得重视。有关史料分散记述在卷77《魏纪九》景元二年（261）至卷104《晋纪二十六》太元元年（376）之中。将《资治通鉴》与记述拓跋鲜卑历史最为详细的《魏书》比对可以发现，《资治通鉴》增补了相当多的史实，对一些史事前因后果交代得更为清晰。《资治通鉴》是继《魏书》之后研究拓跋鲜卑历史最重要的文献资料。唯一缺憾之处是编年体纪事“一事隔越数卷”的写作模式所导致的“首尾难稽”的检索困难，如将早期拓跋鲜卑历史散记在卷77—104魏纪、晋纪之内，261—376年数百千事件之中，均属此类。不过，胡三省《资治通鉴音注》汇集了前人对拓跋鲜卑的研究成果，增补了新的史料。具体来说，对应拓跋鲜卑部族历史内容，胡氏对《资治通鉴》做了校勘、考证，对旧释文做了辨误，同时，对字的读音、地名、人名、典章制度等加以注释。凡有涉及前事处，胡氏便注明“见某卷、某纪、某年”；凡与后事有关联处，便注明“为某人、某事张本”。《资治通鉴》胡三省注同样具有学术价值。总的看，《资治通鉴》对于拓跋鲜卑部族史的记载比较全面，虽依托旧史编纂而成，但所引史籍，除正史之外，今多已不存，依靠《资治通鉴》保留了部分文字。尤其是《资治通鉴》记述史事，钩稽史料，考订年月，以时间为叙事顺序，最具条理。就研究拓跋鲜卑部族历史而言，《资治通鉴》是一部不可或缺的重要史书。同样，胡三省对《资治通鉴》有关拓跋鲜卑史料所做的注释，也同样具有史料价值。

宋末元初马端临编纂的《文献通考》是继唐杜佑《通典》之后规模最大的一部记述历代典章制度的史籍，其中卷342《四裔考》19有“托跋氏”专条。就拓跋鲜卑史料而言，《文献通考·托跋氏》没有征引新的史籍，也没有补入新的史料。所做之事不外援引和遵循《魏书》《北史》《通典》的内容而已。《文献通考》对拓跋鲜卑的记载主要抄录了《通典》，个别语句则参考引用了《魏书》《北史》。除对一些字句做增删改动以外，没有新的史料来源，在《魏书》《北史》《通典》俱存的情况下，《文献通考》有关拓跋鲜卑的记载史料价值并不大，只能作为二手资料使用。

明末清初顾祖禹编著的130卷《读史方舆纪要》是一部重要的地理著作，该书卷4《历代州域形势四·南北朝·后魏起自北荒》“史略”有关于拓跋鲜卑历史的记载，“都邑考”记述了拓跋鲜卑部族不同时期的都城变更情况。将《读史方舆纪要》相关内容与先成诸史关于拓跋鲜卑的记载对读可以发现，其编选的拓跋鲜卑资料，大都出自前代诸史，即抄录改写《宋书》《南齐书》《魏书》《北史》《资治通鉴》等书的相关内容，史料价值不大。但文字上多与前史不尽相同，应该是编写者根据对前代史料的理解，融会贯通，连缀编排而成，对于捋顺研究思路具有一定的参考价值。

综观记述拓跋鲜卑的基本文献史料，《魏书·序纪》较全面地记载了拓跋鲜卑的起源、迁徙以及发展壮大的历史，在研究拓跋鲜卑的基本史料中占有至关重要的位置。《北史·魏本纪·拓跋部》《通典·拓跋氏》《文献通考·托跋氏》是以《魏书·序纪》为蓝本的后代史家记述，相对于《魏书·序纪》或原文照搬或摘录删削改写，只做了语句上的修改变动，没有补充有价值的新史料，构成了第二手资料，研究者在使用时要注意加以仔细甄别。《宋书·索虏传》《南齐书·魏虏传》《晋书》《资治通鉴》等相对于《魏书·序纪》来说，收载了《魏书·序纪》所不载的史料，为拓跋鲜卑历史研究增添了许多有价值的新材料，可以相互参证。

成书于康熙年间的《读史方舆纪要·后魏起自北荒》参考了前代史书，以记述拓跋部族历史地理为主。需要指出的是，在以上诸种史书和一些未提到的各种体裁的史籍中，还存有不少有关拓跋鲜卑的散见史料，这里不予一一提及和辨析。

除了文献史料，考古资料也是研究拓跋鲜卑历史的重要依据。目前，被多数学者认定属于早期拓跋鲜卑遗存，在呼伦贝尔市境内的有嘎仙洞遗址和扎赉诺尔墓葬、完工墓葬、伊敏车站墓葬、孟根楚鲁墓葬、拉布达林墓葬、七卡墓葬、伊和乌拉墓葬、团结墓葬、二道沟墓葬、红星墓葬、满洲里蘑菇山墓葬、东乌珠尔墓葬等10余处墓葬遗存。这些墓葬属于拓跋鲜卑南迁大泽后在呼伦贝尔地区活动的遗存。可以利用的资料主要有：呼伦贝尔盟文物管理站《鄂伦春自治旗嘎仙洞遗址1980年清理简报》[①]，内蒙古文物工作队《内蒙古扎赉诺尔古墓群发掘简报》[②]，内蒙古自治区文物工作队《内蒙古陈巴尔虎旗完工古墓清理简报》[③]，程道宏《伊敏河地区的鲜卑墓》[④]，内蒙古文物考古研究所、呼伦贝尔盟文物管理站、额尔古纳右旗文物管理所《额尔古纳右旗拉布达林鲜卑墓群发掘简报》[⑤]，呼伦贝尔盟文物管理站、额尔古纳右旗文物管理所《额尔古纳右旗七卡鲜卑墓清理简报》[⑥]，呼伦贝尔盟文物管理站《新巴尔虎左旗伊和乌拉鲜卑墓》[⑦]，

---

① 呼伦贝尔盟文物管理站：《鄂伦春自治旗嘎仙洞遗址1980年清理简报》，《东北亚研究——鲜卑史研究》，中州古籍出版社，1994年，第37—45页。

② 内蒙古文物工作队：《内蒙古扎赉诺尔古墓群发掘简报》，《考古》1961年第12期。

③ 内蒙古自治区文物工作队：《内蒙古陈巴尔虎旗完工古墓清理简报》，《考古》1965年第6期。

④ 程道宏：《伊敏河地区的鲜卑墓》，《内蒙古文物考古》1982年第2期。

⑤ 内蒙古文物考古研究所、呼伦贝尔盟文物管理站、额尔古纳右旗文物管理所：《额尔古纳右旗拉布达林鲜卑墓群发掘简报》，《内蒙古文物考古文集》（第一辑），中国大百科全书出版社，1994年，第384—396页。

⑥ 呼伦贝尔盟文物管理站、额尔古纳右旗文物管理所：《额尔古纳右旗七卡鲜卑墓清理简报》，《内蒙古文物考古文集》（第二辑），中国大百科全书出版社，1997年，第457—460页。

⑦ 呼伦贝尔盟文物管理站：《新巴尔虎左旗伊和乌拉鲜卑墓》，《内蒙古文物考古文集》（第二辑），第453—456页。

陈凤山、殷焕良、白劲松等《呼伦贝尔市团结墓地》[①]，赵玉明《鄂温克旗二道沟墓葬调查清理简报》[②]，云薮《内蒙古新巴尔虎右旗发现一座鲜卑墓葬》[③]，中国社会科学院考古研究所内蒙古工作队、呼伦贝尔民族博物院、满洲里市文物管理所、扎赉诺尔区文物管理所《满洲里市蘑菇山墓地发掘报告》[④]等。

此外，内蒙古自治区赤峰市南杨家营子、苏泗汰墓葬，锡林郭勒盟和日木图、盐池墓葬，乌兰察布市东大井、叭沟村、二兰虎沟、赵家房村、三道湾、下黑沟、东滩、石家沟墓葬，包头市百灵庙砂凹地墓葬，呼和浩特市皮条沟、郝家窑墓葬，山西省朔州市善家堡、东官井村墓葬等，被认为是拓跋鲜卑继续迁徙途中以及到达阴山南北、呼和浩特平原地区的遗存。

可以利用的资料主要有：中国科学院考古研究所内蒙古工作队《内蒙古巴林左旗南杨家营子的遗址和墓葬》[⑤]，林西县文物管理所《林西县苏泗汰鲜卑墓葬》[⑥]，珊丹、魏坚《正蓝旗和日木图鲜卑遗存》[⑦]，宁培杰、魏坚《二连浩特市盐池墓葬》[⑧]，李兴盛、魏坚《商都县东大井墓地》[⑨]，乌兰

---

① 陈凤山、殷焕良、白劲松等：《呼伦贝尔市团结墓地》，《内蒙古地区鲜卑墓葬的发现与研究》，科学出版社，2004年，第3—15页。

② 赵玉明：《鄂温克旗二道沟墓葬调查清理简报》，《呼伦贝尔文物》2000年第5期。

③ 云薮：《内蒙古新巴尔虎右旗发现一座鲜卑墓葬》，《北方文物》1987年第4期。

④ 中国社会科学院考古研究所内蒙古工作队、呼伦贝尔民族博物院、满洲里市文物管理所、扎赉诺尔区文物管理所：《满洲里市蘑菇山墓地发掘报告》，《草原文物》2014年第2期。

⑤ 中国科学院考古研究所内蒙古工作队：《内蒙古巴林左旗南杨家营子的遗址和墓葬》，《考古》1964年第1期。

⑥ 林西县文物管理所：《林西县苏泗汰鲜卑墓葬》，《内蒙古文物考古文集》（第二辑），第461、462页。

⑦ 珊丹、魏坚：《正蓝旗和日木图鲜卑遗存》，《内蒙古地区鲜卑墓葬的发现与研究》，第103—105页。

⑧ 宁培杰、魏坚：《二连浩特市盐池墓葬》，《内蒙古地区鲜卑墓葬的发现与研究》，第106—111页。

⑨ 李兴盛、魏坚：《商都县东大井墓地》，《内蒙古地区鲜卑墓葬的发现与研究》，第55—102页。

察布盟文物工作站《内蒙古兴和县叭沟村鲜卑时期墓葬》[①]，郑隆、李逸友《察右后旗二兰虎沟的古墓群》[②]，盖山林《内蒙古察右后旗赵家房村发现匈奴墓群》[③]，乌兰察布博物馆《察右后旗三道湾墓地》[④]，郭治中、魏坚《察右前旗下黑沟鲜卑墓及其文化性质初论》[⑤]，内蒙古自治区文物考古研究所、乌兰察布市博物馆、察右前旗文物管理所《察右前旗常家村东滩鲜卑墓文物调查简报》[⑥]，内蒙古博物馆《卓资县石家沟墓群出土资料》[⑦]，日本学者江上波夫《内蒙古百灵庙砂凹地の古坟》[⑧]，金学山《内蒙古托克托县皮条沟发现三座鲜卑墓》[⑨]，托克托县博物馆《呼和浩特托克托县郝家窑鲜卑墓葬的清理》[⑩]，王克林、宁立新、孙春林、胡生《山西省右玉县善家堡墓地》[⑪]，雷云贵、高士英《朔县发现的匈奴鲜卑遗物》[⑫]等。这些拓跋鲜卑考古资料的发布和运用，无疑会促进拓跋鲜卑历史研究的更加

① 乌兰察布盟文物工作站：《内蒙古兴和县叭沟村鲜卑时期墓葬》，《考古》1993 年第 3 期。

② 郑隆、李逸友：《察右后旗二兰虎沟的古墓群》，《内蒙古文物资料选辑》，内蒙古人民出版社，1964 年，第 99—101 页。

③ 盖山林：《内蒙古察右后旗赵家房村发现匈奴墓群》，《考古》1977 年第 2 期。

④ 乌兰察布博物馆：《察右后旗三道湾墓地》，《内蒙古文物考古文集》（第一辑），第 407—433 页。

⑤ 郭治中、魏坚：《察右前旗下黑沟鲜卑墓及其文化性质初论》，《内蒙古文物考古文集》（第一辑），第 434—437 页。

⑥ 内蒙古自治区文物考古研究所、乌兰察布市博物馆、察右前旗文物管理所：《察右前旗常家村东滩鲜卑墓文物调查简报》，《草原文物》2015 年第 1 期。

⑦ 内蒙古博物馆：《卓资县石家沟墓群出土资料》，《内蒙古文物考古》1998 年第 2 期。

⑧〔日〕江上波夫：《内蒙古百灵庙砂凹地の古坟》，《アシア文化史研究·论考篇》，东京大学东洋文化研究所，1967 年。（转引自孙危：《鲜卑考古学文化研究》，科学出版社，2007 年，第 10 页。）

⑨ 金学山：《内蒙古托克托县皮条沟发现三座鲜卑墓》，《考古》1991 年第 5 期。

⑩ 托克托县博物馆：《呼和浩特托克托县郝家窑鲜卑墓葬的清理》，《草原文物》2014 年第 2 期。

⑪ 王克林、宁立新、孙春林、胡生：《山西省右玉县善家堡墓地》，《文物季刊》1992 年第 4 期。

⑫ 雷云贵、高士英：《朔县发现的匈奴鲜卑遗物》，《山西省考古学会论文集》，1992 年，第 140—147 页。

深入，也会使研究内容变得更加充实可靠和丰富多彩。上述遗存除嘎仙洞遗址是拓跋鲜卑在起源地大鲜卑山的居址遗存外，其余皆为拓跋鲜卑迁徙途中以及到达“匈奴故地”之后的墓葬遗存。墓葬发掘简报和报告介绍了每一处墓葬的分布、墓室、葬具和葬式、随葬品等情况。虽然有些观点仍需进一步的考古论证，但这些通过实地发掘获得的材料，为我们较全面了解拓跋鲜卑的社会进步、经济发展、民族交往等历史面貌提供了原始直观的依据。

第二节　研究概况

拓跋鲜卑作为中国历史上第一个入主中原建立政权统一北方地区的游牧民族，在中国古代北方民族历史研究领域，很早就引起了中外学者的关注。

鲜卑学形成之初就是一门世界性学科。20世纪初，法国汉学家伯希和《支那名称之起源》一文，论证了在7世纪突厥碑文和东罗马、伊斯兰教徒的撰述中出现的Tabghač，即是元朝丘处机西行之时曾在伊犁听见过的“桃花石”，中国史籍译写其音曰“拓跋”，这是历史上西方陆续称中国为支那（Cīna）、拓跋（Tabghač）、契丹（Kitai或Khitai）的几个代称之一[①]。在20世纪30年代再版的《鞑靼千年史》中，英国人E. H. Parker以西方学者的研究视角，概括地阐述了鲜卑历史[②]。同期，日本学者对鲜卑相关问题做了较多研究。赤崛英三和江上波夫两次对今内蒙古自治区包头市达茂旗百灵庙砂凹地六座鲜卑墓葬进行了发掘，这也是最早对鲜卑墓葬所做的考古工作。白鸟库吉《东胡民族考》遍考东胡诸族的部别、地名、姓氏、语言，对鲜卑诸部包括拓跋鲜卑进行了系统研究[③]。可以说，《东胡民族考》是鲜卑学引起各国学者高度注意的标志。此外，俄国耶·姆·札尔金特《中国编年史中的古代各族（匈奴、东胡、鲜卑、室韦）与埃文基人》强调，研究东亚远古史的首要任务就在于全盘

① 〔法〕伯希和著，冯承钧译：《支那名称之起源》，《西域南海史地考证译丛》第一卷，商务印书馆，1995年，第36—42页。

② 〔英〕E. H. Parker著，向达、黄静渊译：《鞑靼千年史》，商务印书馆，1937年。

③ 〔日〕白鸟库吉著，方壮猷译：《东胡民族考》，商务印书馆，1934年。

考虑汉文史册的记载和加强边区考古学的研究[①]。日本学者内田吟风《乌桓、鲜卑的习俗》涉及拓跋鲜卑的编发习俗、族外婚制[②]。日本学者船木胜马《关于匈奴、乌桓、鲜卑的“大人”》，通过对《魏书·官氏志》什翼犍在南北两部设置大人，拓跋珪同时还设置了外朝大人之官的记载研究认为，建国前后的拓跋部在统辖地区“乃可理解为已经由向官僚化过渡的大人来行分割统治了”[③]。21 世纪，日本学者松下宪一《拓跋鲜卑的都城与陵墓——以呼和浩特地区为中心》对文献中记述的“定襄之盛乐”与“云中之盛乐”进行研究，认为两处“盛乐”指的不是同一座都城；考证拓跋鲜卑古都的地理位置，讨论“金陵”问题[④]。虽然国外学者的这些专著、学术论文中的一些观点和结论存在许多值得商榷之处，但为我们从不同视角研究鲜卑历史提供了重要参考。

国内较早关注鲜卑历史的是晚清那些开创了新的研究风气、开拓了新的研究领域的学者。魏源、张穆、何秋涛、徐宗亮、丁谦、曹廷杰、屠寄等均在相关的边疆史地研究著述中对鲜卑历史有所涉猎。20 世纪上半叶，伴随边疆史地研究的发展，民族学研究取得进步，诸民族学家开始系统研究中国各民族古今沿革之历史。吕思勉《中国民族史·鲜卑》篇，对鲜卑族的起源、得名缘由、鲜卑各部的发展脉络等内容做了考证，认为拓跋鲜卑之先出自西伯利亚[⑤]。林惠祥《中国民族史·东胡系·鲜卑》篇，对汉时的鲜卑、六朝时建国于北方的鲜卑（包括建立前燕、后燕、西燕、南燕慕容氏，西秦乞伏氏，南凉秃发氏，北魏拓跋氏，北周宇文氏）、吐谷浑的历史进行了梳理和考证[⑥]。晚清至 20 世纪上半叶的鲜卑史研究，因受到当时的史料所限或没有掌握科学的审音勘同方法，很多观

① 〔俄〕耶·姆·札尔金特：《中国编年史中的古代各族（匈奴、东胡、鲜卑、室韦）与埃文基人》，罗致平译，《民族问题译丛》1957 年第 1 期。

② 〔日〕内田吟风：《乌桓、鲜卑的习俗》，李步嘉摘译，《民族译丛》1985 年第 1 期。

③ 〔日〕船木胜马：《关于匈奴、乌桓、鲜卑的“大人”》，古清尧摘译，《民族译丛》1984 年第 3 期。

④ 〔日〕松下宪一：《拓跋鲜卑的都城与陵墓——以呼和浩特地区为中心》，王庆宪译，《草原文物》2011 年第 1 期。

⑤ 吕思勉：《中国民族史》，中国大百科全书出版社，1987 年。

⑥ 林惠祥：《中国民族史》，商务印书馆，1993 年。

点遭到后人质疑，但在当时的环境中得出的一些可给后人启示的结论，仍值得我们借鉴。

中华人民共和国成立后，民族史研究呈现蓬勃发展之势。1962 年出版的马长寿《乌桓与鲜卑》是鲜卑史研究进入新阶段的代表性著作。作者开创性地将鲜卑分为东部鲜卑、拓跋鲜卑，针对前后期的东部鲜卑、拓跋鲜卑起源和迁徙、拓跋部和以拓跋部为中心的部落联盟之形成、从部落联盟过渡到国家的过程等内容提出了自己独到的见解[①]。

1980 年 7 月，根据史籍提供的点滴线索，米文平等学者在大兴安岭北段的呼伦贝尔市鄂伦春自治旗阿里河镇西北 10 千米处，在被当地居民称之为“嘎仙洞”的山洞里发现了北魏太平真君四年（443）的祝文石刻。此后，经过许多学者研究证实，“嘎仙洞”就是史籍中记述的拓跋魏先帝的“旧墟石室”。该发现作为中华人民共和国成立以来最重要的考古发现之一，受到考古学界和史学界的广泛关注，引发了鲜卑史研究的新一轮高潮。林幹《东胡史》[②]、张博泉《鲜卑新论　女真新论》[③]、米文平《东北亚研究——鲜卑史研究》[④]、刘学铫《鲜卑史论》[⑤]、田余庆《拓跋史探》[⑥]等著作陆续出版问世。很多学者将鲜卑石室的考古成果与历史文献相结合，对鲜卑的起源与发展做出了各自的论述。虽然有些提法还需进一步商榷，但诸多学者的研究和考证使鲜卑族历史更为清晰化。此外，还有一些学者在其著作中从不同角度、不同层面论及拓跋鲜卑相关内容，如干志耿、孙秀仁《黑龙江古代民族史纲》[⑦]，黄烈《中国古代民族史研究》[⑧]，翁独健主编《中国民族关系史纲要》[⑨]，张久和《原蒙古人的历史——室韦—达怛研究》[⑩]等。前人的有益探索，无疑为后来者的研究提

① 马长寿：《乌桓与鲜卑》，上海人民出版社，1962 年。
② 林幹：《东胡史》，内蒙古人民出版社，1989 年。
③ 张博泉：《鲜卑新论　女真新论》，吉林文史出版社，1993 年。
④ 米文平：《东北亚研究——鲜卑史研究》，中州古籍出版社，1994 年。
⑤ 刘学铫：《鲜卑史论》，南天书局，1994 年。
⑥ 田余庆：《拓跋史探》，生活・读书・新知三联书店，2003 年。
⑦ 干志耿、孙秀仁：《黑龙江古代民族史纲》，黑龙江人民出版社，1986 年。
⑧ 黄烈：《中国古代民族史研究》，人民出版社，1987 年。
⑨ 翁独健主编：《中国民族关系史纲要》，中国社会科学出版社，1990 年。
⑩ 张久和：《原蒙古人的历史——室韦—达怛研究》，高等教育出版社，1998 年。

供了许多启示和可资借鉴之处。

近年，学界发表了大量关于早期拓跋鲜卑历史诸问题的专题学术论文。一些学术问题仍在进一步讨论之中。

关于嘎仙洞石室祝文及拓跋鲜卑发祥地研究的论文，主要有米文平《鲜卑石室的发现与初步研究》①、佟柱臣《嘎仙洞拓跋焘祝文石刻考》②、陈连开《鲜卑山考》《鲜卑史研究的一座丰碑》③、王大方《嘎仙洞遗址》④等。还有许多学者发表相关论文，在此不一一列举。研究者对嘎仙洞石刻祝文发现的意义给予充分肯定。绝大多数学者认同拓跋鲜卑发源于大兴安岭北段，嘎仙洞即为鲜卑拓跋部的“祖庙石室”，史籍中记载的“大鲜卑山”是指大兴安岭北段的结论。但也有陶克涛、张博泉、李志敏⑤等学者对有关问题提出异议。有关拓跋鲜卑发祥地问题，学界仍在进一步讨论中。

关于拓跋鲜卑族名、族源及早期迁徙的研究也有所进展。对于拓跋鲜卑族名来源的研究，意见有分歧，看法不统一。马长寿《乌桓与鲜卑》认为，“拓跋”是迁徙过程中，鲜卑与匈奴发生婚媾关系，“鲜卑父匈奴母相融合而产生的一个族名”⑥。林幹《东胡史》认为，“拓跋一名，乃驻牧于大鲜卑山的鲜卑人自远祖以来的自称”⑦。罗新《论拓跋鲜卑之得名》认为，“‘拓跋’是作为官号与官称相结合的一组复合词，很可能本来只是该部落某一首领所担任的职务的名号，后来竟然凝固而成为部族名称并进一步成为该部族统治家族的家族姓氏”⑧。关于拓跋鲜卑族源，依据历史文献的不同记载，学界存在如下互异之说：拓跋鲜卑为黄帝后裔、

---

① 米文平：《鲜卑石室的发现与初步研究》，《文物》1981年第2期。

② 佟柱臣：《嘎仙洞拓跋焘祝文石刻考》，《历史研究》1981年第6期。

③ 陈连开：《鲜卑山考》，《社会科学战线》1982年第3期；陈连开：《鲜卑史研究的一座丰碑》，《民族研究》1982年第6期。

④ 王大方：《嘎仙洞遗址》，《内蒙古文物考古》1991年第1期。

⑤ 详见陶克涛：《论嘎仙洞刻石》，《民族研究》1991年第6期；张博泉：《嘎仙洞刻石与对拓跋鲜卑史源的研究》，《黑龙江民族丛刊》1993年第1期；李志敏：《嘎仙洞的发现与拓跋魏发祥地问题》，《中国史研究》2002年第1期。

⑥ 马长寿：《乌桓与鲜卑》，第247页。

⑦ 林幹：《东胡史》，第88页。

⑧ 罗新：《论拓跋鲜卑之得名》，《历史研究》2006年第6期。

为匈奴后裔、为李陵后裔、源于东夷、源于北夷、北亚人种、为东胡之“支”或“余”等。经过比较分析，倪润安《拓跋起源问题研究述评》认为，“拓跋的族源并不单纯，而是多元性的”，搞清这一问题“要进一步深化对呼伦贝尔周边地区考古学文化性质与族属的认识”①。另外，林沄在魏坚主编《内蒙古地区鲜卑墓葬的发现与研究》序中，对学界普遍采用的早期鲜卑分东部鲜卑、拓跋鲜卑的界定提出异议，“把鲜卑分成拓跋鲜卑和东部鲜卑……其实是马长寿《乌桓与鲜卑》一书中所使用的权宜性分类名词，根本不应作为文化分类概念来理解”②。可见，对拓跋鲜卑族名、族源的释义众说纷纭，其中不免存在牵强附会的成分。关于拓跋鲜卑早期迁徙的研究成果，主要有舒顺林《拓跋鲜卑的南迁与其在我国历史上的作用》③、曹永年《拓跋鲜卑南迁匈奴故地时间和契机考》④、林幹《鲜卑拓跋、秃发、乞伏三部的早期历史及其南迁路线的初步探索》⑤、陈可畏《拓跋鲜卑南迁大泽考》⑥、梁云《拓跋鲜卑西迁大泽、匈奴故地原因探析》⑦等。拓跋鲜卑早期两次大规模迁徙的原因、时间、路线、历史作用等问题一直为史学界关注，是鲜卑史和古代北方民族史研究者深感兴趣的课题。学者各抒己见，有不同说法，存在争议。在拓跋鲜卑早期迁徙历史研究中，对史籍记载的“大泽”是否确为今呼伦湖；“匈奴故地”的位置是在漠南河套阴山地区还是在西伯利亚或其他地区；早期拓跋鲜卑两次迁徙的时间及路线；推寅是否为檀石槐部落联盟西部大人推演等问题，学界仍存在不同观点。

---

① 倪润安：《拓跋起源问题研究述评》，《文物春秋》2011 年第 1 期。

② 魏坚主编：《内蒙古地区鲜卑墓葬的发现与研究·序》，科学出版社，2004 年，第 5 页。

③ 舒顺林：《拓跋鲜卑的南迁与其在我国历史上的作用》，《内蒙古师大学报》（哲学社会科学版）1984 年第 4 期。

④ 曹永年：《拓跋鲜卑南迁匈奴故地时间和契机考》，《内蒙古社会科学》（文史哲版）1987 年第 4 期。

⑤ 林幹：《鲜卑拓跋、秃发、乞伏三部的早期历史及其南迁路线的初步探索》，《北方文物》1989 年第 3 期。

⑥ 陈可畏：《拓跋鲜卑南迁大泽考》，《黑龙江民族丛刊》1989 年第 4 期。

⑦ 梁云：《拓跋鲜卑西迁大泽、匈奴故地原因探析》，《内蒙古社会科学》（汉文版）2011 年第 4 期。

关于拓跋鲜卑早期社会研究的学术成果，主要包括武玉环《拓跋、契丹、女真等民族共同体的形成与发展》[①]、曹永年《早期拓跋鲜卑的社会状况和国家的建立》[②]、许辉《鲜卑族拓跋部封建化历程述论》[③]等。早期拓跋鲜卑社会形态是史学界深感兴趣的课题之一，也存在着不同意见。马长寿《乌桓与鲜卑》主张，拓跋珪即代王位时，“拓跋魏的政治组织仍带有浓厚的部落联盟性质。从386年开始……部落联盟始告瓦解而向国家过渡。真正的封建国家至孝文帝拓跋宏时始告完成”[④]；曹永年《早期拓跋鲜卑的社会状况和国家的建立》认为，在献帝邻迁徙之前，拓跋鲜卑已经具备了国家的条件，就拓跋族内部的社会发展而言，“拓跋邻南迁时……拓跋族已经迈进了阶级社会的门槛，建立了国家”[⑤]；黄烈《中国古代民族史研究》认为，“从力微到什翼犍，拓跋结合体已粗具国家规模，尽管还不很完备，但已属于国家范畴，我们可以名之为拓跋早期国家”，史学界对拓跋国家形成和发展的历史，在认识上还存在较大分歧的原因“一是对拓跋族社会发展程度的看法不同；二是对有关各族在拓跋氏建国中的影响和作用认识不同；三是对拓跋国家形成的标志理解不同”[⑥]。

自20世纪五六十年代至今，中国的鲜卑考古学获得巨大成就，发表了《鄂伦春自治旗嘎仙洞遗址1980年清理简报》[⑦]，多篇鲜卑墓葬的清理简报、发掘报告以及鲜卑考古研究论文和结合考古探讨鲜卑历史的学术论著。发掘简报和考古报告前文已述。利用考古成果进行早期拓跋鲜卑历史研究的学术论文，主要包括宿白《东北、内蒙古地区的鲜卑

---

① 武玉环：《拓跋、契丹、女真等民族共同体的形成与发展》，《黑龙江文物丛刊》1984年第1期。

② 曹永年：《早期拓跋鲜卑的社会状况和国家的建立》，《历史研究》1987年第5期。

③ 许辉：《鲜卑族拓跋部封建化历程述论》，《学海》1993年第3期。

④ 马长寿：《乌桓与鲜卑》，第283页。

⑤ 曹永年：《早期拓跋鲜卑的社会状况和国家的建立》，《历史研究》1987年第5期。

⑥ 黄烈：《中国古代民族史研究》，第306、307、273页。

⑦ 呼伦贝尔盟文物管理站：《鄂伦春自治旗嘎仙洞遗址1980年清理简报》，《东北亚研究——鲜卑史研究》，第37—45页。

遗迹——鲜卑遗迹辑录之一》《盛乐、平城一带的拓跋鲜卑——北魏遗迹——鲜卑遗迹辑录之二》①，干志耿、孙秀仁《关于鲜卑早期历史及其考古遗存的几个问题》②，孙危《内蒙古地区鲜卑墓葬的初步研究》③，乔梁、杨晶《早期拓跋鲜卑遗存试析》④，吴松岩《早期鲜卑考古学主要发现与研究述评》⑤，倪润安《拓跋—北魏墓葬研究的学科背景与核心问题》⑥，刘国祥、倪润安《嘎仙洞遗址的发现及相关问题探讨》⑦等。考古研究成果成为鲜卑学研究取得突破性进展的强有力支柱。通过对拓跋鲜卑墓葬中人骨的技术分析，一些学者对鲜卑墓葬遗骨进行了体质人类学研究，对拓跋鲜卑所属人种做了有益探讨。拓跋鲜卑人种学研究的相关学术论文主要包括：潘其风、韩康信《东汉北方草原游牧民族人骨的研究》⑧，朱泓《从扎赉诺尔汉代居民的体质差异探讨鲜卑族的人种构成》《察右后旗三道湾汉代鲜卑族颅骨的人种学研究》⑨等。近年来，这些人种学研究取得的成就，为拓跋鲜卑历史的研究提供了新的支撑。

有关探讨鲜卑墓葬的专著，主要有魏坚主编《内蒙古地区鲜卑墓葬的发现与研究》⑩、孙危《鲜卑考古学文化研究》⑪、倪润安《光宅中原——

---

① 宿白：《东北、内蒙古地区的鲜卑遗迹——鲜卑遗迹辑录之一》，《文物》1977年第5期；宿白：《盛乐、平城一带的拓跋鲜卑——北魏遗迹——鲜卑遗迹辑录之二》，《文物》1977年第11期。

② 干志耿、孙秀仁：《关于鲜卑早期历史及其考古遗存的几个问题》，《民族研究》1982年第1期。

③ 孙危：《内蒙古地区鲜卑墓葬的初步研究》，《内蒙古文物考古》2001年第1期。

④ 乔梁、杨晶：《早期拓跋鲜卑遗存试析》，《内蒙古文物考古》2003年第2期。

⑤ 吴松岩：《早期鲜卑考古学主要发现与研究述评》，《东北史地》2009年第1期。

⑥ 倪润安：《拓跋—北魏墓葬研究的学科背景与核心问题》，《内蒙古文物考古》2010年第1期。

⑦ 刘国祥、倪润安：《嘎仙洞遗址的发现及相关问题探讨》，《文物》2014年第11期。

⑧ 潘其风、韩康信：《东汉北方草原游牧民族人骨的研究》，《考古学报》1982年第1期。

⑨ 朱泓：《从扎赉诺尔汉代居民的体质差异探讨鲜卑族的人种构成》，《北方文物》1989年第2期；朱泓：《察右后旗三道湾汉代鲜卑族颅骨的人种学研究》，《内蒙古地区鲜卑墓葬的发现与研究》，第273—288页。

⑩ 魏坚主编：《内蒙古地区鲜卑墓葬的发现与研究》。

⑪ 孙危：《鲜卑考古学文化研究》，科学出版社，2007年。

拓跋至北魏的墓葬文化与社会演进》[1]、吴松岩《鲜卑起源、发展的考古学研究》[2]等。半个多世纪以来,考古学研究发展迅速。考古发掘简报报告、研究论文、研究专著等诸成果为全面深入综合研究拓跋鲜卑历史提供了帮助。

概括起来说，近现代拓跋鲜卑历史的研究主要经历了如下三个阶段：20世纪30年代日本学者白鸟库吉《东胡民族考》的发表和日本学者赤峒英三和江上波夫两次对达茂旗百灵庙砂凹地六座鲜卑墓葬的发掘属于肇始阶段；20世纪60年代马长寿出版《乌桓与鲜卑》和关于拓跋鲜卑遗迹的考古发掘、清理简报及相关研究成果的发表属于发展阶段；20世纪80年代嘎仙洞北魏石刻祝文的发现带动了新一轮的研究热潮，属于拓跋鲜卑研究的繁荣阶段。虽然史学界对嘎仙洞石室祝文及拓跋鲜卑发祥地、族名来源、族源、早期迁徙、社会形态等内容有了一定程度的研究并取得一些成果；考古学研究成果也为相关研究取得突破性进展提供了支撑，但总的说来，由于史料缺乏的不利条件，拓跋鲜卑早期历史的研究受到一定限制，一些问题得不到确证，更多地停留在推测层面，一些问题还寄希望通过多学科综合研究取得进展。

---

① 倪润安:《光宅中原——拓跋至北魏的墓葬文化与社会演进》,上海古籍出版社,2017年。

② 吴松岩:《鲜卑起源、发展的考古学研究》,上海古籍出版社,2018年。

第二章　拓跋的名称与来源

“拓跋”名称是依靠古代汉文文献记载流传下来的，但留存至今的汉文史料对其含义的解释却含糊不清。由于相关史料的缺乏，很难确认拓跋名称的含义及来源。中外研究者从不同的角度出发，对拓跋名称的来历及含义等问题提出了各自的看法，得出不同结论。

关于拓跋鲜卑来源，不同的研究者看法不一、结论各自不同。

第一节　“拓跋”名称

在史籍中记述早期拓跋人物时，南朝史书用“索头”拓代拓跋部，如“索头单于猗驼”[①]“索头猗卢”[②]的记载;《晋书》用“鲜卑”作为修饰语，如“鲜卑力微”[③]“鲜卑猗卢”[④]的记述;《资治通鉴》用“鲜卑索头”“鲜卑拓跋”修饰，如“鲜卑索头部大人拓跋力微”“鲜卑拓跋力微”“鲜卑拓跋悉鹿”的使用[⑤];《读史方舆纪要》用“拓跋”修饰，如“拓跋力微”“拓跋珪”[⑥]等记载。历史文献中未见“拓跋鲜卑”字样的记载，“拓跋鲜卑”是近现代史学工作者在研究拓跋历史时新创的一个惯用词。

一、“拓跋”名称的来历

《魏书·序纪》记载，“北俗谓土为托，谓后为跋，故以为氏”，《北

---

① 《宋书》卷 95《索虏传》，第 2321 页。

② 《南齐书》卷 57《魏虏传》，第 983 页。

③ 《晋书》卷 3《武帝纪》，第 65、67 页。

④ 《晋书》卷 62《刘琨传》，第 1684 页。

⑤ 《资治通鉴》卷 77《魏纪》元帝景元二年，卷 80《晋纪》武帝咸宁元年，卷 81《晋纪》武帝太康七年，第 2459、2541、2591 页。

⑥ 《读史方舆纪要》卷 4《历代州域形势四》，第 169、170 页。

史》《通典》《资治通鉴》《文献通考》等历史文献也都延续这样的说法。历史文献对拓跋名称来历的记述含混不清；更没有明确拓跋作为鲜卑一部以及拓跋名称正式形成和使用的时间。

学者依据历史文献记载，或者结合拓跋部与其他部族融合的史实，或者根据拓跋部起源、迁徙、壮大的史实，或者依据音韵学理论和方法对于拓跋名称来源进行研究，得出如下几种结论：拓跋是“鲜卑父胡母”相融合而产生的一个族名[①]；“‘托跋’（或书作拓跋）一名，乃驻牧于大鲜卑山的鲜卑人自远祖以来的自称”[②]；由首领所担任职务的名号演进而来[③]；由“土伯”音转而来[④]。

在记述拓跋鲜卑的基本文献史料中，拓跋分别有“讬跋”“托跋”“拓跋”“托拔”[⑤]的不同写法。此外，《一切经音义》记作“袥拔”[⑥]；《钜宋广韵》写作“拓拔”[⑦]。从这些发音相近而只是写法不同的拓跋名称记述中可以看出，它们应该均是同一拓跋族语词音译的不同写法。

北魏建立之前，历史文献没有“拓跋”作为族名名称的记载。一直到北魏之后，《魏书》设《序纪》记述拓跋鲜卑的起源及早期历史，“拓

① 马长寿：《乌桓与鲜卑》，第3页。

② 林幹：《东胡史》，第88页。

③ 近年，罗新广泛参考各相关学科成果，对“拓跋”一词的含义加以研究，专文阐释拓跋族名。在对先前诸说提出质疑基础上认为，“拓跋得名于拓跋力微可汗号”，“拓跋”由首领所担任职务的名号演进而来。“拓跋这个长期作为部族名称并进而成为部族核心家庭姓氏的名词，原本不过是作为官号与官称相结合的一组复合词，很可能本来只是该部落某一首领所担任的职务的名号，后来竟然凝固而成为部族名称，并进一步成为该部族统治家族的家族姓氏”。罗新：《论拓跋鲜卑之得名》，《历史研究》2006年第6期。

④ 何光岳：《东胡源流史》，江西教育出版社，2004年，第76页。

⑤ 《宋书》记载为“讬跋”；《南齐书》《魏书》《北史》写作“托跋”；《通典》专条名称写成“拓跋”，正文中写作“讬跋”；《文献通考》专条名称写成“托跋”，正文中写作“托拔”；《资治通鉴》《读史方舆纪要》写作“拓跋”。

⑥ （唐）释慧琳：《一切经音义》卷86《正续编五·辨正论卷第七》，“袥拔：上汤落反，字从衣；下盘钵反，东魏姓也”。台湾大通书局，1985年，第1867页。

⑦ （宋）陈彭年：《钜宋广韵》入声卷5，“拓：手承物，又虏复姓二氏，又有拓跋氏，跋亦作拔或詵，自云拓天而生，拔地而长，遂以为氏”；“拔：回拔，又虏复姓三氏，后魏书拔”。上海古籍出版社，1983年，第396、409、410页。

跋”一词才开始专指发源于大鲜卑山、迁徙过程中不断壮大、到达阴山河套地区后继续发展并建立北魏政权的这支鲜卑部族。

在《晋书》的纪、传、载记中记载关于力微、猗㐌、猗卢等人的历史活动时，或用“鲜卑”字样修饰，如“鲜卑力微”；或在力微、猗㐌、猗卢名字之前冠以“单于”“代公”“代王”等头衔，如“单于猗㐌”“单于代公猗卢”“代王猗卢”[①]等。《晋书》中自始至终没有出现“拓跋”二字。可见，时值两晋，中原政权仍未使用拓跋之名称呼该部。

南北朝时期，《宋书》设《索虏传》记载“索头虏姓讬跋氏”[②]，《南齐书》设《魏虏传》记载“魏虏……姓托跋氏”[③]，《魏书》设《序纪》记述拓跋鲜卑的起源及北魏建立之前的早期历史。在至今所见诸史籍中，成书于5世纪末期的《宋书》有关于拓跋部姓氏名称的最早记录，但对拓跋族名的来历及含义，《宋书》没有明确交代。

在首领邻率部进入呼伦贝尔草原后，拓跋先世与留居在这里的匈奴、高车杂居共处，相互通婚。“‘拓跋’是鲜卑父匈奴母相融合而产生的一个族名”[④]。拓跋先世与其他北方民族的融合，造就了一个崭新的部族——鲜卑拓跋部。

拓跋作为部族名称，是汉朝南下大泽的拓跋部先世与匈奴、高车等外族人接触融合中产生的，开始使用的时间约在诘汾时期。《北周李贤墓志铭》记载：“公讳贤……本姓李，汉将陵之后也。十世祖俟地归……知魏圣帝齐圣广渊，奄有天下，乃率诸国定扶戴之议。凿石开路，南越阴山。竭手爪之功，成股肱之任。建国拓跋，因以为氏。”[⑤]由此墓志铭可知，拓跋鲜卑是在“魏圣帝”即圣武帝诘汾时“建国拓跋，因以为氏”的。同时，据《魏书》记载，力微是诘汾迁徙途中与“天女”所生。“去其神话色彩，实际上反映的是拓跋鲜卑自诘汾时起，开始与外族通婚，

① 拓跋部历史被分散记录在了《晋书》的《武帝纪》《孝怀帝纪》《愍帝纪》《卫瓘传》《刘琨传》《卢谌传》《李矩传》《刘聪载记》《赫连勃勃载记》等纪、传、载记相关内容中。

② 《宋书》卷95《索虏传》，第2321页。

③ 《南齐书》卷57《魏虏传》，第983页。

④ 马长寿：《乌桓与鲜卑》，第247页。

⑤ 韩兆民：《宁夏固原北周李贤夫妇墓发掘简报》，《文物》1985年第11期。

与外族有了血统关系这样一个事实。因此可以推测，以拓拔为氏，是诘汾时的事”[①]，这一推测可能是符合事实的。

据《晋书》《北周李贤墓志铭》的记述，我们可以从学术角度给予认定：起源于大鲜卑山并迁至匈奴故地的这一支鲜卑，在迁徙过程中，与蒙古高原的诸多部族如匈奴、高车等接触交融后，依据鲜卑语的某种含义，在圣武帝诘汾时自称为拓跋。“从拓跋鲜卑的起源和发展历史来看，此族由大兴安岭北段迁到呼伦贝尔大泽之时，我们只能称之为鲜卑，不能称之为拓跋。只有从大泽西迁以后，鲜卑部落已经与匈奴（高车等）部落相混合,我们才可以称之为拓跋部或者拓跋鲜卑。”[②] 实际情况应该就是如马长寿先生所陈述的这样。

二、“拓跋”名称的含义

关于“拓跋”的含义，文献有一种解释。依据《魏书》《北史》等历史文献对拓跋所做的说明，“黄帝以土德王，北俗谓土为托，谓后为跋，故以为氏”,《资治通鉴》亦记载为“北人谓土为拓，后为跋。魏之先出于黄帝,以土德王,故为拓跋氏”[③]。拓跋得名的缘由是因为拓跋语称呼土后为拓跋，土后和拓跋在发音上相类似。“拓跋译成华言就是‘土后’或‘土王’之意，也就是以土德王之谓”[④]。

对文献的这一记载，中外研究者看法各异。有的研究者认为，史书的记载有合理成分。日本学者白鸟库吉相信部分史籍的记载，认为“蒙古语谓泥土曰 toghosun，托跋之托，殆即 togho 之同语”，“通古斯语谓君长曰 boghin（bogh），托跋之跋，殆即 boghin 之对音”。拓跋是表示土地的“拓”与表示君主的“跋”两个词复合而成。但同时白鸟库吉对这一结论不是很有信心，认为是“因声音上之稍有类似而起之俗说”，表示“托拔之本义仍属不明”[⑤]。拓跋部有自己的语言,历史上亦出现过用拓跋

---

① 郭锋:《关于秃发南凉早期历史的几个问题》,《兰州学刊》1986 年第 4 期。

② 马长寿:《乌桓与鲜卑》，第 245 页。

③ 《资治通鉴》卷 140《齐纪》明帝建武三年，第 4393 页。

④ 李德山、栾凡:《中国东北古民族发展史》，中国社会科学出版社，2003 年，第 200 页。

⑤ 〔日〕白鸟库吉:《东胡民族考》，第 128、129 页。

语记述史事的书籍。其中，《隋书·经籍志》关于拓跋语文献的记载较为集中并且明确清晰[①]，但令人遗憾的是这些书籍均已亡佚。对拓跋语的研究，学者大都认为拓跋鲜卑人的语言属阿尔泰语系中的蒙古语族[②]，“从语言方面看，室韦（原蒙古人）与拓跋鲜卑是同源的”[③]。乔吉根据《南齐书·魏虏传》中用汉语音写的13个鲜卑语官职名称，用古蒙古语或突厥语做了比较准确的复原[④]，用实例证明了在拓跋鲜卑语言中的“各方言属于东胡后裔诸语言，与蒙古语有共同的祖源”[⑤]。基于这样的结论，通过对蒙古语关于拓跋词语含义的研究，或许能够得到某些合理的解释。罗新认为，要解释“拓跋”名号的词义，不应该完全放弃北魏统治者自己提供的信息。他引用内田吟风、王明珂的结论认为“北人谓土为拓，后为跋”这个说法即使有自美姓氏来历的一面（特别是与黄帝的土德联系起来，明显是一种攀附），也可能有包含真实历史线索的一面[⑥]。马长寿认为，《魏书》等对拓跋词义的记载不具合理性，“清代陈毅在《魏书官氏志疏证》中已经加以驳斥，亦不可从”[⑦]。

另外，文献还有一种解释。《钜宋广韵》在解释“拓”时记述，“自

---

① （唐）魏征等：《隋书》卷32《经籍志一·经》，列举拓跋语书籍如下：《国语》十五卷、《国语》十卷、《鲜卑语》五卷、《国语物名》四卷（后魏侯伏侯可悉陵撰）、《国语真歌》十卷、《国语杂物名》三卷（侯伏侯可悉陵撰）、《国语十八传》一卷、《国语御歌》十一卷、《鲜卑语》十卷、《国语号令》四卷、《国语杂文》十五卷、《鲜卑号令》一卷（周武帝撰）、《杂号令》一卷。“又后魏初定中原，军容号令，皆经夷语，后染华俗，多不能通，故录其本言，相传教习，谓之‘国语’，今取以附音韵之末。”这里所说的“国语”就是指拓跋语。中华书局点校本，1973年，第947页。

② 亦邻真：《中国北方民族与蒙古族族源》，《亦邻真蒙古学文集》，内蒙古人民出版社，2001年，第561页；马长寿：《乌桓与鲜卑》，第176页。

③ 张久和：《原蒙古人的历史——室韦—达怛研究》，第32页。

④ 乔吉：《古代北亚游牧民族——语言文字、文献及其宗教》，内蒙古大学出版社，2010年，第14—16页。

⑤ 亦邻真：《中国北方民族与蒙古族族源》，《亦邻真蒙古学文集》，第561、562页。

⑥ 罗新：《论拓跋鲜卑之得名》，“自美姓氏”是王明珂的观点；“也可能有包含真实历史线索的一面”是内田吟风的观点。《历史研究》2006年第6期。

⑦ 马长寿：《乌桓与鲜卑》，第2页。

云拓天而生，拔地而长，遂以为氏”[①]；《资治通鉴·魏纪九》景元二年所记述内容的胡注也有“或曰：自谓托天而生，拔地而长，故为托拔氏”的记载[②]。很明显，这一解释纯从字义出发，是按照托、拔的字面含义加以解释，缺乏根据，可信度太低，是汉族史家的臆想，没有任何合理成分，故后世学者皆弃而不用。

依据前人研究成果，我们可以这样认为：“拓跋”是拓跋语某一包含一定意义的字词在汉语上对应同音汉字的译写形式；是在大泽地区和自大泽迁徙过程中，与匈奴、高车等其他北方民族通婚、融合后形成的新族体。拓跋名称大约在诘汾时期开始使用。将马长寿先生提出的拓跋鲜卑源自“鲜卑父胡母”之“胡”理解为“杂胡”，或许对此问题的合理解释会有所帮助。正如田余庆先生所说：“杂胡之称本没有严格界限，在各族迁徙运动十分活跃的年代，各族混杂现象极易产生，使成分有所变异，有时还形成不同的名号。”[③]

第二节　拓跋来源诸说与考察

拓跋鲜卑来源关涉到鲜卑族源等重大问题，长期以来一直为学界同仁所关注。由于各种文献史料对拓跋来源问题的表述存在着较大的差异，不同的研究者对史料的取舍和解释各不相同，有关拓跋鲜卑来源的看法结论各自不同。大体有黄帝后裔说、匈奴后裔说、李陵后裔说、北（白、东）夷说、东胡后裔说等不同观点。

一、拓跋来源诸说

关于拓跋的来源，研究者见仁见智。除了东胡后裔说以外，大致还有以下诸说。

（一）黄帝后裔说

《魏书·序纪》记载：“昔黄帝有子二十五人，或内列诸华，或外分

---

① 《钜宋广韵》入声卷5，第409、410页。

② 《资治通鉴》卷77《魏纪九》元帝景元二年，第2459页。

③ 田余庆：《拓跋史探》，第151页。

荒服，昌意少子，受封北土，国有大鲜卑山，因以为号。其后，世为君长，统幽都之北，广漠之野……黄帝以土德王，北俗谓土为托，谓后为跋，故以为氏。”① 另外，《北史·魏本纪》《通典·拓跋氏》《通志·氏族略》《文献通考·托跋氏》均有以黄帝作为拓跋族源的相关记载②。

学界部分学者对拓跋鲜卑为黄帝后裔的说法表示赞同。刘文学认为：“北魏拓跋氏是黄帝的后裔。”③ 何光岳认为拓跋“是黄帝的一支支系，决无可疑”，孝文帝“推行汉化，将拓跋氏改为元氏，进行了返祖归宗”④；陈棠栋、陆思贤通过对拓跋鲜卑墓葬中出土的龙纹饰牌研究认为，拓跋鲜卑以“拓跋”为族名，是以龙为社神即地母神的形象，故“拓跋”也释义为“土后”或“后土”，成为地母大神黄帝的后裔⑤；金刚则从语言民族学的角度，考证和确认“鲜卑”之称为复合词，义为“虎虎”，而“拓跋”则源于“鲜卑”之称的变体，论证了鲜卑民族拓跋部，作为轩辕黄帝之裔，同样为虎（狮）图腾的民族，黄帝就是阿尔泰民族直接祖先，黄帝之裔鲜卑同其祖先一样具有虎（狮）图腾绝非是什么附会⑥。

另一些学者则在著述或者论文中阐述了拓跋鲜卑为黄帝后裔的说法不成立的观点。白鸟库吉《东胡民族考》认为“此皆汉天子自许为天下之君主，汉民族自以同化大地万国人民为己任，出自国民的欲望之讬辞

---

① 《魏书》卷1《序纪》，第1页。

② 《魏书》记载拓跋鲜卑族源为黄帝后裔，《北史》《通典》《通志》《文献通考》亦有相关记载。《北史》卷1《魏本纪》，“魏之先出自黄帝轩辕氏”，第1页；《通典》卷196《拓跋氏》，“拓跋氏……或云黄帝之苗允，以黄帝土德，谓土为讬，后为跋，故以为氏”，第1063页；（宋）郑樵：《通志》卷27《氏族略》，“元氏……又拓跋氏，云黄帝子昌意之后。昌意少子封，居北土，世为鲜卑君长”，中华书局，1987年，第456页。《文献通考》卷342《托跋氏》，“托跋氏……或云黄帝之苗允，以黄帝土德，谓土为托，后为拔，故以为氏”，第2683页。

③ 刘文学：《北魏拓跋氏与黄帝渊源关系考证》，《黄河科技大学学报》2010年第6期。

④ 何光岳：《东胡源流史》，第78页。

⑤ 陈棠栋、陆思贤：《鲜卑动物形装饰中反映的拓跋氏族源与祖源神话的创作》，《辽海文物学刊》1993年第2期。

⑥ 金刚：《虎狮民族鲜卑源流》（上，下），《满语研究》2003年第1、2期。

耳”[①]；姚薇元《北朝胡姓考》认为“谓托跋氏为黄帝或李陵之后者……显属附会之说，未可尽信”[②]；吕思勉《中国民族史》认为“五胡诸族，多好自讬于古帝之裔，其说殊不足信”，《魏书·序纪》中关于拓跋鲜卑为黄帝后裔的说法“全不可信”[③]；马长寿《乌桓与鲜卑》认为“自始均……至成帝毛，其间无一事可稽，无一名可传，自然令人怀疑黄帝的苗裔之说的真实性”[④]；林幹《东胡史》认为，拓跋鲜卑之所以把自己祖先纳入“炎黄子孙”的族系，只不过是后来北魏王朝的统治者出于政治上的需要，乃命修史者曲意为之伪托而已[⑤]；米文平认为，《魏书·序纪》的提法是进入中原掌握了汉族文化以后的拓跋鲜卑经汉族文人之手把他们的早期历史传说记录下来，所以难免掺杂进汉族的影响，而拓跋鲜卑为黄帝后裔的说法就是这种体现，就连“黄帝以土德王，北俗谓土为托，谓后为跋，故以为氏”也是汉族五行之说的体现[⑥]；张博泉认为“说拓跋鲜卑是黄帝少子昌意之后始均之裔，是受春秋战国以来华夷同源说的影响，而这种影响与‘或在中国，或在夷狄’有关，同时与后来兴起的族为证明其与华无异，都是先帝先王之后有关”[⑦]；姚大力在《论拓跋鲜卑部的早期历史——读〈魏书·序纪〉》一文中的观点较具代表性：“‘序纪’所谓拓跋部远古‘六十七世’，系据中原古史传说推算而来。‘通鉴’将拓跋祖黄帝之说同‘魏’的国号的发明权一起归于崔宏其人，或许是有所依据的。”[⑧]

（二）匈奴后裔说

《宋书》《南齐书》记载拓跋鲜卑为匈奴种。《宋书·索虏传》记载：

---

① 〔日〕白鸟库吉：《东胡民族考》，第121页。

② 姚薇元：《北朝胡姓考》（修订本），中华书局，2007年，第4页。

③ 吕思勉：《中国民族史》，第81页。

④ 马长寿：《乌桓与鲜卑》，第237页。

⑤ 林幹：《东胡史》，第89页。

⑥ 米文平：《鲜卑源流及其族名初探》，《社会科学战线》1982年第3期。

⑦ 张博泉：《鲜卑新论　女真新论》，第31页。

⑧ 姚大力：《论拓跋鲜卑部的早期历史——读〈魏书·序纪〉》，《复旦学报》（社会科学版）2005年第2期。

"陵降匈奴，有数百千种，各立名号，索头亦其一也。"[1] 西汉武帝抗击匈奴，李陵兵败投降。当时匈奴包含若干北方部族，李陵所在拓跋部是匈奴的一个组成部分。《南齐书·魏虏传》记载："魏虏，匈奴种也，姓托跋氏……宏徙都洛阳，改姓元氏。初，匈奴女名托跋，妻李陵，胡俗以母名为姓。"[2] 拓跋得名于叫作托跋的匈奴族的妻子。

对于史籍中的这些记载，学界也有不同看法。其中，针对"匈奴后裔"的争论较多。孙进己认为，拓跋起源于匈奴，自号鲜卑。如果拓跋起源于鲜卑，就不会产生《宋书·索虏传》《南齐书·魏虏传》的说法。拓跋"既能称为匈奴种,又能称为鲜卑的,只能是匈奴自号鲜卑者"[3]。还有一些学者在对拓跋鲜卑为匈奴后裔的记载提出异议的同时，结合鲜卑与匈奴交融的史实，对匈奴后裔说这一结论的得出做了解释和分析。例如,马长寿认为"这种说法只是代表南朝士大夫一种臆想"[4],但他同时又认为是鲜卑和匈奴余众在草原各地的错居杂处和相互婚媾而出现了鲜卑父胡母的拓跋鲜卑，即拓跋鲜卑是匈奴和鲜卑民族融合的结果。孙同勋也认为拓跋氏为罗陵之后，与匈奴同种的说法"大概是当时南方流行的说法，不见得可靠。李陵降匈奴确曾娶匈奴妻，但匈奴的风俗却与拓拔氏不同"，"鲜卑早在与中原王朝接触之前，就已吸收了一部分匈奴人，其种并不纯粹，南方人因隔膜而误拓拔氏为匈奴种，甚有可能"[5]。考古学界的于长春等通过对拓跋鲜卑与匈奴之间亲缘关系的遗传学比较分析表明，"拓跋鲜卑和匈奴之间是有一定的母系基因交流的"，"拓跋鲜卑和匈奴之间的确存在着很近的亲缘关系"，"拓跋鲜卑在其两次迁徙过程中与匈奴发生基因交流的情况是存在的"[6]。另外，杨懿认为，拓跋氏起源于"匈奴""鲜卑"两种说法，看似在族群谱系上相互矛盾，实乃基于不

① 《宋书》卷 95《索虏传》，第 2321 页。

② 《南齐书》卷 57《魏虏传》，第 983、993 页。

③ 孙进己：《鲜卑源流考》，《黑龙江文物丛刊》1982 年第 3 期。

④ 马长寿：《乌桓与鲜卑》，第 238 页。

⑤ 孙同勋：《拓拔氏的汉化及其他——北魏史论文集》，稻乡出版社，2017 年，第 7、8 页。

⑥ 于长春、谢力、张小雷、周慧、朱泓：《拓跋鲜卑和匈奴之间亲缘关系的遗传学分析》，《遗传》2007 年第 10 期。

同立场的观点分歧。大致以永嘉之乱为界，拓跋氏的族别身份经历了从"匈奴"到"鲜卑"的改易转变，这是其与魏晋王朝、内迁匈奴长达半个多世纪交往和互动的直接结果[①]。

（三）李陵后裔说

《宋书》《南齐书》《资治通鉴音注》记载拓跋鲜卑为李陵后裔。《宋书·索虏传》记载"索头虏姓讬跋氏，其先汉将李陵后也"[②]；《南齐书·魏虏传》记载"初，匈奴女名托跋，妻李陵，胡俗以母名为姓，故虏为李陵之后，虏甚讳之，有言其是陵后者，辄见杀，至是乃改姓焉"[③]，《资治通鉴音注》也将萧子显的这种说法收录其中[④]。

《宋书》《南齐书》记载拓跋为李陵后代，与李陵降匈奴事件有关。李陵本为西汉名将李广之孙，汉武帝时拜为骑都尉，后来，汉武帝派李陵率五千兵马北击匈奴，被匈奴三万多骑兵包围，以少胜多后，又与匈奴八万骑兵作战，力战不敌，被迫投降匈奴。武帝闻李陵降匈奴，杀死李陵全部家族成员。匈奴单于将匈奴女嫁给李陵，立李陵为右校王。汉昭帝继位后，曾派使者至匈奴，想召回李陵，被李陵拒绝。《宋书》《南齐书》因李陵降匈奴娶妻生子生活20余年的事件，进而引申出拓跋鲜卑为汉将李陵之后。

对于拓跋鲜卑是李陵后代的这种观点，支持者不少。例如，张书城认为，"李陵之后曾从匈奴母名为姓改姓拓跋似乎是确实有过的事，不好轻易地指责为'南朝士大夫的一种臆想'……拓跋鲜卑是汉、匈、鲜'三族'融合而成的一个新起的少数民族……拓跋魏为李陵之后所建可确信无疑"[⑤]；崔明德从分析李陵战败的史实和原因入手，结合《宋书·索虏传》《南齐书·魏虏传》《北周李贤墓志铭》《北史·李贤传》等史籍的记载，认为"虽然不能遽然得出李陵为拓跋鲜卑始祖的结论，但李陵后

① 杨懿：《从"匈奴"到"鲜卑"：永嘉之乱与拓跋氏的族别改易》，《社会科学战线》2019年第2期。

② 《宋书》卷95《索虏传》，第2321页。

③ 《南齐书》卷57《魏虏传》，第993页。

④ 《资治通鉴》卷77《魏纪》元帝景元二年，第2459页。

⑤ 张书城：《拓跋魏系李陵之后小考》，《兰州大学学报》1990年第2期。

代子孙与拓跋鲜卑有血缘关系却是显而易见的”，而且李陵的后代在当时北方政治舞台上发挥了重要的作用[①]；温海清从北魏、北周、唐时期众多的追祖李陵的现象分析李陵与拓跋氏之间的关系认为，“南朝史书之所以会载有‘拓跋鲜卑系李陵之后’的说法，这其实更多地表明是南朝汉人基于某些历史事实，而对北方统治者产生的一种想象，从更深层次反映出的是，在当时民族间彼此对立与交往的历史背景下，中原汉人与北方游牧部落之间交融日深，彼此间血缘混杂的历史事实”[②]。

然而，反对者自古有之。唐代刘知己认为，拓跋鲜卑追祖李陵是崔浩想迎合统治者而生造出来的，是想借此提高汉族士大夫的地位。崔浩也因修史获罪，同时崔浩的这种言论也遭到了多数鲜卑贵族的反对。马长寿《乌桓与鲜卑》主张“认为托跋是匈奴的一种，汉将李陵没陷匈奴中，遂以拓跋为李陵之后裔。其中还包括了辱骂拓跋魏为胡汉杂种的意思，更不可取”，“只是代表南朝士大夫的一种臆想”[③]。

（四）北（白、东）夷说

温玉成在《论拓跋部源自索离》一文中，对拓跋鲜卑的源流做了论证。他通过对嘎仙洞“八石阵”（八部联盟）的解读，认为拓跋部只是八部联盟的部落之一，来自北夷索离国。通过对拓跋部南迁“大泽”的考古学文化的判定以及对《魏书·序纪·力微纪》《晋书·卫瓘传》《晋书·武帝纪》相关内容的剖析，证明拓跋力微各部就是《晋书》记载的“参离”即“索离”，明、清称索伦。索离“从战国至东汉皆住在今黑龙江东岸的结雅河（清代称精奇里江）与布列亚河（清代称牛满江）流域”。“索离部推寅时率部‘南迁大泽’……这个‘大泽’就是战国至南北朝时代末年存在的一个无名大沼泽……在大兴安岭东麓”。诘汾率领索离及诸部第二次南迁，索离部与鲜卑、乌桓通婚，形成拓跋部。拓跋力微于魏正始九年（248）吞并鲜卑没鹿回部，是拓跋部与鲜卑族大混

---

① 崔明德：《李陵·拓跋氏·黠戛斯——兼论汉唐时期北方少数民族的寻根现象和认同心态》，《烟台大学学报》（哲学社会科学版）1995 年第 1 期。

② 温海清：《北魏、北周、唐时期追祖李陵现象述论——以“拓跋鲜卑系李陵之后”为中心》，《民族研究》2007 年第 3 期。

③ 马长寿：《乌桓与鲜卑》，第 238 页。

血的标志。西晋幽州刺史卫瓘使用离间计，瓦解力微诸部，晋太康六年（285），使得“参离四千余落内附”，确证“力微诸部”属于“参离（索离）”。此后，猗卢强盛，自称鲜卑[①]。

黄烈在其《中国古代民族史研究》中提出，鲜卑的来源“似与九夷中的白夷有关”，他考证《晋书·慕容廆载记》中：“慕容廆字弈洛环，昌黎棘城鲜卑人也，其先有熊氏之苗裔，世居北夷，邑于紫蒙之野，号曰东胡。”而《十六国春秋·前燕录》记载：“慕容廆，字弈落环，昌黎棘城鲜卑人也。昔高辛氏游于海滨，留少子厌越以君北夷，世居辽左，号曰东胡。秦汉之际为匈奴所败，分保鲜卑山，因复以为号。”“世居北夷”，说出了鲜卑是夷人的一支[②]。

很多学者认为鲜卑起源于东夷。吕思勉指出：“鲜卑，即《禹贡》之析支。说颇可通。”[③]李德山推断，鲜卑就是析支，“‘鲜卑’为‘东夷国’，堪称精当之论……东胡就是鲜卑……拓跋应该是‘东胡’的对译……源于（东夷族系内的一个强大支族）‘郲娄’”[④]。何光岳把鲜卑归为东夷之鸟夷，得名于锦鸡的叫声“鲜卑！鲜卑！”汉初冒顿单于大破东胡，东胡瓦解，鲜卑北逃，一部分鲜卑人进入大兴安岭之内，成为拓跋鲜卑的祖先[⑤]。

二、拓跋来源考察

关于拓跋来源，文献记载各异，研究者众说纷纭。基于历史文献记载与考古发现证实，鲜卑起源于东胡，发展演变为若干部分，拓跋为鲜卑一支，是鲜卑与匈奴等融合后形成的部族。

（一）文献记载与考古学发现证实拓跋鲜卑起源于东胡

鲜卑起源于东胡。鲜卑作为族称，正式出现在东汉时期汉文史籍之

---

① 温玉成：《论拓跋部源自索离》，《新疆师范大学学报》（哲学社会科学版）2012年第6期。

② 黄烈：《中国古代民族史研究》，第224、225页。

③ 吕思勉：《中国民族史》，第80页。

④ 李德山：《试论鲜卑史研究中的几个问题》，《社会科学战线》1993年第2期。

⑤ 何光岳：《鲜卑族的来源与迁徙》，《黑龙江文物丛刊》1984年第4期。

中。《后汉书·鲜卑传》记载“鲜卑者，亦东胡之支也，别依鲜卑山，故因号焉”，“汉初，亦为冒顿所破，远窜辽东塞外，与乌桓相接，未常通中国焉……建武二十五年，鲜卑始通驿使”①。在西晋陈寿著《三国志·鲜卑传》裴松之注引曹魏王沈撰《魏书》中也有类似记载：“鲜卑亦东胡之余也，别保鲜卑山，因号焉。”②即西汉初年，东胡被匈奴击破以后向北迁徙，其中一支迁到内蒙古哈古勒河附近的鲜卑山上③。鲜卑因山得名，在东胡被匈奴灭亡后形成。

记载拓跋源于东胡出现于唐代历史文献之中。《通典·拓跋氏》记述：“拓跋氏亦东胡之后。”④《文献通考·托跋氏》记载与《通典》相同，只是“拓跋”写成“托跋”⑤。东胡为匈奴所败后，一部分逃至鲜卑山，因山名族；另一部分向更远的东北方逃避，直入大兴安岭之内，即《魏书·序纪》所说拓跋鲜卑祖先“国有大鲜卑山，因以为号”⑥的情况亦有可能。

拓跋鲜卑源于东胡的观点，考古学成果也提供了有力的支撑。1984年发掘的位于黑龙江省西南平洋墓葬，两次共发掘118座墓葬，考古学者“从时空关系上看，平洋墓葬所处的地望和跨越的历史年代，与文献记载的东胡族活动的地域和时间，大体上是吻合的”⑦。该墓葬时间的界定，应该是春秋战国时代，地理位置在当时的燕国之北、匈奴之东，与《史记·匈奴列传》所载东胡在春秋战国时期活动的时间和地理范围是一致的。平洋墓葬与属于东胡族系的夏家店上层文化遗存，皆地处大兴安岭东南麓一带，二者遥相呼应，同属东胡文化系统。从平洋墓葬的葬式、葬俗、随葬器物等的分析，如生产工具多为狩猎之用，其所反映出来的

---

① （南朝宋）范晔：《后汉书》卷90《乌桓鲜卑传》，中华书局点校本，1965年，第2985页。

② （西晋）陈寿：《三国志》卷30《乌丸鲜卑东夷传》，中华书局点校本，1982年，第836页。

③ 马长寿：《乌桓与鲜卑》，第29页。

④ 《通典》卷196《拓跋氏》，第1063页。

⑤ 《文献通考》卷342《托跋氏》，第2683页。

⑥ 《魏书》卷1《序纪》，第1页。

⑦ 郝思德、杨志军、李陈奇：《平洋墓葬族属初论——为纪念苏秉琦先生从事考古工作55周年而作》，《北方文物》1989年第3期。

东胡族的畜牧经济和游牧生活的特点和习俗、装饰品的种类和数量、葬俗等与夏家店文化也有很多相同或相似之处，他们同属东胡一脉。

目前学界大多数认同扎赉诺尔墓葬、完工墓葬等是拓跋鲜卑第一次南迁“大泽”之地的墓葬遗存。“大泽”即今天的呼伦湖，其地理位置与黑龙江的平洋墓葬比邻而居，完工墓葬与平洋墓葬的文化性质基本相同，那么平洋墓葬有可能为拓跋鲜卑沿甘河河谷下行抵达嫩江流域后的遗存。平洋墓葬的整理者在对其族属的判定上提出，平洋墓葬为东胡遗存，或许就是拓跋鲜卑（北部鲜卑）及其先人的文化遗存①。

张泰湘等学者认为，“大兴安岭应是拓跋鲜卑族的文化摇篮。目前在这一地区已发现了距今1万余年前的旧石器时代晚期遗址，它证明了早在1万余年以前古人类已经生活在大兴安岭的丛林中”，“从新石器时代起，鲜卑先世（东胡）在大兴安岭、松嫩平原和呼伦贝尔草原上逐渐形成”②。

（二）拓跋是鲜卑的一支

鲜卑是一个复杂的部落集团，各部之间力量发展也极不平衡。在长达几个世纪的时间里，鲜卑衍生出了诸多支系，不同时期的历史文献用不同的名目记述了不同地域的鲜卑各部支系。《通典》《文献通考》记载拓跋鲜卑为“别部鲜卑”③。《读史方舆纪要》记载拓跋鲜卑为“鲜卑索头部”④。

根据各部见于历史文献时所处的地理位置以及同其他部族的融合情况，大致分为北部鲜卑、东部鲜卑。“别保鲜卑山”者，被称为东部鲜卑；“国有大鲜卑山，因以为号”的，被称为拓跋鲜卑（北部鲜卑）。二者是鲜卑的重要组成部分，在民族特征的主要方面是相同的。首先，二者具备两个共同点，族名——同为“鲜卑”；活动地域名称——同为“鲜卑山”。族名、活动地域名称相同就有可能是同族同源的标志。只不过

---

① 郝思德、杨志军、李陈奇：《平洋墓葬族属初论——为纪念苏秉琦先生从事考古工作55周年而作》，《北方文物》1989年第3期。

② 张泰湘、范忠泽、王世杰：《从最新考古学成就看鲜卑族的渊流与发展》，《黑龙江民族丛刊》2003年第2期。

③ 《通典》卷196《拓跋氏》，第1063页；《文献通考》卷342《托跋氏》，第2683页。

④ 《读史方舆纪要》卷4《历代州域形势四》，第169页。

为了明确北部鲜卑和东部鲜卑二者共同的起源地，将共同起源地“鲜卑山”前面增加了一个“大”字，以示二者的同一起源地大兴安岭北部与东部鲜卑迁出后在东汉时期活动地域——辽东塞外的区别[①]，见于史籍时就有了“大鲜卑山”和“鲜卑山”的区分。拓跋鲜卑建立北魏，统一中国北方，自恃是鲜卑各部中的佼佼者，遂将鲜卑之名独霸为己有，称东部鲜卑中的慕容、段部为“白部”或“徒何”，称宇文部为“匈奴”，以示自己与其他鲜卑部落的不同。其次，拓跋鲜卑与东部鲜卑二者语言有相同之处。例如，依据文献《魏书·吐谷浑传》记载，东部鲜卑慕容部的分支吐谷浑语，称部落首领吐谷浑为“可汗”[②]。北魏拓跋焘太平真君四年（443）遣使到旧墟石室祭祖，在嘎仙洞内刻于石壁的祝文中有“以皇祖先可寒配，皇妣先可敦配”的字样[③]。“可寒”是“可汗”汉译时的不同写法。拓跋鲜卑称其先皇为“先可寒”。由此可以看出，拓跋鲜卑与吐谷浑等东部鲜卑对首领的称谓相同[④]。再次，拓跋毛时，既然已经“统国三十六，大姓九十九”，“显然非拓跋之一部所能统包，因此石室时代之鲜卑人，必为后日诸部鲜卑之共祖”[⑤]。最后，从考古方面看，鲜卑石室及扎赉诺尔、孟根楚鲁、拉布达林等墓葬中出土的陶器，表面上有压光暗条纹，与东部鲜卑墓葬中的陶器表面上的压光暗条纹采用相似或一致的手法，这是鲜卑文化一脉相承基本特征的具体表现[⑥]。

（三）拓跋是鲜卑与匈奴等融合后形成的部族

拓跋先世来到呼伦贝尔草原后，与匈奴、高车等融合后形成新的部族——拓跋部。根据文献记载，两汉时期匈奴人控制着呼伦贝尔地区。

---

① 《魏书》卷 1《序纪》，“国有大鲜卑山，因以为号”，第 1 页；《后汉书》卷 90《乌桓鲜卑列传》，“别依鲜卑山，故因号焉”，第 2985 页。

② 《魏书》卷 101《吐谷浑传》，吐谷浑率“分户七百”西走时，部下楼力屈劝阻说“可汗，此非复人事”，第 2291 页。

③ 米文平：《鲜卑石室的发现与初步研究》，《文物》1981 年第 2 期。

④ 《魏书》卷 103《蠕蠕传》记载，东胡后裔柔然社仑统一漠北建立王庭时，自称“丘豆伐可汗”，同时解释说“‘可汗’犹魏言皇帝也”，第 2233 页。

⑤ 刘学铫：《鲜卑史论》，第 179 页。

⑥ 冯永谦、米文平：《拓跋鲜卑与慕容鲜卑同源的考古学研究——兼论乌桓考古学文化》，《博物馆研究》2004 年第 3 期。

前209年，匈奴人统一北方草原，呼伦贝尔地区属其三部领地之一左贤王庭的辖地[①]。及至汉武帝连续发动几次大规模的战争，使匈奴国力逐步遭到削弱，但匈奴仍然对呼伦贝尔草原拥有一定的控制力和影响力[②]。这时正是拓跋鲜卑居住活动在呼伦贝尔地区的历史阶段。“1世纪中叶以后，匈奴统治集团分裂，一部分匈奴人从大漠南北向东北流亡，与迁向西南的拓跋鲜卑相混合”[③]，在呼伦贝尔地区出现了拓跋鲜卑与匈奴的交融，为拓跋鲜卑的发展注入了活力。

考古发掘也证明，拓跋鲜卑在留居呼伦贝尔期间，匈奴曾对其产生过较大影响。在呼伦贝尔已发掘的扎赉诺尔31座古墓葬、完工6座古墓葬出土的器物中，有质地较粗糙的陶器、打制磨制的石器、骨器，以及大量铜器、铁器及金银器、珠饰和蚌壳饰、产于中原的绸和麻布，这些属于不同时代、不同地域的遗物并存，应该视作“同一个历史时期内，各民族发展不平衡，但相互之间，在经济上、文化上又有着密切的交往，而彼此相互影响的结果”[④]。“双耳铜鍑和各种动物形铜饰都具有明显的匈奴器物的风格……锻制的马具和武器，其形制表明它和匈奴同类器物相接近”，这里被发现的遗迹和相关遗物，有一些具有相当浓厚的匈奴文化因素，“匈奴的影响这个时期最突出”[⑤]。

在匈奴对大泽时期拓跋鲜卑的影响方面，体质人类学的研究成果也提供了有力的支撑。在对扎赉诺尔墓、完工墓的颅骨与时代相近的贝加尔湖西部地区的匈奴墓的颅骨平均数进行比较后，得出了他们“与匈奴组之间的组差一般都比较小，反映了他们之间的相互关系较为密切”的

---

① 《史记》卷110《匈奴列传》，匈奴强盛时“诸左方王将居东方……东接穢貉、朝鲜”，第2891页。按《后汉书》卷85《夫余传》，“夫馀国……本濊地”，第2810页。夫馀居松嫩平原，匈奴与之为邻，自当占据有呼伦贝尔草原。

② 曹永年：《早期拓跋鲜卑的社会状况和国家的建立》，东汉时北单于西迁以后，仍然有一部分匈奴留在草原上。《历史研究》1987年第5期。

③ 宿白：《东北、内蒙古地区的鲜卑遗迹——鲜卑遗迹辑录之一》，《文物》1977年第5期。

④ 内蒙古自治区文物工作队：《内蒙古陈巴尔虎旗完工古墓清理简报》，《考古》1965年第6期。

⑤ 宿白：《东北、内蒙古地区的鲜卑遗迹——鲜卑遗迹辑录之一》，《文物》1977年第5期。

结论；具体比较匈奴墓与扎赉诺尔墓颅骨平均数所表现出来的异同性后，考古学者进一步指出，数据的异同性“或许正是种族上存在着一定亲缘关系的反映，扎赉诺尔组中也可能含有某些匈奴的血统”①。从体质人类学上指出扎赉诺尔大泽地区的拓跋鲜卑人含有匈奴血统，这无疑是一项重要发现，“表明在呼伦贝尔时期，拓跋鲜卑已经在血缘上和文化上与匈奴相融合”②。

① 潘其风、韩康信：《东汉北方草原游牧民族人骨的研究》，《考古学报》1982年第1期。

② 曹永年：《早期拓跋鲜卑的社会状况和国家的建立》，《历史研究》1987年第5期。

第三章　拓跋鲜卑的历史演变

拓跋鲜卑是东胡系民族，起源于今大兴安岭北段，是鲜卑诸部活动地域最为靠北的一支。早期拓跋鲜卑经历了两次迁徙过程，在起源地大兴安岭北段生活了很多世代以后迁徙到呼伦湖地区，并且在这里生活了很长时间，生产生活方式和社会形态均发生了变化，实力得到增强。东汉末年，拓跋鲜卑继续迁徙来到阴山河套地区，进入匈奴故地。随后迁于定襄之盛乐，进入今呼和浩特平原。起初建立代政权，经过发展，386 年建立北魏王朝，进而入主中原，统一中国北方。早期拓跋鲜卑的历史变迁可以大致概括为“大鲜卑山”“大泽”“匈奴故地”“盛乐”等几个时期。

第一节　“大鲜卑山”及“大泽”时期的拓跋鲜卑

拓跋鲜卑活动在大鲜卑山（大兴安岭林区北段）和大泽（呼伦湖）周围地区的这一历史阶段也被称为“呼伦贝尔时期”[①]。“大鲜卑山”时期是拓跋鲜卑的起源阶段，拓跋鲜卑先世主要从事狩猎业，拓跋毛“统国三十六，大姓九十九”[②]，出现了部落联盟的最初萌芽。推寅率部迁徙至“大泽”。“大泽”时期是拓跋鲜卑的初步发展时期，生产方式从狩猎业转向游牧业，手工业生产也发展起来。拓跋鲜卑与匈奴、高车等族融合，拓跋邻“七分国人”，建立了包含匈奴等外族在内的部落联盟。

---

① 曹永年：《早期拓跋鲜卑的社会状况和国家的建立》，《历史研究》1987 年第 5 期。
② 《魏书》卷 1《序纪》，第 1 页。

一、“大鲜卑山”时期的拓跋鲜卑

关于拓跋鲜卑最初活动地点是在大鲜卑山，反映拓跋鲜卑早期历史的文献《魏书·序纪》记载：“昔黄帝有子二十五人……昌意少子，受封北土，国有大鲜卑山，因以为号……北俗谓土为托，谓后为跋，故以为氏。”[①] 除去攀缘附会的成分，同时结合考古发现，较为确切的情况应是拓跋鲜卑先世曾在发祥地“大鲜卑山”即嘎仙洞所在的大兴安岭北段生活，“他们自古以来就生息繁衍在这深山老林里”[②]。这里到处是无边无际的原始森林，林间栖息着各种各样的飞禽走兽，富饶的动植物资源使这里有史以来就是狩猎民族的天然王国。文献记载当时的社会状况为“射猎为业”甚为贴切，生产力尚处于低级阶段。在嘎仙洞文化层出土了大量遗物，只有打制石器、骨器、陶器而没有铜、铁等金属器皿，只有大量兽骨而没有牛、马、羊骨殉葬[③]。这些文化遗存判断，“大鲜卑山”时期，拓跋鲜卑社会处于原始游猎经济为主的时代，靠狩猎、采集、捕鱼等这些攫取天然动植物的方式谋生。在这里生活大约2000年或更长的时间，到67世首领拓跋毛时（前200年或前130年左右[④]），建立了包含99个氏族、36个部落的部落联盟，毛已经是部落联盟首领，拓跋鲜卑已经处于父系氏族社会阶段。大鲜卑山时期，拓跋鲜卑出现了部落联盟的最初萌芽（图一、图二）。

二、拓跋鲜卑南迁“大泽”

拓跋鲜卑先世在大兴安岭北部林区繁衍生息70余世后，“推寅立，南迁大泽”[⑤]，首领推寅率部从起源地大兴安岭北段向西南迁到了呼伦湖周围。

拓跋鲜卑从大鲜卑山迁徙到大泽的时间无确切文献可据，黄烈依据《魏书·序纪》关于诘汾之子力微元年，岁在庚子，即曹魏黄初元年（220）的记载做出了大致推断，“东汉前期，拓跋族由大兴安岭南迁到

① 《魏书》卷1《序纪》，第1页。

② 米文平：《鲜卑石室的发现与初步研究》，《文物》1981年第2期。

③ 呼伦贝尔盟文物管理站：《鄂伦春自治旗嘎仙洞遗址1980年清理简报》，《东北亚研究——鲜卑史研究》，第37—45页。

④ 林幹：《东胡史》，第88页。

⑤ 《魏书》卷1《序纪》，第2页。

1

2

图一　嘎仙洞遗址

1. 嘎仙洞遗址洞口　2. 嘎仙洞遗址洞内

（中国社会科学院考古研究所等：《呼伦贝尔民族文物考古大系・扎赉诺尔区卷》，文物出版社，2014 年）

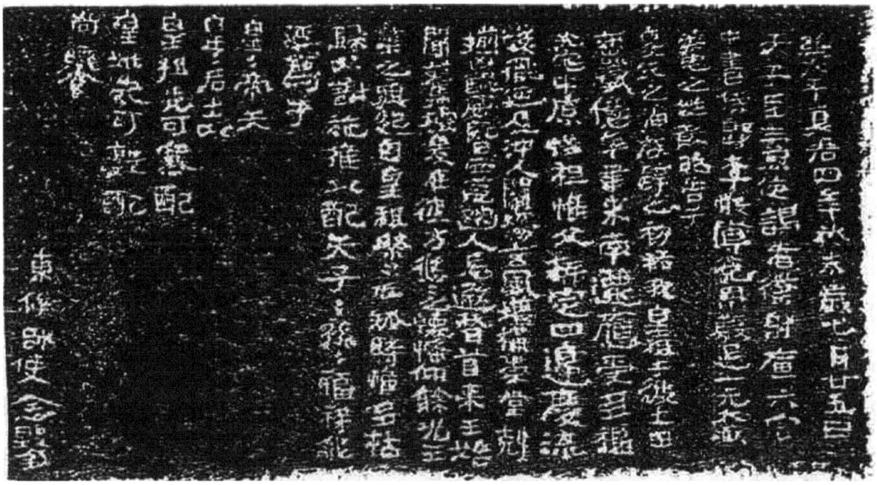

图二　嘎仙洞西壁太平真君四年（443）石壁祝文拓片
（中国社会科学院考古研究所等:《呼伦贝尔民族文物考古大系・扎赉诺尔区卷》，文物出版社，2014 年）

呼伦池”[①]。田余庆主张，早期拓跋鲜卑第一次迁徙是在东汉中期桓帝年间[②]。结合呼伦贝尔地区鲜卑墓葬遗存出土的五铢钱、汉锦残片、漆器等遗物可知，汉朝时期，拓跋鲜卑已经从大兴安岭北段迁徙到了呼伦贝尔草原，在此繁衍生息。

拓跋鲜卑的迁徙路线，依据大鲜卑山为大兴安岭北段的观点，有学者推测由大兴安岭北段嘎仙洞鲜卑旧墟所在的甘河一带出发，或者溯诺敏河向西南越过大兴安岭，顺海拉尔河而下抵达呼伦湖一带的呼伦贝尔草原；或者溯甘河向西越过大兴安岭，顺伊图里河、下根河，经莫尔根（即莫日格勒）河，进入呼伦贝尔草原[③]。另有学者推测，拓跋鲜卑或者自大兴安岭北部迁出后，沿根河向西来到根河下游，然后沿额尔古纳河继续向西南，到达呼伦湖畔和呼伦贝尔草原腹地[④]。也有人不认可嘎仙洞地

① 黄烈:《中国古代民族史研究》，第 278 页；杨军也主张东汉前期的观点，杨军:《拓跋鲜卑早期历史辨误》，《史学集刊》2006 年第 4 期。

② 田余庆:《拓跋史探》，第 24 页。

③ 米文平:《拓跋鲜卑的两次南迁考实》，《东北亚研究——鲜卑史研究》，第 59 页。

④ 内蒙古文物考古研究所、呼伦贝尔盟文物管理站、额尔古纳右旗文物管理所:《额尔古纳右旗拉布达林鲜卑墓群发掘简报》，《内蒙古文物考古文集》（第一辑），第 384—396 页。

区是拓跋部的起源地，认为“拓跋先祖很可能是从外贝加尔南下”至呼伦湖地区的[①]。

拓跋鲜卑之所以南迁大泽，大概有以下几方面因素。首先，大兴安岭北段作为原始驻牧地，为处于原始游猎经济时期的拓跋鲜卑提供了必备的自然生存条件。但该地区闭塞狭窄的自然环境不具备大力发展畜牧业的条件。更主要的是，36个部落的形成、人口的增加等态势促使拓跋鲜卑不得不寻找更适合发展的新的生存空间。其次，大泽地区的自然环境和人文环境吸引着实力增强的拓跋鲜卑。与大兴安岭北部的崇山峻岭林区相比较，呼伦贝尔草原地带河流纵横交错、湖泊星罗棋布、水草丰美，更适合正处在人口增长、社会进步中的拓跋鲜卑的发展，为拓跋鲜卑畜牧业经济的发展提供了优越的自然条件。同时，遗留于此或迁徙而来并在这一地区创造了较为先进文明的匈奴人，为拓跋鲜卑迁至大泽提供了人文条件。有史可查，两汉时期匈奴人占据着呼伦贝尔地区。迁徙到呼伦湖周边草原地带的拓跋鲜卑开始与游牧于此的匈奴等部落接触，甚至发生姻亲关系，深受其游牧生产生活方式的影响。

三、“大泽”时期的拓跋鲜卑

拓跋鲜卑大泽时期的历史，文献记述非常简略，仅仅提到“宣皇帝讳推寅立。南迁大泽，方千余里，厥土昏冥沮洳。谋更南徙，未行而崩”。历六世，邻立，“时有神人言于国曰：‘此土荒遐，未足以建都邑，宜复徙居。’”[②]

宣帝推寅（约前1世纪末期[③]）立为君长时或正值东汉初年。北匈奴西迁，南匈奴保塞，推寅趁势率领拓跋部从起源地向西南迁徙至呼伦湖地区。献帝邻时，把部落联盟按纥骨氏、普氏、拔拔氏、达奚氏、伊娄氏、丘敦氏、侯氏加以区分，指派诸兄弟各摄领之。被献帝兄弟摄领的七

① 韩昇、蒙海亮：《隋代鲜卑遗骨反映的拓跋部起源》，《学术月刊》2017年第10期。

② 《魏书》卷1《序纪》，第2页。

③ 林幹：《东胡史》，根据《魏书·序纪》所记载拓跋始祖力微元年“岁在庚子”，该庚子年份即为魏文帝黄初元年（220）推算而出。第89页。

族中，纥骨氏为典型的高车族姓，普氏当为匈奴卜氏[①]。“七分国人”这一事件表明，匈奴、高车等部族已经加入以拓跋部为首的部落联盟之中，拓跋鲜卑在大泽已与匈奴、高车等部族接触、融合。

考古资料确证了拓跋鲜卑迁徙到呼伦贝尔草原的史实，并且直观地反映了其生产、生活方式以及文化习俗的具体状况。自1959年至今的半个多世纪以来，考古学者在呼伦湖周边陆续发现了扎赉诺尔鲜卑墓群、完工墓群、伊敏河地区鲜卑墓（含伊敏车站墓葬和孟根楚鲁墓葬）、拉布达林鲜卑墓葬群、七卡鲜卑墓葬群、伊和乌拉墓群、团结村鲜卑墓葬群、鄂温克旗二道沟墓群、红星生产队墓葬、满洲里蘑菇山墓群等被学界认定为属于早期拓跋鲜卑的墓葬（群），是拓跋鲜卑迁徙“大泽”时期的考古遗存[②]（图三）。

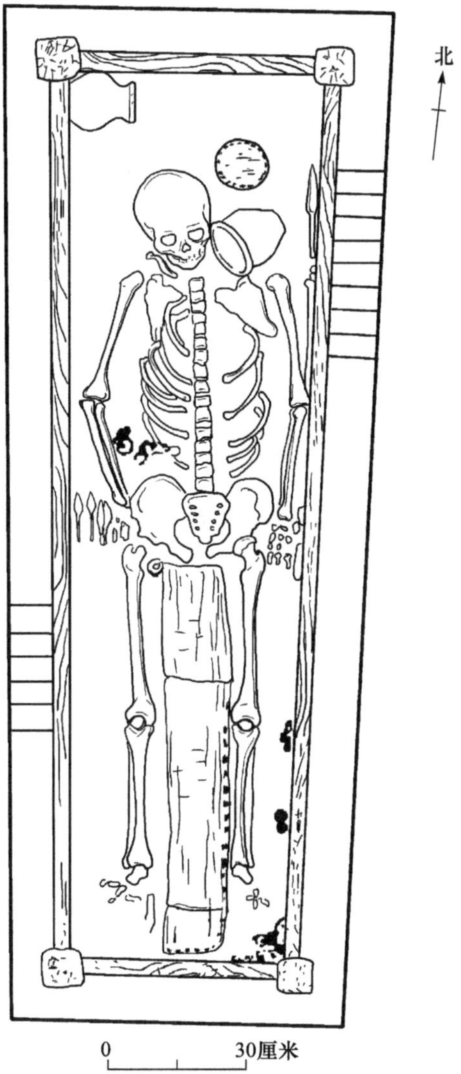

图三　扎赉诺尔墓群 M25 平面图
（中国社会科学院考古研究所等：《呼伦贝尔民族文物考古大系·扎赉诺尔区卷》，文物出版社，2014 年，第 111 页）

墓葬遗存为我们研究呼伦贝尔草原时期的拓跋鲜卑与外族的交往，生产力发展，社会结构变化等方面的内容提供了支撑。呼伦贝尔草原时期，拓跋鲜卑与匈奴关系密切。在呼伦贝尔草原拓跋鲜卑墓葬的

① 姚薇元：《北朝胡姓考》（修订本），第 10、26 页；马长寿：《乌桓与鲜卑》，第 247—249 页。

② 对完工古墓群是否为鲜卑墓葬，学界存在较大分歧。

遗存和相关遗物中，有一些具有相当浓厚的匈奴文化因素；从人类学上来说，扎赉诺尔人具有匈奴血统，此时的拓跋鲜卑在血缘上已与匈奴融合。匈奴自前 4 世纪出现于中国史册始，就与中原交往持续不断，深受汉民族经济文化的熏陶和影响。匈奴人把从中原吸收来的先进文化和生产技术间接传递给相互交融的拓跋鲜卑应是情理之中的事情。受匈奴等外族先进生产力的影响，拓跋鲜卑社会形态、经济生活、生产工具也都发生了一系列根本的改变，历史进程大大加快，社会状况较“大鲜卑山”时期取得了长足进步。满洲里市蘑菇山墓葬[①]、扎赉诺尔墓葬[②]、拉布达林墓葬[③]等拓跋鲜卑古墓葬中，出土了数量较多的铜器、铁器，有大量牛、马、羊骨殉葬。这些考古成果表明，“大泽”时期，活动在呼伦贝尔草原的拓跋鲜卑社会处于畜牧经济为主的时代。拓跋鲜卑在“大泽”地区生息了一二百年的时间。

第二节 “匈奴故地”及“盛乐”时期的拓跋鲜卑

为了适应拓跋鲜卑发展的客观需要，在邻的授意下，其子诘汾率领拓跋鲜卑走出呼伦贝尔草原，经“九难八阻……始居匈奴之故地”[④]。力微时期，“迁于定襄之盛乐”[⑤]。“匈奴故地”及“盛乐”时期，拓跋鲜卑虽经兴衰起伏，但整体实力逐渐发展壮大，最终建立北魏王朝。

---

① 呼伦贝尔民族博物院：《内蒙古满洲里市蘑菇山发现古墓群》，《草原文物》2012 年第 2 期。

② 内蒙古文物工作队：《内蒙古扎赉诺尔古墓群发掘简报》，《考古》1961 年第 12 期；王成：《扎赉诺尔圈河古墓清理简报》，《北方文物》1987 年第 3 期；陈凤山、白劲松：《内蒙古札赉诺尔鲜卑墓》，《内蒙古文物考古》1994 年第 2 期。

③ 内蒙古文物考古研究所、呼伦贝尔盟文物管理站、额尔古纳右旗文物管理所：《额尔古纳右旗拉布达林鲜卑墓群发掘简报》，《内蒙古文物考古文集》（第一辑），第 384—396 页；赵越：《内蒙古额右旗拉布达林发现鲜卑墓》，《考古》1990 年第 10 期。

④ 《魏书》卷 1《序纪》，第 2 页。

⑤ 《魏书》卷 1《序纪》，第 3 页。

一、拓跋鲜卑西迁“匈奴故地”

关于拓跋鲜卑西迁匈奴故地的时间，研究者看法存在差异，其时间段可归纳为四种：东汉早中期之际、东汉中期、东汉晚期、曹魏时期①。

关于拓跋鲜卑西迁匈奴故地的路线，《魏书·序纪》记载，拓跋鲜卑自大泽迁徙至匈奴故地。学界对西迁起点“大泽”的位置至少存在七种说法；对终点“匈奴故地”也存在不少于六种意见。从大的范围加以归纳，可概括为四种②。在此，我们列举以大泽为呼伦湖，匈奴故地为阴山、河套地区的主张所推论的拓跋鲜卑迁徙路线。米文平先生推断拓跋部自呼伦贝尔草原迁徙至匈奴故地的路线，“可能是沿伊敏河穿越大兴安岭，之后折而向西”③。王凯认为，拓跋鲜卑一支从大泽向西，逆今克鲁伦河，沿土拉河进入北匈奴地区（今蒙古国乌里雅苏台或科布多一带），此后又沿昔匈奴南下旧路到达阴山南北；另一支则从大泽南下，逆今乌尔逊河、喀尔喀河，经今内蒙古乌珠穆沁旗东境，再南下今内蒙古中部地区④。拓跋鲜卑此次迁徙可供参照的考古资料之一是1962年发现的内蒙古赤峰巴林左旗南杨家营子的墓葬遗址⑤。考古学家宿白先生据此进行研究，认为其葬俗、随葬品的特点多与扎赉诺尔拓跋鲜卑墓群的特征相同，“在大兴安岭南段东侧辽河支流乌尔吉木伦河流域发现了和札赉诺尔墓群极为相似的遗迹”，与文献中记载“南移，山谷高深，九难八阻”的情形相符合，得出拓跋鲜卑自大泽迁出后，在“巴林左旗一带停留了一段”的结论。从墓中遗物五铢钱及遗存特征分析，时间在1—4世纪。考古发掘研究表明，此时的拓跋鲜卑社会进一步发展，进入父系氏族社会阶段，男

---

① 倪润安：《光宅中原——拓跋至北魏的墓葬文化与社会演进》，第44、45页。

② 倪润安：《光宅中原——拓跋至北魏的墓葬文化与社会演进》，“沿大兴安岭南下，继而西迁匈奴故地；从漠北地区南迁匈奴故地；从大兴安岭东侧的‘大泽’，越岭后到达西侧的匈奴左地；从河套扩展到鄂尔多斯高原之大部或全部”，第45—50页。

③ 米文平：《拓跋鲜卑的两次南迁考实》，《东北亚研究——鲜卑史研究》，第61页。

④ 王凯：《北魏盛乐时代》，内蒙古人民出版社，2003年，第26页。

⑤ 中国科学院考古研究所内蒙古工作队：《内蒙古巴林左旗南杨家营子的遗址和墓葬》，《考古》1964年第1期。

子政治、经济的地位明显高于女子，出现贫富差距和男女分工。墓葬考古显示：男女的棺木存在差异；随葬品种类数量不同；随葬品中的铜饰和珠饰多出现在女性墓中，镞随葬在男性墓中等。“南杨家营子墓群所反映的拓跋部落的较大变化，是与匈奴混合和日益邻近汉族地区以后发生的。”[①]林西县苏泗汰鲜卑墓葬的发现，也“证明了拓跋鲜卑西南迁时，曾在乌尔吉木伦河流域广大地区滞留”[②]。

自大泽西迁匈奴故地的时间、路线或许如此：拓跋鲜卑于东汉末年自呼伦湖地区迁出，南向穿越地势险要的大兴安岭，到过今赤峰市巴林左旗境内；之后再西迁至今阴山、河套地区匈奴故地。其迁徙原因，大致包括以下几个方面：南邻的东胡部落联盟成员乌桓、东部鲜卑长期占据辽东、辽西地区，拓跋鲜卑南迁中原受阻；檀石槐部落大联盟的出现，成为拓跋鲜卑西徙至匈奴故地的重要原因；匈奴衰落，拥有发展农业、畜牧业优越地理环境的河套阴山地区没有了霸主，为拓跋鲜卑的迁入提供了空间和历史契机[③]。参照日耳曼民族大迁徙、蒙古各部迁徙的方式，不排除拓跋鲜卑是呈扇形方式进行大规模民族迁徙的可能[④]。

二、“匈奴故地”时期的拓跋鲜卑

匈奴故地所在的河套阴山地区是一个气候适宜、水草丰美的地方，适合畜牧业发展，是理想的牧场。在秦汉时期，这一地区是中原地区的最前哨，曾被匈奴首领冒顿单于占领。1—2 世纪的东汉时期，随着匈奴势力的衰落和南迁西徙，拥有发展畜牧业优越地理环境的河套阴山地区没有了霸主，为鲜卑部落的进入提供了地理空间和历史契机，该地转为檀石槐联盟成员拓跋部所占据。在诘汾及其继承者力微等首领的统领

① 宿白：《东北、内蒙古地区的鲜卑遗迹——鲜卑遗迹辑录之一》，《文物》1977 年第 5 期。

② 林西县文物管理所：《林西县苏泗汰鲜卑墓葬》，《内蒙古文物考古文集》（第二辑），第 461、462 页。

③ 梁云：《拓跋鲜卑西迁大泽、匈奴故地原因探析》，《内蒙古社会科学》（汉文版）2011 年第 4 期。

④ 4—6 世纪日耳曼民族大迁徙、8 世纪中叶开始的蒙古各部迁徙均以呈扇形这种方式进行，对拓跋鲜卑这一游牧民族早期的迁徙可起到相互参照比较的作用。

下，拓跋部经济模式发生实质性的变化，畜牧业、手工业、农业发展呈现上升趋势。拓跋鲜卑在匈奴故地取得良好发展，为代政权的建立奠定了基础。

历史文献对于拓跋鲜卑匈奴故地这一时期历史的记载比大鲜卑山、大泽时期丰富。《魏书》记载：拓跋部迁徙至匈奴故地初期，“圣武帝（诘汾）尝率数万骑田于山泽”①,到力微发迹时“控弦上马二十余万”②。这条史料证明，拓跋鲜卑迁居匈奴故地后，畜牧业也处在了一个良好的发展阶段。生产力的迅猛发展为人口增长提供了物质上的保障。

诘汾子拓跋力微③初期，拓跋鲜卑势力尚且弱小。在发生“西部内侵，国民离散”的情形下④，因为还没有形成独立力量，力微不得不投奔并依赖没鹿回部，得到没鹿回部大人窦宾的信任和全力支持，双方建立了姻亲关系。窦宾支持力微率领所统部落北居长川（俗称土城子，今内蒙古乌兰察布市兴和西北）⑤。长川时期是力微乃至以后拓跋部进一步发展的重要奠基时期，拓跋力微充分把握这一时机，把长川地区建设成为拓跋部来到匈奴故地后的第一处根据地。力微广泛施以德行感化而不崇尚武力以这种模式经营十几年，得到部民的拥护，吸引原拓跋“诸旧部民，咸来归附”⑥,力量得以壮大。趁此优势,力微征服吞并了困难时期不得不依赖的颇具实力的没鹿回部；其他诸部大人审时度势，随即也都全部诚

① 《魏书》卷1《序纪》，第2页。

② 《魏书》卷1《序纪》，第3页。

③ 《魏书》所记拓跋鲜卑历史人物，有确切年代可考的是拓跋力微，在位年限为220—277年。舒朋：《力微生卒年考》认为，力微生于174年，卒于277年，《首都师范大学学报》（社会科学版）2003年第3期。另外，姚大力：《论拓跋鲜卑部的早期历史——读〈魏书·序纪〉》认为，力微“真正的生卒年或许是210年至277年，死于六十八岁时”，《复旦学报》（社会科学版）2005年第2期。

④ 田余庆：《拓跋史探》，“所谓‘西部内侵，国民离散’，当指诘汾末年拓跋部落联盟发生内乱，诘汾长子匹孤率所部远走河西，独立发展，后人称之为秃发部”，第16页；马长寿：《乌桓与鲜卑》，“西部内侵”是指力微遭到西部鲜卑大人蒲头的内侵，第244页。

⑤ 常谦：《北魏长川古城遗址考略》，《内蒙古文物考古》1998年第1期。“长川城是北魏早期，始祖神元帝拓跋力微于219年，在鲜卑首领没鹿回部大人窦宾的允许下建筑的最早城池。”

⑥ 《魏书》卷1《序纪》，第3页。

心归附。拓跋部势力渐渐强大，人口数量由初来匈奴故地诘汾时的十几二十万，上升到力微时期的约百万[①]。

三、“盛乐”时期的拓跋鲜卑

盛乐即今呼和浩特市和林格尔县土城子古城。所谓“盛乐”时期，大体是指拓跋鲜卑迁于盛乐至北魏建立之间的历史阶段。魏甘露三年（258），力微“迁于定襄之盛乐”，拓跋鲜卑实力逐步强盛。晋建兴三年（315）猗卢建立代政权，势力进一步发展壮大，为北魏王朝的建立奠定基础。从386年拓跋珪复代（同年4月改国号魏）至天兴元年（398）拓跋珪迁都平城（今山西省大同市），盛乐始终是拓跋政权的都城，是北魏王朝的龙兴之地。

力微“盛乐”时期（258—277），拓跋部势力日益强大。力微积极进行部族内、外关系等方面的建设并取得显著成效，确立起了自己的权威。

首先，力微征服兼并各部落，使之成为拓跋军事联盟的新成员。据《魏书·官氏志》记载，力微时，拓跋部建成了包括拓跋本部、四方诸部在内的部落联盟。拓跋本部包含“百世不通婚”[②]的拓跋氏宗族十姓，以及内入诸姓。拓跋氏宗族十姓由拓跋邻“七分国人”发展而来。内入诸姓是指被拓跋部征服或兼并后，加入拓跋联盟的拓跋部以外的部落或部族的异姓诸部七十五姓或部落成分。拓跋氏与内入诸姓中的某些部族发生婚姻关系，彼此关系紧密。除拓跋本部外，还有与拓跋部保持“其渠长皆自统众”“岁时朝贡”[③]的计含三十五姓的四方诸姓。这个由多个部族组建的军事部落大联盟包括了东部鲜卑、乌桓、匈奴、丁零、柔然等部族[④]。

---

① 根据“圣武帝（诘汾）尝率数万骑田于山泽”、力微“控弦上马二十余万”的记载，“数万骑”，其数目姑且以3万—5万计，再以含老弱妇孺在内4—5人出一战士，拓跋鲜卑总人口当在12万—25万。同理，力微时的人口数量有百万左右。

② 《魏书》卷113《官氏志》，第3006页。

③ 《魏书》卷113《官氏志》，第3013、3014页。

④ 马长寿：《乌桓与鲜卑》，“迁于定襄之盛乐”之后，力微召集诸部君长，与其一道参加祭天仪式。因为白部大人违抗力微意志未如约而至，力微出兵诛灭了白部大人，“远近肃然，莫不震慑”。这里的白部即是对东部鲜卑的称谓。咸宁三年（277），始祖力微不豫，乌丸王库贤“亲近任势”，破坏动摇诸部大人与拓跋力微的关系……始祖寻崩。此乌丸王库贤即乌桓部大人。第244—259页。

力微时期的拓跋部落联盟已经发展成为以地域关系为主的统治模式，代替了之前以血缘关系为主的状态，拓跋鲜卑进入向国家转变的历史时期。

其次，在处理与邻近部族的关系时，力微采取“笃信推诚，不为倚伏以要一时之利，宽恕任真”的原则，使得周边一些部族都因仰仗力微，不论路途远近皆前来归附。对于中原魏、晋王朝，力微更是采用联姻的和睦友好态度。“与魏和亲”、遣太子沙漠汗入曹魏为质子。“魏晋禅代，和好仍密”[①]。由此力微得到了曹魏、西晋政权的支持与保护，拓跋部迅速发展壮大起来。力微在部族内、外关系诸方面的施政策略为后代子孙所效仿，拓跋部的势力继续壮大，直至拓跋珪建立北魏[②]。

经过力微的建设，拓跋部的势力日益强大，仅云中（治今内蒙古自治区呼和浩特市托克托县古城村）一地就“有部落数万家”[③]。拓跋部在鲜卑诸部以及包括其他部族在内的北方游牧民族中的优势地位逐渐凸显。所以，力微在拓跋部历史发展过程中的地位特别重要，上承拓跋鲜卑“大鲜卑山”“大泽”时期的前期历史，在新的驻牧地区扎根、壮大，下启拓跋部建立代政权的发展历史，为拓跋部进一步强大、建立北魏奠定了基础，被后世子孙追封为拓跋魏始祖。

悉鹿、绰、弗时期（278—294），拓跋鲜卑经历了从内部纷扰到国力初步恢复。力微死后，其子拓跋悉鹿嗣立。期间久在汉地深受汉文化影响的沙漠汗被诸部大人阴谋戕杀，受该事件的冲击，诸部发生叛离，导致“国内纷扰”[④]。悉鹿“飨国九年而崩”[⑤]。其后，拓跋绰、拓跋弗相继继位。史载，绰、弗实施威势德政并举、宽大不苛求的施政方针，使得百姓发自内心的顺服，拓跋部社会逐步稳定下来，实力得到一定恢复。对待中原西晋政权，悉鹿、绰、弗秉承力微以来与中原汉政权友善的交往

① 《魏书》卷1《序纪》，第4页。

② 《魏书》卷13《皇后传》，“魏氏王业之兆……始于神元”，第321页。

③ 《宋书》卷95《索虏传》，第2321页。

④ 自拓跋力微时期沙漠汗被杀开始，王位权力继承问题一直纷争不断。兄弟争位，父子相残，后宫干预，争夺君位的内乱一直贯穿于拓跋部历史始终，这是拓跋部“匈奴故地”“盛乐”时期历史的一个特点。这与嫡庶长幼之序未能形成制度，君位传承无规则可遵循的历史现实有一定关系。

⑤ 《魏书》卷1《序纪》，第5页。

政策，一直与晋和睦相处，双方关系良好。

禄官、猗㐌、猗卢“三部之国”时期（295—307），拓跋部进入了复兴和迅猛发展阶段，财富积累，人口增加，实力增强。拓跋禄官从侄子弗手中接过最高统治权力之后，为了更有效地进行统治，采取与猗㐌、猗卢联合治理的办法，将拓跋部控制的地域分为东、中、西三部分，分别由禄官本人、猗㐌、猗卢各自统领①。三部虽各有君长，但地位高低有所区别。对外继续沿用力微时期与中原政权友好的政策。拓跋部出现了“百姓乂安，财畜富实”②，国力强盛的良好局面。据文献记载，自力微二十九年到禄官元年（248—295）不到50年的时间内，控弦之士由20余万上升到40余万。

力微儿子禄官、孙子猗㐌和猗卢共治拓跋鲜卑之时，正是西晋“八王之乱”混战胶着之际。他们抓住这一历史性机遇迅速发展壮大自己的势力。各自率部进行扩张战争，拓跋部的领地继续扩大。猗卢善于用兵，于晋元康五年（295）南“出并州（治今山西省太原市）”，西出黄河“击匈奴、乌桓诸部”③，取得征战胜利，扩张了统治范围。297—301年，猗㐌向北、向西巡行、攻略，西部降附于拓跋者20余国④。猗㐌不仅北巡西略，还助晋打败叛晋自立的刘渊，猗㐌被晋惠帝授予大单于称号。

猗卢时期（308—316），拓跋代建立。晋永嘉二年（308），禄官崩，猗卢嗣立，“遂总摄三部”⑤。猗卢在位期间，匈奴刘渊、刘聪相继叛立，猗卢率拓跋部多次帮助晋室平定铁弗部刘渊的叛乱，于是尽得“陉北之地（陉岭在今山西省忻州市代县西10千米）”，拓跋部疆域进一步扩大。西晋愍帝为酬谢猗卢的帮助，于建兴三年（315）封猗卢为代王，拓跋鲜

---

① 杨学跃、王银春：《“强者得立”与拓跋鲜卑早期权力继承》认为，拓跋禄官即位后分国为三部，有可能是拓跋禄官篡夺了其侄拓跋弗的酋长位而立，但是沙漠汗的两子并不承认拓跋禄官的合法性而导致分裂，出现了拓跋禄官、拓跋猗卢、拓跋猗㐌各控一部的历史局面。《宁夏大学学报》（人文社会科学版）2013年第2期。

② 《魏书》卷1《序纪》，第6页。

③ 《魏书》卷1《序纪》，第6页。

④ 《北史》和《资治通鉴》记载为30余国。或者为《北史》和《资治通鉴》的抄写之误，或是二者有不同的史源。

⑤ 《魏书》卷1《序纪》，第7页。

卑历史进入了拓跋代时期[①]。拓跋鲜卑势力在猗卢时期进一步强大,“城盛乐以为北都,修故平城以为南都”[②],猗卢指派长子六修镇守新平城,统领南部的独孤部、白部。

郁律、贺傉、纥那、翳槐时期(317—337),拓跋代内乱不断,兴衰起伏不定,国势走向衰弱。拓跋部在盛乐地区的发展并不是一帆风顺的。猗卢之后,既有内忧也有外患,不同时期表现各异。由于王位继承引起纠纷,代王拓跋猗卢被儿子六修所杀。此后的一段时期,拓跋部内乱频仍,部落离散,实力逐渐衰微[③]。同时,拓跋部周边的各北方部族对其虎视眈眈。普根、始生对拓跋部落联盟进行了短暂的统治,期间“国中大乱,新旧猜嫌,迭相诛灭”[④]。平文帝郁律执政,拓跋代的统治开始有了新的起色,拓跋部落联盟势力有了一定发展。“郁律击(刘)虎,大破之……于是郁律西取乌孙故地,东兼勿吉以西,士马精强,雄于北方。”[⑤]“控弦之士”升至近100万,总人口亦约500万。其中,绝大多数为拓跋鲜卑人,此外还有匈奴、丁零、柔然、乌桓等民族。如此众多的人口一起生活、生存,从一个侧面向我们展示了拓跋鲜卑畜牧经济进入比较繁荣的时期,政治经济实力均获得发展。此时,拓跋鲜卑外部情况是两晋交替,十六国纷扰,于是拓跋郁律“有平南夏之意”。但桓帝后祁氏“以(平文)帝得众心,恐不利于己子”[⑥],杀郁律,立子贺傉[⑦]。拓跋

---

① 自拓跋猗卢西晋建兴三年(315)接受西晋的代王册封,到东晋太元元年(376)拓跋军事部落联盟受到前秦苻坚的攻击被解散,这段历史称为拓跋鲜卑的代国时期。拓跋代国是北魏建立的基础和前提。

② 《魏书》卷1《序纪》,第8页。

③ 《资治通鉴》卷96《晋纪》成帝咸康四年,“代王猗卢既卒,国多内难,部落离散,拓跋氏寖衰”,第3025页。

④ 《资治通鉴》卷89《晋纪》愍帝建兴四年,第2830页。

⑤ 《资治通鉴》卷90《晋纪》元帝太兴元年,第2860、2861页。

⑥ 《魏书》卷1《序纪》,第10页。

⑦ 田余庆:《拓跋史探》,“拓跋部在盛乐时,后妃多出自某些特定部族,后妃凭借本部族的力量,常引起君位继承冲突。这是道武帝以前拓跋部内强后迭出、政局纷纭的重要原因”,第59页。其中,文帝沙漠汗兰妃似依靠乌洛兰部两次为子孙争得君位;桓帝猗㐌祁后似依靠乌桓三次为子孙夺得继承权,先后立君四人五次;平文帝郁律王后似依靠铁弗匈奴部则先为平文的庶长子翳槐夺得继承权,后又以己子什翼犍继承长兄翳槐君位。

贺傉在位前三年，其母祁氏秉持大权，专制国政。贺傉亲政后，他的统治并不稳定，下属各部大多不服号令，于是贺傉在东木根山（今山西省大同市北）修筑城堡，将都城迁移到那里。贺傉亲政一年去逝。贺傉弟纥那即位后，始终受到翳槐的威胁。纥那虽然依靠宇文部的支持在位五年，但翳槐在势力更为强大的贺兰部支持下，最终替代了纥那，成为拓跋部的统治者。纥那在翳槐执政七年时夺回统治权，再度统治三年后，翳槐亦再次复立，“城新盛乐城，在故城东南十里。一年而崩”。纥那与翳槐的王位之争，不可避免地削弱了拓跋部的统治基础。翳槐清楚地意识到这一点，临崩前顾命曰：“必迎立什翼犍，社稷可安。”①

什翼犍时期（338—376），拓跋代政权经历了兴盛到衰亡的过程。什翼犍于晋咸康四年（338）在繁畤（今山西省大同市浑源县）之北即代王位。什翼犍在拓跋部内政建设、对外交往等方面实施多项有效措施，致力于加强国力的建设，从而使拓跋代历史进入它的“黄金时期”。什翼犍执政时期是奠定北魏道武帝拓跋珪基业的重要阶段②。

什翼犍 19 岁即位，建元建国。他雄健勇悍而有智谋，拓跋部人都信任支持什翼犍，于是归附于他。什翼犍在本部族人的支持下，担负起发展祖先遗业的重任。什翼犍统治初期，拓跋鲜卑社会进入休养生息、相对安定的历史时期。内政建设成为这一时期的主要内容，取得了很多政治方面的成就：第一，设置百官，辅助什翼犍分别掌管处理各项政务，政权机构建设接近于完成。第二，制定惩治反逆、杀人、奸盗的刑罚，法令严明，政事清简，没有因禁株连的烦扰，百姓安居乐业。这些清明措施，吸引周边部族的部民前来归顺，东起自濊貊，西及破落那，南到阴山，北至沙漠广大地区的人们几乎都来投奔什翼犍，归附人数有数十万之多。疆域之广，声势之盛，影响之大，在拓跋部历史上达到空前。第三，建设新的统治中心，筑盛乐新城③。第四，加强军事力量。在参合

---

① 《魏书》卷 1《序纪》，第 11 页。

② 《隋书》卷 58《魏澹传》，“昭成（什翼犍）雄据塞表，英风渐盛，图南之业，基自此始”，第 1418 页。

③ 《魏书》卷 1《序纪》，猗卢六年（313）“城盛乐以为北都”，抑或因为翳槐、纥那权力之争时，对盛乐城似有破坏，于是什翼犍欲定都于灅源川，被其母王氏阻止。第 8 页。什翼犍四年（341）“筑盛乐城于故城南八里”。第 12 页。

陂（今山西大同市东），什翼犍汇集各部的军事力量，设立祭场，习武骑射，并且从东晋咸康八年（342）开始，定期举行，成为常制[①]。军队已纳入正规训练，说明军事结构的合理性更进了一步。各部落酋长，实际上成了拓跋统治集团的军事长官[②]，拓跋部军队的战斗力进一步增强。对外交往方面：第一，采取联姻手段，与周边部族建立和亲关系，扩大合作联盟[③]。第二，与实力弱小的部族建立朝贡关系[④]，维系和平。同时，出兵打击威胁拓跋部统治的一些敌对部族[⑤]。

什翼犍在位39年，进行了内政和对外交往方面的建设，征服了周边的一些部落，实力渐强。于是，什翼犍产生了逐鹿中原的想法，欲趁"石胡衰灭，冉闵肆祸，中州纷梗"之时"亲率六军，廓定四海"[⑥]挥师南下，建立霸权。但他的意愿由于诸部大人的阻谏没有付诸实施。

虽然什翼犍怀有问鼎中原之志，但拓跋部统一中国北部地区的时机尚不成熟。什翼犍统治末期，拓跋部势力走向衰弱，在政治上表现为外有若干强敌争雄，内有嗣立问题干扰。首先，被统治部族的反抗斗争贯穿于什翼犍统治的后期。匈奴铁弗部刘虎一直与拓跋部互争雄长，是拓跋部世仇。刘虎后代务桓、阏头虽有短暂归附，更多的还是与拓跋代抗争、较量[⑦]，这在一定程度上削弱了拓跋部的统治力量；什翼犍于东晋

---

① 《魏书》卷1《序纪》，什翼犍"五年（342）夏五月，幸参合陂。秋七月七日，诸部毕集，设坛埒，讲武驰射，因以为常"。第12页。

② 黄烈：《中国古代民族史研究》，第288页。

③ 《魏书》卷1《序纪》，什翼犍四年（341）"虎死，子务桓立，始来归顺，帝以女妻之"；"慕容元真遣使朝贡，并荐其宗女"。七年（344）"慕容元真遣使奉聘，求交婚。帝许之"。第12页。《资治通鉴》卷96《晋纪》成帝咸康五年，"什翼犍求昏于燕，燕王皝以其妹妻之"，第3031页。

④ 《魏书》卷1《序纪》，什翼犍八年（345）"慕容元真遣使朝贡"；九年（346）"石虎遣使朝贡"；十六年（353）"慕容儁遣使朝贡"等。第12、13页。

⑤ 《魏书》卷1《序纪》，什翼犍二十六年（363），"帝讨高车"；二十八年（365）"卫辰谋反，东渡河。帝讨之"；三十年（367）、三十七年（374），"帝征卫辰"。三十三年（370），"征高车"。第14—16页。

⑥ 《魏书》卷1《序纪》，第13页。

⑦ 《魏书》卷1《序纪》，什翼犍十九年（356），"阏头立，潜谋反叛"；"二十一年（358），阏头部民多叛"；"二十八年（365），卫辰谋反，东渡河"。第14、15页。

兴宁元年（363）、太和五年（370）两次征伐高车，大获全胜，将高车纳为己属，但高车在漠北默默积蓄力量，伺机摆脱统治。东晋太元元年（376），“帝时不豫……高车杂种尽叛”[①]。其次，什翼犍在位时期，正是匈奴、鲜卑、羯、氐、羌五个北方内迁民族纷纷建立政权之际，其中后赵、前燕、前秦等多个国家位居北方，后赵、前秦的实力都超过什翼犍的代国，对拓跋代势力的进一步发展形成钳制或威胁[②]。再次，拓跋部内部矛盾激化，内乱不已。先有臣下谋反弑杀代王事件：代将长孙斤谋反，弑杀代王什翼犍，未遂；后有儿子谋反弑杀父王事件：因为什翼犍即位时得到其弟孤的鼎力帮助，于是即位后把国土的一半分授给弟孤。孤死后，什翼犍收回所授土地，孤的儿子斤失去了应继承的利益，心生不满和怨恨，于是离间什翼犍的庶长子寔君。寔君中计，杀害了弟弟们，什翼犍一并被儿子寔君弑杀。什翼犍有勇略，祖业逐渐复兴。他怀有逐鹿中原之志，惜心愿未遂，赍志以殁。什翼犍时期是奠定北魏道武帝基业的重要阶段。拓跋珪在此基础上建立北魏，平服诸国，拓跋焘统一中国北方。

在北方十六国中，前秦最为枭雄。趁拓跋部内乱，苻坚于东晋太元元年（376）攻击代国，占领云中、盛乐地区。将拓跋代民众依地域一分为二，自黄河以东拓跋诸部交由别部大人刘库仁统治，黄河以西由铁弗刘卫辰管辖。二者互不统属，互相牵制。以拓跋部为首的军事部落大联盟被拆散，拓跋代国灭亡。

“盛乐”时期（北魏建立之前），拓跋鲜卑在生产力、人口、社会形态诸方面进入迅猛发展时期。依靠黄河河套地区优越的地理位置、温暖的气候、肥沃的土地和方便的水源，拓跋鲜卑的畜牧业、手工业、农业发展呈现上升趋势，经济模式与先期相比发生变化。经济进步，人口增加，社会形态亦随之相应发展。

---

① 《魏书》卷 1《序纪》，第 16 页。

② 《资治通鉴》卷 97《晋纪》康帝建元元年，“皝遣世子儁帅前军师评等击代”，第 3056 页。

第四章　拓跋鲜卑的经济生活

有关早期拓跋鲜卑经济生活的史料，可谓凤毛麟角。结合考古发掘成果和相关的民族学资料进行研究，可探寻早期拓跋鲜卑经济生活的历史状况及其发展变化的痕迹。

人类生产活动等物质文化，首先制约于生态环境所提供的物质条件。“大鲜卑山”时期，拓跋鲜卑各部落散布于大兴安岭原始森林之中，这样的生态环境和拓跋鲜卑所处石器时代的生产力发展水平决定他们的经济生活处于游猎经济阶段，以狩猎业为主，辅之以渔猎和采集来维持生计。“大泽”时期，拓跋鲜卑迁徙到呼伦贝尔草原，受地理环境和其他游牧民族影响，其经济类型发生变化，游牧经济产生并发展起来，经济生活以畜牧业为主，狩猎业降为次要地位。“匈奴故地”“盛乐”时期，拓跋鲜卑生活在水草丰美的漠南地区，畜牧业继续发展；同时，随着力微及其后继者与中原政权交往加深，诸多中原汉人进入拓跋鲜卑活动区，拓跋鲜卑的农业逐步发展起来。手工业生产在早期拓跋鲜卑历史的各个阶段始终存在。

第一节　狩猎业与畜牧业

据《魏书·序纪》记载，早期拓跋鲜卑的经济生活是“畜牧迁徙，射猎为业”[①]。大兴安岭北部的茂密森林、林间草原和如织河流的优良自然条件，为拓跋鲜卑人从事狩猎业提供了天然条件。迁徙到呼伦贝尔草原、阴山河套地区、呼和浩特平原后，草原地带的生态环境为发展畜牧业提供了有利的自然条件，拓跋鲜卑经济生活以畜牧业为主，狩猎业所占比例下降，但狩猎习惯仍然保留到北魏时期。

① 《魏书》卷1《序纪》，第1页。

一、狩猎业

拓跋鲜卑原始居住地的大兴安岭北部，至今仍是无边无际的森林地带。三四千年前，拓跋部先世活动在这一地区时的森林或比现在更广大、更茂密、更原始。这里自然地貌的特点是深山密林、河湖密布、禽兽众多，林间多分布林缘草甸，地势较低地区分布湿地沼泽，野生动植物资源丰富，是捕猎动物的天然王国。这样的地理环境为拓跋鲜卑先世提供了从事射猎生产的良好条件。这种自然条件是大鲜卑山时期拓跋鲜卑人赖以生存的基础，也是其社会发展迟缓的主要原因。由此，早期拓跋鲜卑不可能靠剩余劳动来积累财富，也就未能与其他较先进的北方民族（如匈奴）一道由原始社会进入阶级社会。狩猎、捕鱼和采集为主的游猎生产方式，直到中华人民共和国成立后仍旧在生活于大兴安岭北部的鄂温克、鄂伦春族猎民的经济生活中保留着。

“大鲜卑山”时期，狩猎业在拓跋鲜卑的经济生活中占有相当重要的地位。鸟兽聚集、广阔无垠的大兴安岭绿色林海是拓跋鲜卑先世的天然猎场，丰富的野生动物资源是他们赖以生存的食物和取之不尽的财富。大兴安岭嘎仙洞考古文化遗存中，有石镞、骨镞等狩猎工具。同时还发现狍、獐、犴、野猪、土豹、鹿之类的野生动物的骨骼。这些野生动物是拓跋鲜卑人的主要猎获物[①]。拓跋鲜卑先世已经能够制服一些凶猛动物了。狩猎曾经是如今仍然生活在大兴安岭林区的鄂伦春族最重要的生产活动，也是生活资料的主要来源。中华人民共和国成立前，他们一直过着不定居的生活，根据季节的变化和禽兽的习性，组成“阿那格”（狩猎小组），将全部家当驮在马背上，迁徙不定四处游猎[②]。

在南迁西进的过程中，拓跋鲜卑畜牧业取得发展，但游猎习俗作为民族经济生活特征一直相沿不断，呼伦贝尔草原多处墓葬中仍有兽骨遗

---

① 呼伦贝尔盟文物管理站：《鄂伦春自治旗嘎仙洞遗址 1980 年清理简报》，“文化层中出有大量兽骨，皆为野生动物。狍、獐头骨最多，其次是鹿、犴、野猪，还有土豹、鼠类的骨骼和牙齿等”。《东北亚研究——鲜卑史研究》，第 43 页。

② 秋浦：《鄂伦春族》，文物出版社，1984 年，第 22 页。

存出土。在完工墓葬中，有兽骨与人骨杂乱相间地埋入一坑的情况[①]。拉布达林鲜卑墓葬中也出土了野猪、狍、鹿等野生动物的蹄骨[②]。南杨家营子墓葬，发现兽骨和鸟类骨骼[③]。离开大兴安岭林区之后，狩猎业在拓跋鲜卑经济生活中所占比例逐渐降低。呼伦贝尔鲜卑墓葬中，除完工墓葬、拉布达林墓葬外，其他墓葬则不见兽骨出土，狩猎业在拓跋鲜卑经济生活中已居于次要位置。即便如此，拓跋鲜卑将狩猎作为其游牧民族传统的经济手段一直保存。迁居匈奴故地后，"圣武帝（诘汾）尝率数万骑田于山泽"[④]。"田"通"畋",打猎。规模宏大"数万骑"的狩猎情形表明，狩猎业在拓跋鲜卑最初迁至阴山河套地区时，仍然处在一个良好的发展阶段。统一中国北方后，拓跋鲜卑占据了全部北方的狩猎资源，狩猎习俗继续保持，如建有皇家苑囿围猎禁地，包括虎圈、鹿苑等，供皇帝射猎。北魏采取设苑囿进行射猎的做法，是对早期狩猎习俗的承袭。

二、畜牧业

"大鲜卑山"时期，拓跋鲜卑的社会经济是以狩猎为主，采集、捕鱼为辅的综合经济。随着狩猎经济的发展，野兽驯养业开始出现。大兴安岭林区自然特征是温度低、湿度大，遍布遮天蔽日、浓密潮湿的密林，这样的自然环境使得畜牧业规模不会很大。驯鹿应该是拓跋鲜卑先世较早驯养和使用的牲畜。这里生长的苔藓是驯鹿的食料。驯鹿体型不大，善于在大兴安岭密林中穿行。驯鹿曾经是鄂伦春族重要的役畜，"鄂伦春"的含义之一就是使用驯鹿的人。"驯鹿对于鄂伦春人的狩猎生产具有重要意义,它解决了游猎中生产、生活资料以及猎获物的驮运问题。"[⑤]有

---

① 内蒙古自治区文物工作队:《内蒙古陈巴尔虎旗完工古墓清理简报》,《考古》1965年第6期。

② 内蒙古文物考古研究所、呼伦贝尔盟文物管理站、额尔古纳右旗文物管理所:《额尔古纳右旗拉布达林鲜卑墓群发掘简报》,《内蒙古文物考古文集》(第一辑)，第384—396页。

③ 中国科学院考古研究所内蒙古工作队:《内蒙古巴林左旗南杨家营子的遗址和墓葬》,《考古》1964年第1期。

④《魏书》卷1《序纪》，第2页。

⑤《鄂伦春族简史》编写组:《鄂伦春族简史》，内蒙古人民出版社，1983年，第36页。

学者推断，历史文献中记载“其形似马，其声类牛，先行导引，历年乃出。始居匈奴之故地”[①]的“神兽”就是俗称的“四不像”,即驯鹿。在各地拓跋鲜卑墓葬中大量出土的鹿形牌饰，应该也是拓跋鲜卑对早期驯养驯鹿记忆的反映。

草原地区的畜牧业主要以游牧的方式经营。流动性畜牧业通常被称为游牧业，即每一个游牧部落或民族的畜牧者，以当地的地理条件、牧草生长情况等因素为依据，在一定放牧范围内驱赶牲畜，逐水草而流动的经济生活方式。拓跋鲜卑在草原地区的生产方式均以草原游牧业形式表现出来。

推寅时期，拓跋鲜卑迁徙“大泽”（今呼伦湖）附近的呼伦贝尔草原。呼伦贝尔草原是世界著名的天然牧场，总面积约 10 万平方千米，地域辽阔，是当今世界著名的四大草原之一，3000 多条纵横交错的河流，500 多个星罗棋布的湖泊，草原向东一直延伸至松涛激荡的大兴安岭。呼伦贝尔草原因境内呼伦湖、贝尔湖而得名。这里是中国保存最完好的草原，水草丰美，有“牧草王国”之称。在这里，拓跋鲜卑同匈奴、高车等民族接触，生产力水平不断提高。受草原的生态环境和相邻游牧民族的影响，拓跋鲜卑的经济已经不再是大兴安岭北段时期以狩猎为主的经济模式，而转变为由草原游牧经济占主导地位的经济生活方式。游牧业是拓跋鲜卑在草原生态环境中对生产方式的自然选择。游牧业生产方式适于中国北方草原地带难以定居从事农业的干旱气候地区。

“畜牧迁徙，射猎为业”[②]，拓跋鲜卑从事畜牧业和狩猎生产，饲养牛、马、羊等牲畜，逐水草放牧。从牲畜的放牧饲养中获得肉、奶大部分生活必需品。

在呼伦贝尔草原发现的鲜卑古墓群中，出土了数量较多的镞、矛以及弓囊、弓弭等武器及武器装备。在满洲里蘑菇山、扎赉诺尔、完工、拉布达林等鲜卑墓葬中均出土了数量很多的弓弭，说明弓箭的使用仍然很普遍（图四）。一些墓葬中有狍、鹿、野猪等野生动物的蹄骨，但数量非常少的情形说明，原始的狩猎生产依然存在，但已经不占主导

---

① 《魏书》卷 1《序纪》，第 2 页。

② 《魏书》卷 1《序纪》，第 1 页。

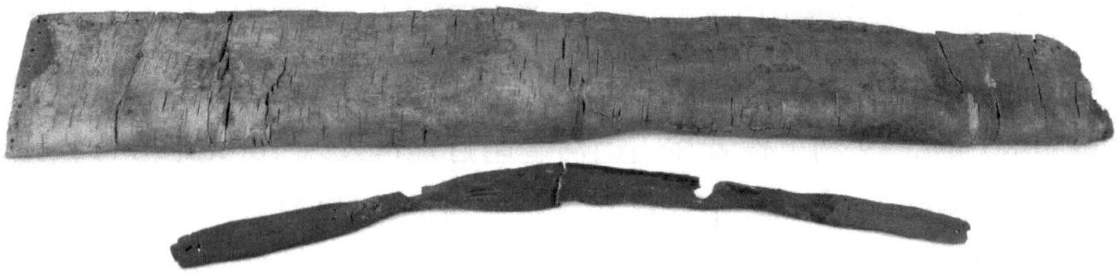

1

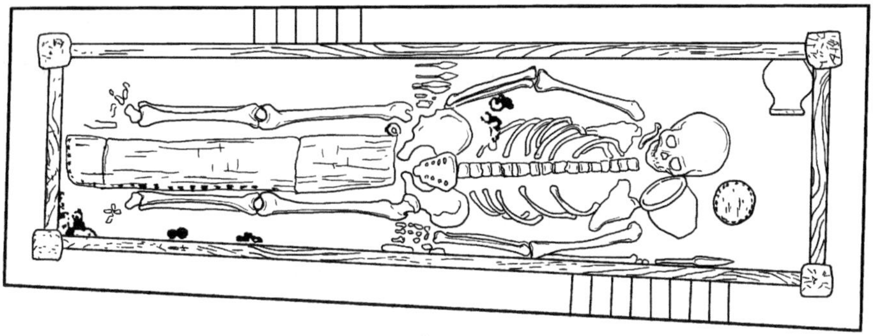

2

图四　木弓、桦皮箭囊（墓葬线图内可见其出土位置）

1. 扎赉诺尔墓群 M25 出土木弓、桦皮箭囊　2. 扎赉诺尔墓群 M25 平面图

（中国社会科学院考古研究所等：《呼伦贝尔民族文物考古大系・扎赉诺尔区卷》，文物出版社，2014 年，第 110、111 页）

地位[①]。以大量牛、马、羊的头、蹄或骨的殉葬更为普遍则表明，大泽时期拓跋鲜卑畜牧饲养业已达到一定规模，饲养的牲畜主要是牛、马、羊等[②]。

拓跋鲜卑迁徙途中，游牧业仍然是主要的经济模式。内蒙古自治区巴林左旗南家营子墓中发现了牛、羊、马、狗四种动物骨骼随葬[③]。

献帝邻、诘汾率部迁徙至匈奴故地，力微“迁于定襄之盛乐”，拓跋

① 内蒙古文物考古研究所、呼伦贝尔盟文物管理站、额尔古纳右旗文物管理所：《额尔古纳右旗拉布达林鲜卑墓群发掘简报》，《内蒙古文物考古文集》（第一辑），第 384—396 页。

② 郑隆：《内蒙古扎赉诺尔古墓群调查记》，《文物》1961 年第 9 期；内蒙古文物工作队：《内蒙古扎赉诺尔古墓群发掘简报》，《考古》1961 年第 12 期；王成：《扎赉诺尔圈河古墓清理简报》，《北方文物》1987 年第 3 期；陈凤山、白劲松：《内蒙古札赉诺尔鲜卑墓》，《内蒙古文物考古》1994 年第 2 期；呼伦贝尔民族博物院：《内蒙古满洲里市蘑菇山发现古墓群》，《草原文物》2012 年第 2 期。

③ 中国科学院考古研究所内蒙古工作队：《内蒙古巴林左旗南杨家营子的遗址和墓葬》，《考古》1964 年第 1 期。

鲜卑迁徙到了今天的阴山河套及呼和浩特平原地区。这里有广阔的天然牧场，丰富的水资源，河流纵横交错，同样为拓跋鲜卑畜牧业发展提供了理想的场所。文物工作者在阴山河套附近地区发现10余处相当于东汉晚期的拓跋鲜卑墓葬。其中，察右后旗三道湾墓葬发现了羊头骨随葬[①]，商都东大井墓出土了羊肩胛骨、羊距骨和羊角，也个别见有牛肩胛骨[②]。

有关的史料虽嫌零散，但文献的不同记载仍能说明在呼和浩特平原驻牧时，拓跋鲜卑畜牧经济的发展状况。都城盛乐周围本身就处于游牧地区。猗卢“大破白部，次攻刘虎，屠其营落”。郁律“大破”刘虎，“西兼乌孙故地，东吞勿吉以西”。战争掠夺成为获取财富的重要手段。因为战争针对的是周边游牧民族或游牧地区，战利品中的绝大部分也是牛、马、羊等牲畜。什翼犍讨高车“获马牛羊百余万头”、讨没歌部“获牛马羊数百万头”、征卫辰“俘获生口及马牛羊数十万头”[③]。此时的拓跋鲜卑地域扩大，实力增强，人口增加，牲畜数量进一步增多（既有牲畜自身的繁殖，也有掳掠所得），游牧经济在绝对数量上的比重不断增加，畜牧业经济继续发展。拓跋鲜卑社会带有浓厚的游牧社会气息的状况一直持续到北魏前期[④]。

在各种牲畜中，马的饲养对早期拓跋鲜卑更具有决定性的意义。尤其战马的数量增多，是拓跋鲜卑民族经济发展、实力增强的表现形式之一。战马也是对外劫掠最重要的工具，可以为拓跋鲜卑增加新的财富和人口。力微“控弦上马二十余万”[⑤],诸部大人悉皆款服。力微子孙后世在此基础上，力量进一步壮大，郁律“控弦上马将有百万”[⑥]。此外，文献中列举了许多拓跋鲜卑动辄以少则数万，多则以致十数万骑兵列阵参加征战的记载，如“穆帝（猗卢）使弟子平文皇帝将骑二万，助琨击之，大

① 乌兰察布博物馆：《察右后旗三道湾墓地》，《内蒙古文物考古文集》（第一辑），第410页。

② 李兴盛、魏坚：《商都县东大井墓地》，《内蒙古地区鲜卑墓葬的发现与研究》，第97页。

③ 《魏书》卷1《序纪》，第7、9、14、15页。

④ 北魏前期，田猎、大蒐之事不绝于书。详见《魏书·高车传》。

⑤ 《魏书》卷1《序纪》，第3页。

⑥ 《魏书》卷1《序纪》，第9页。

破白部”；“桓帝率十余万骑……大破渊众于西河、上党”[①]。这些记载表明，“盛乐”时期的拓跋鲜卑已经熟练地掌握了驯马要领和以骑兵为军队主力的军事技术。这些成就，既推动了拓跋鲜卑游牧畜牧业的发展，生产力的进步，也增强了他们的军事实力和政治实力，带动了以马为工具的交通运输业的发展，为确定拓跋鲜卑在北方草原的霸主地位奠定了基础。

大约成书于北魏末年的《齐民要术》，记载有北魏马、牛、羊等牲畜养殖技术，包括牲畜的选种繁育、饲养管理、疾病防治，以及畜产品加工等。《齐民要术》系统地总结了北魏畜牧业的发展成就，这也是对早期拓跋鲜卑畜牧业发展的总结，因为北魏的畜牧业发展主要是从早期拓跋鲜卑畜牧业发展基础上世代承袭下来的。

总之，拓跋鲜卑自大兴安岭林区迁出后，虽然活动地区不断发生变化，在定都平城之前，中国北方草原地区一直是拓跋鲜卑主要活动的范围，是其生活的重心所在。草原自然生态环境决定了拓跋鲜卑主要的物质生产模式必然是以畜牧业为主的草原游牧业，同时辅以狩猎业、农业、手工业。即便北魏王朝迁都平城、洛阳，拓跋鲜卑进入农耕地区之后，其经济进入以农业为主的阶段，但畜牧业仍然没有从拓跋鲜卑的经济生活当中退出。一部分拓跋鲜卑人仍然驻牧在北方草原地区，他们的经济模式仍以畜牧业经济为主。畜牧业在拓跋鲜卑人的经济生活中始终存在，只是其在拓跋鲜卑人经济中所占比例大小因其统治中心的变化而略有变化。

第二节　手工业与农业

考察拓跋鲜卑各个时期手工业和农业的状况主要依靠各个地区的考古发现，史籍记载内容较少。拓跋鲜卑墓葬随葬品发掘结果表明，呼伦贝尔时期拓跋鲜卑的手工业已经产生并达到了一定水平；到达匈奴故地、迁于盛乐之后，拓跋鲜卑手工业水平进一步发展。拓跋鲜卑的农业经济产生较晚，应该是在迁徙至乌尔吉木伦河流域之后出现的。随后，农业生产在拓跋鲜卑经济中的比例逐渐增加。

---

① 《魏书》卷1《序纪》，第6页。

一、手工业

由于拓跋鲜卑在中国古代历史上活动时间长，区域广，其手工业发展也呈现出了多样复杂的特征。拓跋鲜卑的手工业产品主要是生活用品、生产工具、工艺品，同时也加工制造作战武器。随着拓跋鲜卑活动区域的变动，手工业制造也发生相应变化，表现为手工业制作水平的提高和产品种类的增多。

呼伦贝尔时期拓跋鲜卑的手工业状况，在考古发掘中得到了一些反映。

1980 年，考古学家以探沟形式对嘎仙洞内部分文化堆积进行了小规模清理。出土粗砂黑褐陶和细砂红褐陶，少量细砂黑褐陶，均手制。石器多为细石器，有镞、矛、刮削器、尖状器及石核、石叶、石片等，也有极少打制石器。骨器有骨镞、骨匕、钻孔骨板，此外还有角器[①]。总体来说，"大鲜卑山"时期，拓跋鲜卑手工业制作工艺简单，但也已经出现了加工精细、形状规整的石镞[②]。

1959 年以来，考古工作者陆续从扎赉诺尔、拉布达林、满洲里蘑菇山等呼伦贝尔草原的多地鲜卑古墓群中发掘出土了丰富多彩的手工制生产生活用品、装饰品和大量兵器，表明拓跋鲜卑在桦树皮制作、骨器制作、金属器加工等方面发展了新的手工业技艺。

1959 年，在扎赉诺尔木图那雅河（当地称圈河）古墓群中，出土 23 件手制陶器；多件铜器，上铸马、鹿等动物纹、人物纹；骨箭头、骨簪、弧形骨片等多件骨角器；经过雕琢的木器（含桦树皮器）、玉器珠饰、漆器残织锦。

1960 年，扎赉诺尔古墓群中出土了 25 件铜器，以装饰品为最多，包括有圆形铜护、手镯、戒指、羊形饰牌、锯齿形垂饰、螺旋形饰、圆环、铜泡、镜；熟铁锻制的铁器包括矛、镞、衔、环首刀、长条双孔刀、

① 也有部分学者认为，嘎仙洞出土物无法与早期拓跋鲜卑相对应，发祥地的出土物不一定就是鲜卑人所留下的。

② 呼伦贝尔盟文物管理站：《鄂伦春自治旗嘎仙洞遗址 1980 年清理简报》，《东北亚研究——鲜卑史研究》，第 37—45 页。

鞘；出土数量最多的为牛骨、马骨、羊骨、鱼骨制作的骨器；木器都用桦木和桦树皮制作；另外还有贝壳，以玛瑙、琥珀、白灰及角质等料制成的料珠，石球，砥石；夹砂粗陶手制的陶器。

1982 年，在扎赉诺尔圈河发现 1 件三鹿纹金牌饰和两件金耳坠。

1984 年进行圈河古墓清理，收集和清理出土器物 30 余件，种类有陶器、骨器、桦皮器、石器、煤精制品。

1994 年扎赉诺尔墓群清理，随葬品有陶器、铁器、骨器、桦皮器；从棺木的制作工艺来分析，当时已使用了斧、锯、锛、刨、凿等工具，并掌握了用暗榫拼接木板和在凹槽内镶嵌拼板的工艺，说明木制手工业已达到较高水平[①]。拉布达林鲜卑古墓群的埋葬制度和出土遗物的文化面貌都与扎赉诺尔古墓群有较大的一致性[②]。

2011 年，在满洲里市蘑菇山鲜卑古墓群中，清理出土各类随葬品非常丰富，鲜明地体现了地域和时代特点，主要有陶罐、金马饰、金腰带饰、金耳饰、铜双鹅绞颈饰牌、铜环、铜镞、铁矛、铁环首刀、铁马衔、石镞、玛瑙项饰、玉石瑗、玻璃珠饰、煤精项饰、骨弓弭、骨镞、骨环以及麻、毛织品[③]（图五）。

桦树皮制作是拓跋鲜卑“大泽”时期手工业制造的特色之一，利用地域优势，就地取材，使用桦树作为生产生活工具的原材料。几乎在每座呼伦贝尔地区墓葬中都有桦皮器出土。拓跋先世或用桦木制作墓棺，或用桦树皮制作器盖、盒、牌、箭囊等物，颇具地方特色。在部分墓葬中，

---

① 内蒙古文物工作队：《内蒙古扎赉诺尔古墓群发掘简报》，《考古》1961 年第 12 期；郑隆：《内蒙古扎赉诺尔古墓群调查记》，《文物》1961 年第 9 期；王成：《扎赉诺尔圈河古墓清理简报》，《北方文物》1987 年第 3 期；陈凤山、白劲松：《内蒙古札赉诺尔鲜卑墓》，《内蒙古文物考古》1994 年第 2 期。

② 内蒙古文物考古研究所、呼伦贝尔盟文物管理站、额尔古纳右旗文物管理所：《额尔古纳右旗拉布达林鲜卑墓群发掘简报》，《内蒙古文物考古文集》（第一辑），第 384—396 页；赵越：《内蒙古额右旗拉布达林发现鲜卑墓》，《考古》1990 年第 10 期。

③ 呼伦贝尔民族博物院：《内蒙古满洲里市蘑菇山发现石墓群》，《草原文物》2012 年第 2 期；中国社会科学院考古研究所内蒙古工作队、呼伦贝尔民族博物院、满洲里市文物管理所、扎赉诺尔区文物管理所：《满洲里市蘑菇山墓地发掘报告》，《草原文物》2014 年第 2 期。

1

2

图五　扎赉诺尔区蘑菇山墓群出土金饰

1. 金马饰　2. M8 出土金腰带

（中国社会科学院考古研究所等:《呼伦贝尔民族文物考古大系·扎赉诺尔区卷》，文物出版社，2014 年，第 166、186 页）

桦皮制品数量超过陶器，说明桦皮制品在生活中所处的地位非常重要。鄂伦春族现在仍然以制作精美的桦树皮手工艺品而闻名，并且桦树皮曾经在鄂伦春族的衣、食、住、行等方面得到广泛的应用。“鄂伦春人传统的桦树皮加工技艺共有四个步骤：剥取树皮、将皮子浸软或煮软、剪裁缝合、装饰图案。通过类比，可以证明，生活在呼伦贝尔地区的拓跋鲜卑至少已经熟练地掌握了前三个步骤，桦树皮曾经在其日常生活中占据重要地位。”[①]（图六）

“大泽”时期，拓跋鲜卑的骨器使用也较为普遍，用牛骨、马骨、羊骨、鱼骨制作成镞、鸣响、衔、锥、骨饰等，用于军事或生产、生活之中。在 1960 年扎赉诺尔古墓群清理中，发掘出土 178 件骨器，与同时出土的陶器、铜器、铁器、木器等随葬品相比，数量最多。

① 吴松岩:《鲜卑起源、发展的考古学研究》，第 52、53 页。

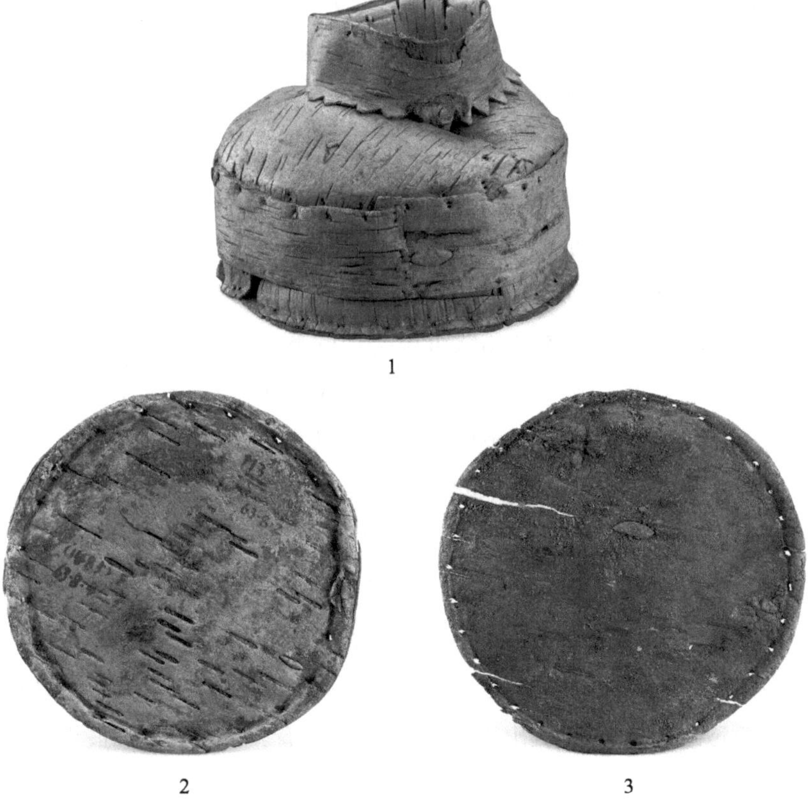

图六　扎赉诺尔墓群出土桦皮容器

1. 桦皮盒　2. 桦皮盒底　3. 桦皮盒盖

（中国社会科学院考古研究所等：《呼伦贝尔民族文物考古大系・额尔古纳市卷》，文物出版社，2014 年，第 97、99 页）

此外，金属加工业也比较发达。呼伦贝尔草原时期，拓跋鲜卑已经较少使用石器，铁器、铜器代替石器而成为生产、生活的主要工具。金属器主要用作兵器和生活用品、装饰品。其中，铜器以装饰品为最多①。拓跋鲜卑人较为喜好饰牌，扎赉诺尔古墓群出土了飞马纹铜带饰、马纹铜饰件、鹿纹铜饰件等。铁器多用于武器制造（全部是熟铁锻制）②，从出

① 扎赉诺尔古墓群出土铜质手镯、戒指、带扣、飞马纹带饰、马纹饰件、鹿纹饰件、人物纹带饰等；满洲里市蘑菇山古墓群也出土铜双鹅绞颈饰牌等铜质装饰品。

② 内蒙古文物工作队：《内蒙古扎赉诺尔古墓群发掘简报》，《考古》1961 年第 12 期。

土的铁器种类、数量来看，拓跋鲜卑人对中国的铁器制造，特别是铁兵器的发展做出了贡献。大量形制复杂的铁刀、铁镞，各种细致的铁器以及精巧的金银工艺品都表明，活动在呼伦贝尔草原的拓跋鲜卑应该已经掌握了金属铸造技术，并且金属制造已经达到相当高的水平。

拓跋鲜卑自呼伦湖地区迁出后，向南穿越地势险要的大兴安岭，经赤峰市巴林左旗南杨家营子、林西县苏泗汰，西迁匈奴故地。内蒙古自治区赤峰市、锡林郭勒盟、乌兰察布市、包头市、呼和浩特市，山西省朔州市等地发现了多处体现拓跋鲜卑特征的墓葬[①]。这10余处墓葬出土的遗物为我们考察拓跋鲜卑迁徙过程中手工业生产制造方面的发展状况提供了支撑。呈现为铁器使用范围扩大，除马具、武器外，还出现类似铲、斧形式的铁制工具。发掘出土的骨制纺轮、轮制纹饰复杂的陶器等[②]，在呼伦贝尔时期尚没有出现。在察右后旗三道湾墓地，考古学家首次发现了造型、纹饰独特，制作精美的骨质腰带牌饰，和与之纹饰相同的角形器，艺术构思的巧妙和抽象概括能力的高超在手工业制品中得到体现，“驼载物金铸饰牌亦属首次发现。其造型手法简洁，表现形象生动逼真，通体小巧玲珑剔透”，“从出土的汉代铜镜来看，与赵家房村、二兰虎沟出土的相同，但比这两处为多，比扎赉诺尔更多。”[③] 这些情况表明，迁徙过程中的拓跋鲜卑随着活动地域的变更，以及与周边政权、民族交往程度的变化，其生产、生活条件及手工业制造取材范围发生变化，手工业产品形式与规模也随之改变。与呼伦贝尔时期相比较，拓跋鲜卑手工业制作有了新的变化和发展。

---

① 内蒙古自治区赤峰市南杨家营子、苏泗汰墓葬；锡林郭勒盟和日木图、盐池墓葬；乌兰察布市东大井、叭沟村、二兰虎沟、赵家房村、三道湾、下黑沟、东滩、石家沟墓葬；包头市百灵庙砂凹地墓葬；呼和浩特市皮条沟、郝家窑墓葬；山西省朔州市善家堡、东官井村墓葬等。这些墓葬出土的遗物，有的具有鲜明的拓跋鲜卑特征，有的则兼具受到匈奴文化影响的东部鲜卑文化特征，又有拓跋鲜卑固有的文化因素。它们被学界认定为拓跋鲜卑迁徙过程中的墓葬遗存。

② 中国科学院考古研究所内蒙古工作队：《内蒙古巴林左旗南杨家营子的遗址和墓葬》，《考古》1964 年第 1 期。

③ 乌兰察布博物馆：《察右后旗三道湾墓地》，《内蒙古文物考古文集》（第一辑），第 427—428 页。

二、农业

嘎仙洞遗存所在的拓跋鲜卑最初居住地位于北纬50°以北的大兴安岭原始森林。这种原始森林的生态环境没有从事农业生产的条件，长期以来拓跋鲜卑只能选择原始狩猎的经济方式并辅以采集业。在大兴安岭广阔的森林、草甸和山坡上，在纵横密布的河流谷底中，到处分布着各种各样的野菜、野果、块根植物等可供食用的植物。这样的自然条件为拓跋鲜卑人提供了丰富的食物采集资源①。在打不到野兽的情况下，拓跋鲜卑人就要靠采集来渡过难关。至于出猎过程中因为打不到野兽而以野果野菜充饥应该更是常有的事情。中华人民共和国成立前，鄂伦春族的妇女和儿童在春、夏季节，会在驻地附近的山坡、丛林、草甸和河边进行采集以补充食物②。嘎仙洞内的文化堆积，初步探明已达地表以下1.3米。洞中出土的遗物有大量獐、狍、鹿、野猪等野生动物的骨骼，证明了这一地区出现了原始狩猎经济模式，但并无原始农业经济出现；洞中发掘出的大量石器，多为细石器，有镞、矛、石核、石叶、石片等。这些生产、生活工具都是渔猎经济的必备品，此时这里“盛行渔猎采集经济”③；出土的陶器多以红褐色、黑褐色素面小型器物为主，也反映了狩猎、游牧的经济特征④。

呼伦贝尔草原地区的生态环境有进行农业生产的可能，在拓跋鲜卑墓葬考古发掘中也曾出土谷物⑤，但始终未见农业生产工具出土。拓跋鲜

① 大兴安岭林区盛产多种野果，有红豆、都柿、稠李子、羊奶子、高粱果、山丁子、面果等。野菜包括柳蒿菜、老山芹等。

② 秋浦：《鄂伦春族》，第50页。

③ 陈星灿：《关于中石器时代的几个问题》，《考古》1990年第2期。“渔猎工具在北方地区表现为细石器和小型石片石器。”

④ 赵越：《拓跋鲜卑文化初探》，《内蒙古文物考古》1994年第1期。

⑤ 内蒙古文物考古研究所、呼伦贝尔盟文物管理站、额尔古纳右旗文物管理所：《额尔古纳右旗拉布达林鲜卑墓群发掘简报》，《内蒙古文物考古文集》（第一辑），1992年对拉布达林鲜卑墓葬发掘，在遗物中发现有谷粒。第384—396页。陈凤山、白劲松：《内蒙古札赉诺尔鲜卑墓》，1994年对扎赉诺尔鲜卑墓的清理中，在M2陶器中出土谷物。根据外壳大小与形态分析认为，应是适合北方生长的穄子（俗称糜子）。《内蒙古文物考古》1994年第2期。

卑呼伦贝尔时期是否出现了原始农业生产未得而知，墓葬中出土的粮食其来源或许建立在与中原联系的基础之上，是中原的农作物流传到此的结果；抑或拓跋鲜卑从与之接触的其他民族那里学习、掌握了穄子等古代北方常见的农作物耕种的方法，出现了少量的农业生产[①]。但农业生产即便出现，也只能是粗放式的经营。

自大泽继续迁徙，以及到达匈奴故地之后，随着与中原汉民族交往的加强，拓跋鲜卑生产力水平提高，经济进一步发展，农业生产出现。农业生产在拓跋鲜卑经济中的比例逐渐增加的情况，在考古资料以及相关文献记载中都得到了一些反映。在内蒙古巴林左旗南杨家营子墓葬、察右后旗三道湾墓葬、卓资县石家沟墓葬及山西省右玉县善家堡墓葬中，出土了锛、斧、铲、锄等铁制农具[②]。在盛乐城遗址内，也发现了铁犁铧、铁铲、铁镰刀等农业生产工具[③]。拓跋鲜卑在迁徙扩张过程中，吸纳的汉族人口，是其农耕人口的主要组成部分。通过对出土文物的分析研究表明，“三世纪力微选择的迁居点，是一处较长时期农业经济占重要地位的地点，当时的拓跋部落有可能更多地注重了农耕……估计当时在这里经营农业的应是拓跋部控制下的汉族人民”[④]。《资治通鉴》记载：慕容庾的军队经过代国，毁坏了拓跋部的穄田，代王拓跋什翼犍很愤怒[⑤]。考古发掘与文献记载都说明，拓跋鲜卑在南下西迁的过程中逐渐学会了农业生

---

① 郑隆：《内蒙古扎赉诺尔古墓群调查记》，“出土遗物中同时并存轮制灰陶罐、织锦、漆器及规矩镜，均为汉代中原遗物，可见汉代北方各族间经济文化联系非常密切”。《文物》1961 年第 9 期。

② 中国科学院考古研究所内蒙古工作队：《内蒙古巴林左旗南杨家营子的遗址和墓葬》，《考古》1964 年第 1 期；乌兰察布博物馆：《察右后旗三道湾墓地》，《内蒙古文物考古文集》（第一辑），第 409 页；内蒙古博物馆：《卓资县石家沟墓群出土资料》，《内蒙古文物考古》1998 年第 2 期；王克林、宁立新、孙春林、胡生：《山西省右玉县善家堡墓地》，《文物季刊》1992 年第 4 期。

③ 内蒙古自治区文物工作队：《和林格尔县土城子试掘记要》，《文物》1961 年第 9 期；内蒙古文物工作队编：《内蒙古文物资料选辑》，第 69—74 页。

④ 宿白：《盛乐、平城一带的拓跋鲜卑——北魏遗迹——鲜卑遗迹辑录之二》，《文物》1977 年第 11 期。

⑤ 《资治通鉴》卷 101《晋纪》海西公太和二年，“初，庾兵过代地，犯其穄田，代王什翼犍怒”，第 3207 页。

产。与呼伦贝尔时期相比，农业生产从无到有，在拓跋鲜卑经济中的比例日益增加。由于受到不同时期所处地域、人口构成以及周边环境不同等因素的影响，拓跋鲜卑农业发育的过程、发展规模和发展程度也有不同。北魏统一北方，尤其是孝文帝改革之后，农业才成为拓跋鲜卑人主要的经济模式。

作为游猎民族的拓跋鲜卑，迁徙前社会生产力水平滞后。伴随民族迁徙，拓跋鲜卑与其他民族，尤其是与中原地区的汉族和与其邻近的其他民族接触机会增多，拓跋鲜卑的经济模式出现从游猎到游牧，再到农业经济的变化，经济迅速发展，国力逐步强盛，最终建立北魏王朝，雄踞中国北方。

第五章　拓跋鲜卑与北方草原各族及魏晋等政权的关系

拓跋鲜卑与北方草原各族以及魏晋等政权接触频繁，产生了千丝万缕的联系。有时和平交往，有时发生战争。伴随着和平交往和武力对抗，拓跋鲜卑社会不断发展变化，积蓄力量，最终发展成为中国北方一支主要的政治力量。

第一节　拓跋鲜卑与北方草原各族的关系

“大鲜卑山”时期，由于缺少文献资料、考古资料的支撑，拓跋鲜卑与毗邻各族的关系不得而知。伴随拓跋鲜卑的南下西迁，开始与当时活动在大漠南北的匈奴、高车、柔然等草原民族产生了疏密不同的联系。限于史料，难以勾勒全貌，只能从仅有的一点记载中窥其大略。

一、拓跋鲜卑与铁弗匈奴的关系

铁弗匈奴是东汉末年内迁，并已经深入中原内地的南匈奴右贤王去卑的后裔，即铁弗源出南匈奴北部帅去卑子刘猛系统。刘猛迁居新兴（今山西省忻州市西）、雁门（今山西省忻州市代县西南古城）后，又率部叛逃出塞。这支匈奴与兴起于大兴安岭林区、趁匈奴衰落之机迁居盛乐、平城的鲜卑拓跋部错居杂处、混血融合，形成了新的部族[①]。

铁弗匈奴在东汉至魏、晋、南北朝时期活跃于中国北方，是当时北方比较强大的一支游牧民族势力。自南匈奴刘猛部与拓跋鲜卑融合形成铁弗匈奴至登国元年（386）北魏建立，铁弗匈奴与早期拓跋鲜卑有过百年左右的交往史。曹魏嘉平年间（249—254），南匈奴去卑之后驻扎于雁门[②]。拓跋鲜卑方面，经过从力微（220—277）到猗卢（308—316）的发展，拓跋部“百姓乂安，财畜富实”。猗卢居定襄之盛乐故城后，凭借其强大实力，西晋元康五年（295）“出并州，迁杂胡北徙云中、五原、朔方。又西渡河击匈奴、乌桓诸部”[③]。拓跋势力的存在、强大和入侵掠夺已经威胁到了铁弗匈奴的生存。以此为起点，双方或战或和的胶着关系持续了一个多世纪。二者间的战和事件多发生在猗卢、郁律和什翼犍这段历史时期。在此过程中，这两个居地相邻、实力相当的部族，为了发展各自的力量、拓展生存空间，持续展开争夺代北地区的较量。在史籍记载中，铁弗匈奴一直是拓跋鲜卑重要的竞争对手，双方关系长期处于纠结不断、互争雄长的状态，以相互竞争为主。

第一，在长期交往中，铁弗匈奴与拓跋鲜卑以敌对关系为主，彼此间相互征伐。据史籍记载，双方主要有以下几次大的武力对抗。

---

① 铁弗匈奴是由匈奴与拓跋鲜卑混血而成，已为学界公认。但在是南匈奴还是北匈奴与鲜卑混血方面存有异议。一种观点以林幹为代表，认为铁弗匈奴是北匈奴与鲜卑婚媾而成：“公元 91 年北单于逃亡后……一部分散处漠北各地的北匈奴残留部落，在拓跋鲜卑的祖先由草原的东北角大鲜卑山西移及后来南移的过程中，与鲜卑人互相错居杂处和通婚，因此出现了匈奴父鲜卑母的铁弗（或称‘铁弗匈奴’）。”林幹：《匈奴史》，内蒙古人民出版社，2007 年，第 98—100 页。另一种观点则依据《魏书》卷 95《铁弗刘虎传》的记载认为：“铁弗匈奴应该是由南迁匈奴的一支去卑后裔刘猛，于泰始七年（271）春正月，率部叛逃出塞后与迁居此地的鲜卑混血而成。”详见吴洪琳：《铁弗匈奴的族源、族称及其流散》，《青海民族大学学报》（社会科学版）2011 年第 3 期。“公元 309 年，刘虎叛晋，转而依附于刘渊。从这个时候起，以刘虎为首领的部分南匈奴部众开始被称为‘铁弗匈奴’。”详见胡玉春：《铁弗匈奴与拓跋鲜卑关系考略》，《黑龙江史志》2012 年第 1 期。

② 《三国志》卷 28《邓艾传》，“去卑功显前朝……宜加其子显号，使居雁门”，第 776 页。

③ 《魏书》卷 1《序纪》，第 6 页。

铁弗匈奴与拓跋鲜卑的最初冲突发生的原因，正是围绕各自自身利益，在叛晋和助晋的问题上展开。西晋永嘉四年（310），白部鲜卑进攻西晋的西河（今山西省汾阳市）。为扩张势力，铁弗统帅刘虎在雁门率兵卒予以配合。白部鲜卑与铁弗匈奴双方联合进攻晋并州刺史刘琨把守的新兴、雁门二郡。此时，拓跋鲜卑站在晋政权一方，拓跋猗卢指派郁律率骑兵2万援助刘琨进行反击，大败白部；接着进攻铁弗刘虎驻地，屠戮刘虎营落。猗卢利用这次助晋有功的机会，使刘琨上表朝廷封猗卢为拓跋部大单于，因猗卢驻扎代郡（治今河北省张家口市蔚县）而被封为代公。猗卢顺势率部落自云中入雁门，向刘琨求得陉北地，拓跋部在获得新的土地同时，也获得了那里的财富和人口。由此，猗卢所率拓跋部更加强盛。铁弗匈奴与拓跋鲜卑的第一次交锋，以拓跋部助晋并取得胜利、铁弗匈奴叛晋并失败而告终。在以后的多次交战中，亦多以这种结局落下帷幕。

刘虎攻占朔方（治今内蒙古自治区巴彦淖尔市磴口县）后，于4世纪上半叶曾两次出兵拓跋部西境。这两次入侵分别被郁律、什翼犍率兵粉碎，刘虎两次均落得只身败逃的结局，不久，刘虎郁郁而终。刘虎死后，务桓、阏头、悉勿祈、卫辰先后统帅铁弗部，双方关系以铁弗臣服归顺拓跋部为主，但亦有反复，关系偶有恶化。这是因为铁弗匈奴不甘心俯首称臣，欲摆脱拓跋鲜卑的控制而进行反抗：东晋永和十二年（356），铁弗阏头曾怀有攻打拓跋部的想法，被什翼犍识破并挫败；东晋兴宁三年（365）、太和二年（367），卫辰谋反叛乱，向东渡黄河进攻拓跋部。什翼犍亲自率兵讨伐，卫辰带领其宗族向西逃窜。什翼犍收集卫辰部落而还，“俘获生口[①]及马、牛、羊数十万头[②]。”在屡战屡败的形势下，为重新获取政治优势，铁弗匈奴转而依靠当时势力强大的前秦以对抗拓跋部[③]。

第二，铁弗匈奴与拓跋鲜卑存在过短暂的通婚、朝贡、质子关系。

---

① 生口：包括俘虏、牲口二个含义。此处应指俘虏。

② 《魏书》卷1《序纪》，第15页。

③ 《魏书》卷95《刘卫辰传》，“卫辰以坚还复其国，复附于坚，虽于国贡使不绝，而诚敬有乖”，第2055页。

魏、晋时期，铁弗匈奴和拓跋鲜卑均活跃于阴山河套地区，二者地域相近或相连；二者均是以畜牧业为主的游牧民族，经济模式趋同。这样的两个部族除了兵戎相见外，也存在相互依存的共生关系。铁弗匈奴与拓跋鲜卑建立过通婚、朝贡、质子的关系。

关于铁弗匈奴和拓跋鲜卑的通婚，文献中有过记载。东晋咸康七年（341），刘虎死，刘务桓立，率部归顺臣服于拓跋鲜卑。什翼犍同样报以恩惠，以女妻务桓，拓跋鲜卑与铁弗匈奴统治阶级层面建立起了姻亲关系；升平四年（360），铁弗刘卫辰请求与拓跋继续联姻，得到什翼犍应允。

自刘务桓始，铁弗匈奴与拓跋鲜卑开启了以和平共处为主流的良性交往模式。铁弗阏头、悉勿祈当政时期，为表示诚心交好拓跋鲜卑，遣送皇子12人为质子留驻于拓跋部中；东晋升平三年（359），铁弗刘卫辰遣子朝贡于拓跋；升平五年（361），刘卫辰再次遣使朝聘。

正是在铁弗匈奴多次战败并役属于拓跋鲜卑的前提下，迫于压力，通过多次与拓跋的联姻、多年的朝贡及派留质子于拓跋部的示好表现，铁弗匈奴与拓跋鲜卑休战了20余年，也使拓跋鲜卑获得了恢复实力并壮大力量的宝贵时机。

铁弗匈奴与拓跋部虽然有婚姻关系，但二者并不亲近。东晋太元元年（376），前秦发动了灭亡拓跋代国的战役，铁弗匈奴为前秦充当向导。铁弗匈奴终于借前秦之手，如愿地灭亡了与之匹敌对抗的拓跋代国，并且获得代国西部的领地，为后来大夏国的建立打下基础。

二、拓跋鲜卑与高车（敕勒）的关系

高车是魏、晋、南北朝时期活跃于中国北部和西北部的游牧民族，原号狄历。西晋以后，塞外民族称之为敕勒；北朝人因其用高轮车而称之为高车；迁入内地者被称为丁零；隋、唐时期称之为铁勒。初始居住地在今贝加尔湖地区。自东汉永元三年（91）北匈奴被东汉彻底击败西遁后，高车的先世就开始了自其原始居住地向南面的蒙古草原中南部迁徙。向南发展中的高车与从大鲜卑山向西迁徙的拓跋鲜卑产生了不可避免的接触、交融，导致双方在政治、经济、军事、文化诸方面相互作用和影响。

早期拓跋鲜卑与高车的接触最早发生在“大泽”时期。拓跋邻“七分国人，使诸兄弟各摄领之，乃分其氏……献帝以兄为纥骨氏”[①]，经学者考证，其兄、叔父主要管理的“纥骨氏”“乙旃氏”即高车人[②]。在随后的迁徙或征战中，归顺拓跋鲜卑的高车人当然也就仍会归其兄所摄领。

据文献记载，在拓跋什翼犍代政权时期，早期拓跋鲜卑与高车发生了较多的接触。拓跋代国是猗卢在位时于西晋建兴三年（315）建立，共计存在62年。此时拓跋鲜卑以盛乐为中心迅速崛起。什翼犍于东晋咸康四年（338）即位，是拓跋代国最具实力的国王之一，统治稳定，在位时间达39年之久。较以往历史时期相比，什翼犍时期国土广大，“东自濊貊，西及破洛那”[③]，国力更加强盛。什翼犍曾先后两次出兵与之邻近的高车部族，拓跋部获得全胜的战绩。东晋兴宁元年（363）冬十月，什翼犍攻袭高车，虏获上万人口，马、牛、羊百余万头；东晋太和五年（370）冬十一月，什翼犍又率兵征讨高车诸部，取得了辉煌战绩[④]。草原南部高车部族纷纷投降拓跋什翼犍，高车隶属于拓跋鲜卑。由于前秦的介入，之后的情形开始朝着有利于高车的方向逆转。东晋太元元年（376），苻坚遣大军侵逼拓跋鲜卑南境。什翼犍不敌势力正盛的前秦而战败，率部越过阴山北逃。高车族趁势“尽叛”，对什翼犍残部“四面寇钞”，并使得拓跋部不能够在漠北“刍牧”，“复度漠南”[⑤]。此拓跋鲜卑亡国灭家之辱直至拓跋珪时期复代国后方得雪耻。北魏建立后，多次出兵攻打高车部，高车部败北，部分民众南迁。最终，高车部民融合于拓跋魏政权。

三、拓跋鲜卑与柔然的关系

柔然是南北朝时期活跃于大漠南北的游牧民族，属东胡后裔，源出

---

① 《魏书》卷113《官氏志》，第3006页。

② 姚薇元：《北朝胡姓考》（修订本），第10、26页。马长寿：《乌桓与鲜卑》，第247—249页。

③ 《魏书》卷1《序纪》，第12页。

④ 《魏书》卷1《序纪》，什翼犍二十六年（363）“冬十月，帝讨高车，大破之，获万口，马牛羊百余万头”；三十三年（370）“冬十一月，征高车，大破之”。第14、15页。

⑤ 《魏书》卷1《序纪》，第16页。

鲜卑，部众构成较为复杂。《宋书》《南齐书》《梁书》称作芮芮[①]，《北齐书》《周书》《隋书》称作茹茹，《晋书》记作蝚蠕，北魏太武帝拓跋焘则对柔然采用了侮辱性的称谓“蠕蠕”[②]。“柔然”名号始于木骨闾子车鹿会之自称。北魏后期，柔然又以“茹茹”作为自称或姓氏。

从文献记载来看，早期拓跋鲜卑与柔然之间的关系发生在力微时期。《魏书》卷103《蠕蠕传》开篇一段讲得十分明确：3世纪中叶，神元力微出兵掠夺邻近部落，掠获一小男孩为奴，取名为“木骨闾”。这个小男孩就是后来柔然最高统治集团的核心郁久闾氏的始祖。

穆帝猗卢时，木骨闾从拓跋鲜卑的部落联盟中脱离出来，汇集100多名逃跑的奴隶，逃亡至游牧于阴山以北意辛山（今内蒙古包头市达茂旗沙拉木伦河流域一带）的纥突邻部，自成部落。木骨闾死后，子车鹿会继承为首领，从纥突邻部分离出来，势力壮大，别称一族，自号“柔然”。

车鹿会自号柔然后，仍隶属于拓跋鲜卑。他成为拓跋鲜卑军事部落联盟的一个“部帅”，每年向拓跋鲜卑缴纳战马以及貂、豽的皮毛。柔然随季节游牧，冬天迁徙至气候温暖的漠南，夏季则返回至凉爽的漠北。凭借强悍的骑兵，柔然不断征服和兼并邻近氏族和部落，柔然部落联盟首领和酋长积聚了大量奴隶和财富，成为世袭贵族，首领的继承基本上是父子相袭。在掠夺战争中，许多新的氏族、部落被并入柔然部落联盟之中；柔然原有的氏族、部落在拓跋鲜卑的进攻下逐渐瓦解或重新组合，柔然部血缘关系遭到破坏，柔然社会由血缘氏族发展成为建立在地域和经济关系上的军事行政单位。

---

① 《宋书》卷95《索虏传》，“芮芮一号大檀，又号檀檀，亦匈奴别种……无城郭，逐水草畜牧，以氈帐为居，随所迁徙……国政疎简，不识文书，刻木以记事”，第2357页。《南齐书》卷59《芮芮虏传》，“芮芮虏，塞外杂胡也。编发左衽……芮芮逐水草……所居为穹庐氈帐。刻木记事，不识文书。马畜丁肥，种众殷盛。常与魏虏为仇敌”，第1023页；（唐）姚思廉：《梁书》卷54《芮芮国传》，“芮芮国，盖匈奴别种。魏、晋世，匈奴分为数百千部，各有名号，芮芮其一部也……无城郭，随水草畜牧，以穹庐为居。辫发，衣锦，小袖袍，小口袴，深雍靴”。中华书局点校本，1973年，第817页。

② 《魏书》卷103《蠕蠕传》，“世祖以其无知，状类于虫，故改其号为蠕蠕”，第2289页。

车鹿会死，首领职位传至第五代，柔然部一分为二。“地粟袁长子匹候跋继父居东边，次子缊纥提别居西边。及昭成崩，缊纥提附卫辰而贰于我。”[①]即代国被苻坚灭亡后，柔然缊纥提部依附于铁弗匈奴刘卫辰部。

概括而言，柔然始祖木骨闾在3世纪拓跋力微时曾为拓跋鲜卑的奴隶，附属拓跋部。柔然的核心部落郁久闾氏即柔然的统治集团核心是从拓跋鲜卑部落联盟中分离出来的[②]。首领木骨闾逃至意辛山自成部落，首领车鹿会率柔然依附于拓跋鲜卑。柔然与拓跋鲜卑的隶属关系存续半个多世纪，自猗卢时期开始一直存续到昭成帝什翼犍代政权灭亡。至于在此期间二者是否存在为争夺游牧区的控制权而发生过战争、冲突，由于史籍上没有记载，无法加以详细评说。

代国时期，富庶的中原地区正在经历重重战火。即便如此，拓跋代国与中原诸强相比较仍显得过于弱小。但是，什翼犍并不是绝无南讨之意，只是终因顾虑“不可一举而定，若或留连，经历岁稔，恐无永逸之利”[③]而没能将南向掳掠中原的计划付诸实施。比较而言，对于铁弗匈奴、高车、柔然等这些势力相对较弱的部族，拓跋鲜卑则采取各种手段加以打击和笼络。对铁弗匈奴则采用征讨与联姻刚柔相济的政策，欲使铁弗匈奴置于拓跋鲜卑统治之下；对高车，拓跋鲜卑采取了征讨使之降服的政策；对柔然，拓跋鲜卑则是压制，柔然在拓跋代时期始终隶属于拓跋部。铁弗匈奴等部族的反复叛服，削弱了拓跋代国的实力，为拓跋代的灭亡埋下伏笔。

总之，早期拓跋鲜卑自“大泽”时期到迁徙至匈奴故地、盛乐以后，周边邻近的铁弗匈奴、高车、柔然等北方草原民族与早期拓跋鲜卑发生了或战或和、或婚配或朝贡的关系。拓跋鲜卑与北方草原各族的交往，势必导致民族融合现象的出现，拓跋鲜卑部落联盟部族姓氏中就含有匈

---

① 《魏书》卷103《蠕蠕传》，第2289页。

② 《魏书》卷103《蠕蠕传》，“始神元之末，掠骑有得一奴，发始齐眉，忘本姓名，其主字之曰木骨闾。‘木骨闾’者，首秃也。木骨闾与郁久闾声相近，故后子孙因以为氏”，第2289页。

③ 《魏书》卷1《序纪》，第13页。

奴、高车、柔然成分[①]。

第二节　拓跋鲜卑与魏晋等政权的关系

草原游牧区与中原农耕区的经济、文化特点不同，导致拓跋鲜卑与魏晋等政权之间存在着互相依存的经济联系。在进入强盛时期之前，为了自身生存和发展的需要，拓跋鲜卑明智地采取了争取较为稳定外部环境的手段和措施，与实力强大的中原曹魏、西晋政权一直进行着密切的政治和经济交流，采用以和平相处为主的交流方式，包括派送质子、通使、互市、接受中原政权封赏等，以彼之长补己之短。当北方草原受到战乱、自然灾害等外部条件的干扰，面临生存危机的拓跋鲜卑也有可能南下劫掠。

一、拓跋鲜卑与东汉、曹魏的关系

因地域相隔较远，历史文献中没有明确记载“大鲜卑山”时期以及南迁到呼伦贝尔草原时期拓跋鲜卑与中原政权的关系。在呼伦贝尔地区属于东汉时期的扎赉诺尔鲜卑墓葬、满洲里蘑菇山古墓群考古发掘文化遗存中，有少数随葬品是中原地区汉代器物。如扎赉诺尔墓葬出土 1 件木胎黑漆器，绘有朱色花纹；残铜镜 3 件；“大泉五十”铜钱 5 枚；“如意”织锦[②]。^{14}C 测年显示满洲里蘑菇山古墓群[③]时代在东汉—魏晋时期，

---

① 申宪：《试论拓跋鲜卑部落联盟中的匈奴、高车、柔然族成分》，属于匈奴的姓氏至少有六姓：贺赖氏、独孤氏、须卜氏、丘林氏、破六韩氏、宿六斤氏；属于高车族的姓氏至少有六姓：乞伏氏、解枇氏、奇斤氏、贺拔氏、屋引氏、俟利伐氏；属于柔然族的姓氏至少有三姓：阿伏干氏、叱吕氏、尔绵氏。《北方文物》2006 年第 4 期。

② 自 1959 年到 1994 年，扎赉诺尔古墓经过多次挖掘清理，形成多个发掘清理简报和调查记。内蒙古文物工作队：《内蒙古扎赉诺尔古墓群发掘简报》，《考古》1961 年第 12 期；郑隆：《内蒙古扎赉诺尔古墓群调查记》，《文物》1961 年第 9 期；王成：《扎赉诺尔圈河古墓清理简报》，《北方文物》1987 年第 3 期；陈凤山、白劲松：《内蒙古札赉诺尔鲜卑墓》，《内蒙古文物考古》1994 年第 2 期。

③ 中国社会科学院考古研究所内蒙古工作队、呼伦贝尔民族博物院、满洲里市文物管理所、扎赉诺尔区文物管理所：《满洲里市蘑菇山墓地发掘报告》，《草原文物》2014 年第 2 期。

该墓地也出土了尚能分辨出粗、中、细三种不同织法的纺织品，以及漆器、残漆片。此外，在新巴尔虎右旗红星生产队、额尔古纳市拉布达林等鲜卑墓葬中也出土了丝织品、丝织物。呼伦贝尔草原地区各墓葬出土的这些中原物品表明，此时拓跋鲜卑已经与中原东汉王朝发生了直接或间接联系。

力微统治时期，拓跋鲜卑与中原曹魏政权发生了多方面联系。在与中原政权关系的处理原则上，力微统治初步建立时，双方和睦关系的主流思想就已经确立。迁于定襄之盛乐后，趁盛乐祭天，周边诸部被拓跋部的威力所震慑而十分恭敬顺从之机，力微向诸部大人发出告诫警示：通过总结以往匈奴、乌桓等北方部族与中原政权关系的经验可以看出，如果只一味地贪图财利，采取通过武力手段“抄掠边民”，即便短时间内获取了所需的财物，但无数的生命会死亡于战争，大量的财物将消耗于战争。获取的财物无法抵消消耗在战争中的生命，得不偿失。同时，无休止的抄掠、寇仇、征伐，会加深交战双方的矛盾，使百姓陷入更加深重的灾难之中。这种做法不是长久之计，切切不可效仿[①]。

拓跋力微确立的与中原曹魏汉族政权友善交往关系体现在派送质子、遣使、互市、接受赏赐等几个方面。

第一，派送质子。中原地区采取人质交换保证双方关系和睦友好的交往形式，始于春秋时期的周王室与郑国[②]，这成为处理政权之间关系的重要举措之一。战国时期，人质交换的做法已经开始延伸到北方民族活动地区，亦成为北方各族间解决彼此矛盾和冲突的政治手段之一。例如，燕国把名将秦开质于东胡，匈奴首领头曼单于将子冒顿送至月氏做人质等事例。“派送人质意味着弱势者必须履行某些不公平的协议或条约，可能包括不得作出任何不利于强势政权的行动，不得首先挑起事端或发动战争，不能破坏已达成的同盟关系或附属关系，定期缴纳贡赋，等等。对于这些条约或协议，弱国只能履行、遵守，否则，人质的生命安全将

① 《魏书》卷1《序纪》，“我历观前世匈奴、蹋顿之徒，苟贪财利，抄掠边民，虽有所得，而其死伤不足相补，更招寇仇，百姓涂炭，非长计也”。第3页。

② 杨伯峻编著：《春秋左传注》鲁隐公三年（前720），“周郑交质。王子狐为质于郑，郑公子忽为质于周”。中华书局，1981年，第27页。

受到威胁。”[①]

力微遣子文帝沙漠汗以太子身份居曹魏都城洛阳，即是力微主动交好中原王朝的举动，以考察地方的风俗人情和地理环境之名，行质子之实。拓跋鲜卑送人质沙漠汗于曹魏，是否附带有需要承认曹魏强大的政治地位、定期缴纳贡赋以换取曹魏的不再侵犯等附加条件，史书无载，但这种关系所表现的拓跋鲜卑处于劣势，双方不是一种对等的关系当是很明显的事实。

第二，遣使与互市。曹魏对拓跋鲜卑通好的态度非常满意，双方“聘问交市，往来不绝”。所谓“聘问”就是指国与国或各个方面之间遣使访问。文献记载表明，曹魏政权与拓跋鲜卑两方面之间互派使臣，遣使访问，你来我往接连不断。

所谓“交市”也称互市，指中国历史上中央王朝与边疆地区或各民族之间贸易的通称。汉武帝时张骞通西域，开始了与西域各政权的贸易。“互市”之称，始于东汉与乌桓、鲜卑、匈奴等族的贸易。魏、晋以后，又称“交市”。互市设置与否以及贸易状况的盛衰，都与双方的政治、军事斗争力量的对比密切相关。沙漠汗以国太子身份留洛阳期间，拓跋鲜卑与曹魏政权“聘问交市，往来不绝”，就包括互相间买卖贸易来来往往络绎不绝的内容。文献中虽然没有明确交代贸易的地点、规模等具体情况，但“交市”存在于双方的交往之中这一史实是确定无疑的。

第三，接受赏赐。史料记载，中原曹魏政权派使臣每年将数以万计的金、帛、缯絮等财物赠送给力微[②]。力微接受如此丰厚的赏赐，既可以增加本部族的财富，也表明了他接受安抚和对曹魏政权的友好态度。

至于拓跋鲜卑与曹魏是否存在联姻关系，史载不明。虽然有“于是与魏和亲”的记述，但这里的“和亲”既可以理解为中原王朝统治者与周边少数民族或者各少数民族首领之间出于各种各样目的而达成的一种政治联姻；也可以理解为彼此友好亲善，互相结成友好关系。因为没有其他史实的支撑，这里不妄加揣测。

与中原政权交好，采取友好亲善态度，是力微在位时就已经明确制

---

① 李春梅：《匈奴与乌桓的关系考述》，《内蒙古社会科学》（汉文版）2012年第2期。

② 《魏书》卷1《序纪》，“魏人奉遗金帛缯絮，岁以万计”，第4页。

定的与中原政权关系的主导思想，并且影响深远，被力微的继任者所继承。这一策略的长久实施，为拓跋部的进一步发展创造了较为稳定的外部环境，拓跋鲜卑从此开始由部落联盟走向国家建立，一步步走向成功。

二、拓跋鲜卑与西晋、东晋的关系

魏晋禅代，拓跋鲜卑与西晋关系仍然和好友善①，在政治、经济各方面与西晋政权发生联系与交往。拓跋鲜卑趁机发展自己的势力。因为助晋对抗其敌对者有功，猗卢被晋帝封为代王，并领受了封地，军事实力逐渐增强。东晋建立后，拓跋鲜卑改变了曹魏、西晋时对汉政权的友善态度。

（一）拓跋鲜卑与西晋的关系

司马炎于265年灭魏建晋，史称西晋。西晋政权存续期间，拓跋鲜卑经历了6位部落酋长的统治，包括自力微在位后期（265—277），经悉鹿（278—286）、绰（287—293）、弗（294）、禄官（295—307），到猗卢时期（308—316），拓跋鲜卑与西晋政权关系以和善为主。3世纪中叶至4世纪初的半个世纪，因为鲜有来自中原西晋王朝的武力征伐，拓跋鲜卑出现百姓生活太平安定，国家财畜富裕殷实，人口数量大增的局面，拉弓持箭的骑兵已经有40余万②。

拓跋鲜卑与西晋王朝的和善关系主要表现为向西晋派送质子、军事上襄助于晋、接受中原西晋王朝册封、招抚重用晋人、西晋诸王和地方藩镇将领拉拢讨好拓跋部、拓跋鲜卑朝贡西晋等。双方亦偶有冲突，拓跋鲜卑曾侵扰西晋边境，西晋政权也曾将拓跋鲜卑认作“边害”予以打压③。

沙漠汗于魏景元二年（261）质于洛阳。魏咸熙二年（265）“魏晋禅代”，力微不改初衷，仍然与晋通好，双方关系“和好仍密”，沙漠汗继续留居洛阳做质子。两年后，沙漠汗一度从洛阳返回到家乡蒙古草原。

---

① 《魏书》卷1《序纪》，“和好仍密”，第4页。

② 《魏书》卷1《序纪》，“自始祖以来，与晋和好，百姓乂安，财畜富实，控弦骑士四十余万”，第6页。

③ 《晋书》卷36《卫瓘传》，第1057页。

西晋咸宁元年（275）冬季，再次来到晋朝的质子沙漠汗欲离晋北归，请求回国，晋帝应允，赠予沙漠汗“锦、罽［jì］、缯、彩、绵、绢”等财物，以及牛车百辆，派人护送他回国[①]。历经魏、晋，沙漠汗先后留居洛阳近10年，学习了中原的先进文化，熟悉了中原的风土人情。通过派送质子，巩固了拓跋鲜卑与魏、西晋中原王朝的友好关系，加深了双方在经济、文化各个方面的交流，为后期拓跋鲜卑在政治、军事上对西晋王朝的支持打下良好的基础。

禄官、猗㐌、猗卢时期，拓跋鲜卑军事实力上升，成为西晋打击来犯的周边民族及晋朝内部敌对势力所倚重的重要力量[②]。拓跋鲜卑“分国三部”至猗卢“总摄三部，以为一统”（295—316），恰逢西晋后期爆发“八王之乱”（291—306）之时，西晋统治岌岌可危，西晋王朝走向衰亡。“八王之乱”给中国古代社会和人民的生命财产带来了极为严重的摧残，迫使无法生存的黄河流域各族人民纷纷起义，少数民族首领也乘机起兵，称王称帝，建立割据政权。西晋永安元年（304），李雄和刘渊分别在蜀地、山西称王、建国，针对西晋朝廷发动一系列战争。晋臣司马腾、刘琨联合拓跋鲜卑首领禄官、猗㐌、猗卢，利用联合拓跋鲜卑的军事力量打击来犯的地方割据政权和西晋内部敌对势力。文献记载，主要包括西晋后期（304—312）四次较大规模的拓跋鲜卑助晋行动。

（1）晋永安元年（304），铁弗匈奴刘渊在左国城（今山西省吕梁市离石区）起兵，称汉王，建立地方割据的汉政权。晋惠帝被成都王司马颖强迫扣留在邺（今河北省邯郸市临漳县西南），晋国内外交困。并州刺史司马腾向拓跋鲜卑求援借师。猗㐌出兵10余万骑，支援司马腾出击刘渊，禄官闻讯，亦同时率大军快速支援司马腾。三军合力，大败刘渊，司马腾将晋惠帝迎接回到洛阳。猗㐌与司马腾宣誓缔约，永结和好。

（2）晋永兴二年（305），司马腾受到刘渊攻击，再次请求于拓跋部，猗㐌以数千名装备轻便而行动快速的骑兵救援，斩杀刘渊将领綦母豚，刘渊南逃。

（3）猗㐌、禄官先后离世，猗卢成为拓跋部的唯一首领。猗卢时期，

---

① 《魏书》卷1《序纪》，第4页。

② 《魏书》卷1《序纪》，“桓（猗㐌）、穆（猗卢）勤于晋室”，第16页。

晋臣刘琨继任并州刺史，沿用司马腾的策略，借拓跋鲜卑之力，与铁弗匈奴刘虎、鲜卑白部大人相抗衡。猗卢多次出手襄助西晋。晋永嘉四年（310），白部鲜卑与铁弗刘虎联手进攻刘琨所辖新兴、雁门二郡。刘琨向猗卢求援，请求出兵相救，猗卢派其弟弗的儿子郁律率骑兵2万南下，助刘琨先败白部鲜卑，接着攻击铁弗匈奴刘虎，“屠其营落”[①]。刘虎战败后，收集残余的兵卒仓皇出逃。

拓跋鲜卑多次在军事上援助晋室，以尊晋为旗号进一步扩展自己的势力。借助与西晋友好关系优势，拓跋鲜卑适时借机提出一些条件，扩大自己的势力。猗卢曾以“封邑去国悬远，民不相接”[②]为由，向晋索求句注（今山西代县雁门关）陉北之地。当时刘琨方面与刘渊抗衡，同时又与幽州刺史王浚争夺冀州、幽州之地。猗卢也在与王浚争夺代郡。为得到拓跋部支持，刘琨把陉北马邑、阴馆、楼烦、繁峙、崞五县的民众迁至陉南，将此地授予猗卢。

（4）晋永嘉六年（312），刘聪（刘渊子）派遣儿子刘粲带兵围攻晋阳，猗卢应刘琨之邀，以长子六修、桓帝猗㐌儿子普根，以及将领卫雄、范班、姬澹等为前锋，猗卢自己统率大军20万为后援，直奔晋阳。刘粲惧怕，逃出晋阳城。猗卢派兵追杀，歼敌无数。返回盛乐之前，猗卢将几千只马、牛、羊和百余辆兵车馈赠给刘琨，另外又留下精锐的士卒帮助刘琨驻守晋阳。

“八王之乱”以及地方割据势力的兴起，使西晋王朝的统治力量遭到了毁灭性的打击，社会经济遭到严重的破坏。西晋建兴四年（316）长安被攻陷，晋愍帝投降，西晋灭亡。拓跋鲜卑首领禄官、猗㐌、猗卢正是抓住西晋内乱无暇北顾这一历史性机遇，迅速发展和壮大拓跋鲜卑势力。

除上述拓跋鲜卑向西晋派送质子、军事上援助于西晋政权之外，拓跋鲜卑与西晋王朝的关系还表现在接受西晋册封、招抚重用晋人、与西晋诸王和地方藩镇将领建立良好关系，以及朝贡西晋等方面。

随着南下西进，拓跋鲜卑与中原政权的交往日益增多。交往的途径之一是接受中原王朝的册封。“王位”继承除了在部族内传承，又面临在

① 《魏书》卷1《序纪》，第7页。

② 《魏书》卷1《序纪》，第7页。

华夏王统中居于何种地位的新问题，成为游牧民族确立统治地位，进一步壮大势力，获取外部支撑而需要迫切解决的主要问题。一般来说，北方游牧民族各政权多是采取接受中原王朝册封的策略，以使本民族政权在中原政权统治中得到认可，以此来获取中原王朝的庇护，拓跋鲜卑也不例外。虽然这种册封在政治上表现出一定的依附性，但毕竟在进入甚至统治中原的道路上消除了很大的传统观念的障碍，在拓跋鲜卑势力不大时，是很乐于接受或者有意寻求中原王朝册封的。305—315 年，西晋先是授予猗㐌大单于称号，接着授予猗卢大单于称号，晋升猗卢爵位为代公，最后封猗卢为代王，设官属，食邑二郡。猗㐌、猗卢欣然接受。

（1）晋永兴二年（305），晋惠帝授予猗㐌大单于称号，授金印紫绶。1956 年，在内蒙古自治区乌兰察布市凉城县小坝子滩出土 13 件金银器①，其中包括刻有“晋鲜卑归义侯”的金质官印、“晋鲜卑率善中郎将”的银质官印和一枚背面刻有“猗㐌金”三个字的四兽形金饰牌。金、银官印是否与西晋授予猗㐌封号有关，史学界尚无定论②，但这批官印却是拓跋部接受西晋官号，以少数民族附属者身份与西晋进行交往的直接证据③。

（2）永嘉四年（310），晋怀帝授予猗卢大单于称号，晋升爵位为代公。大单于相当于少数民族部落联盟首领，有权力号令所辖民族。相隔 5 年，晋帝先后分别加封猗㐌、猗卢为大单于，既是对拓跋鲜卑在并州受到攻击时多次在军事上援救从而维护了西晋统治行为的赞许；又是从中央政权的角度承认了 2 人为拓跋鲜卑部落联盟的最高统治者，也是

① 张景明：《内蒙古凉城县小坝子滩金银器窖藏》，“凉城小坝子滩位于内蒙古中南部，在阴山支脉蛮汗山山麓，距离鲜卑拓跋部的活动中心参合陂甚近，小坝子滩窖藏所在地恰与猗㐌部的地域相符。该窖藏出土的动物形金饰牌、金饰件与拓跋鲜卑金饰牌的风格接近。这批金银器应是西晋时期拓跋鲜卑所遗留的”。“小坝子滩窖藏出土的金银器，为研究西晋时期拓跋鲜卑的文化和活动区域提供了实物资料。”《文物》2002 年第 8 期。

② 李逸友：《内蒙古出土古代官印的新资料》，“西晋初年司马炎曾对边疆各部族加封，晋书武帝纪：‘咸宁三年（277）是岁西北杂虏及鲜卑匈奴五溪蛮夷东夷三国前后千余辈，各帅种人部落内附。’这批印可能即为当时所封发的”。《文物》1961 年第 9 期。

③ 郭硕：《拓跋氏与魏晋政权的早期关系——兼论拓跋早期民族交往史料的辨析问题》，《烟台大学学报》（哲学社会科学版）2018 年第 6 期。

对拓跋鲜卑援助予以的回报。被封为“代公”的猗卢，在西晋爵位定制“王、公、侯、伯、子、男”[①]中居第2位，食邑5000户，兵卒1500人。封地在代（治今河北省张家口市蔚县），地理位置十分重要。由此可见，西晋王朝对拓跋鲜卑的重视程度。猗卢趁机打着尊晋的旗号向南扩展，求得太行山口以北方圆数百里的封地。

（3）晋建兴三年（315），愍帝封猗卢为代王，王国内设置官属，食邑代、常山（今河北省石家庄市正定县）2郡。

西晋建国初，武帝司马炎为了避免曹魏时出现的政权转入他姓之手，实现长治久安，以诸王为“国之屏藩”，恢复了古代的分封制。司马炎将“分封”限制在同姓宗族范围内，共封27个同姓王而没有异姓王。以郡建国，国内设置各级官署。诸王可自行任免国中文武官员，收取封国租税。作为异姓、异族的猗卢能被分封为领有封地建有官署的王，可见晋王室对猗卢的重视程度，猗卢已经享受到王室子弟一般的待遇。猗卢建立代国，建都盛乐（今内蒙古自治区呼和浩特市和林格尔县西北），占据今内蒙古中部和山西省北部。猗卢开始进行政权建设，彰明刑罚，实施严厉的刑罚和严峻的法令，使违命获罪的百姓受到惩罚而认罪、屈服。

拓跋鲜卑自力微起，坚持与魏、晋通好。猗㐌、禄官、猗卢统治时期，继续与西晋友善，在西晋并州受到攻击时多次施以援手。猗㐌、禄官曾援助并州刺史司马腾，猗卢援助并州刺史刘琨。西晋时，并州领有太原、上党、建兴、西河、雁门、乐平、新兴等7郡，其地约当今山西太原、大同和河北保定一带地区。这些地区具有封闭险要、山环水绕的地形特征，使得历史上占据该地的一方往往能够据险以守。如果关中的政权想要争雄天下，也必须先占有这里才行，地理位置十分重要。与其说猗㐌、禄官、猗卢的相助支持了并州，毋宁说是保护了西晋王朝，西晋以封猗㐌为大单于，封猗卢为大单于、代公、代王作为回报。拓跋鲜卑领地扩大，势力大增，影响增强。西晋王朝中，一些具有一定才能和具有独到眼光、高明见解的人纷纷投奔到拓跋鲜卑的部落联盟中来。猗

① 晋武帝咸宁三年（277）定制，爵位有王、公、侯、伯、子、男等。对王国制度有具体规定：有大国、次国、下国之分。公之制同王之下国，五千户，兵一千五百（置一军）。

钜、猗卢“招纳晋人，任以国事”[①]，拓跋鲜卑逐步走上了联合他族参与管理的道路。

（1）重用卫操。先期前来投奔归顺拓跋部的是代郡汉人卫操与他的侄子卫雄，以及同郡人姬澹等十几人。卫操建议拓跋部接纳晋人，让晋人帮助拓跋鲜卑建立更大的功业。猗㐌采纳了他的意见，且任命卫操担任辅相，将国家大事交由他处理。刘渊、石勒之乱时，卫操劝说猗㐌辅助晋朝，猗㐌依计而行。晋东瀛公司马腾对卫操劝勉拓跋部助晋的这一做法非常赞赏，上表晋帝加封将军称号，不久升迁卫操为右将军，封定襄侯。卫操同样礼敬尊重猗㐌、猗卢，曾立碑歌颂二人功德[②]。桓、穆二帝重视卫操，对他礼遇有加。

（2）重用卫雄、姬澹。对那些一同跟随卫操归附拓跋部的宗室、乡亲，猗㐌也都上奏表章，授予他们侯、将军等职位。卫雄、姬澹雄健有计谋，被猗㐌任命为将领。猗㐌上表晋帝，列举他们的功勋战绩，卫雄因屡立战功被升迁为左将军、云中侯。姬澹勇猛且战绩卓著，猗㐌晋升他至信义将军、楼烦侯。卫操去世后，卫雄、姬澹被委以重任，接任卫操职务，担任左右辅相，协理拓跋鲜卑的军政大事。卫雄、姬澹经常跟随猗㐌出征讨伐敌人。西晋永安元年（304），猗㐌率军助晋大破刘渊，卫雄等人在参合陂西累石树碑记述这次行动。永嘉六年（312），猗卢出兵助刘琨，卫雄、姬澹为前锋，为大败刘粲发挥了极大作用。

（3）重用商人莫含。莫含，雁门繁畤人，家中世代以经商为业，钱财积累成千上万。因居住靠近边塞，经常往来于代地经营商业。猗卢看中莫含的才能和气量，向刘琨求取莫含。莫含来到代国后受到穆帝的倚重，任命左将军、关中侯，常常参与军国大事的谋划。刘琨将五县的百姓迁徙到陉南，唯独莫含家族留在陉北原地[③]。

“八王之乱”中，西晋统治集团内部彼此倾轧。西晋诸王或是拥兵一方的藩镇将领，考虑到自身安全与发展，多有拉拢讨好拓跋部首领的行

① 《资治通鉴》卷82《晋纪》惠帝元康五年，第2615页。

② 《魏书》卷1《序纪》，“后定襄侯卫操，树碑于大邗城，以颂功德”，第7页。

③ 拓跋鲜卑招抚、重用晋人的内容参见《魏书》卷23《卫操传》《莫含传》，第599—604页。

为。元康六年（296），昭帝禄官改葬文帝沙漠汗及皇后封氏时，晋成都王、河间王、并州刺史分别派代表前来参加葬礼，会合送葬[①]，以示友好。晋并州刺史刘琨与拓跋鲜卑往来密切，为加强与拓跋鲜卑的联系，永嘉四年（310）将儿子刘遵质于猗卢。“质”是用来互相取信的人质，在战略上形成对外部族、政权交往的妥协。刘琨接任司马腾做并州刺史之后，遣使至盛乐表达通好之心，以儿子刘遵为质，这一做法是刘琨为了换取拓跋鲜卑的全力支持而讨好猗㐌所表达的诚意。猗卢多次出兵援助并州，回报了刘琨诚恳的心意，“琨与代王猗卢结为兄弟”[②]。

与西晋王朝互结友好关系时，拓跋鲜卑还处于发展时期，没有与西晋王朝争夺“正统”地位的能力。以晋为尊，向西晋朝贡是不争的事实。咸宁元年（275）“鲜卑力微遣子来献”[③]，建兴二年（314）“单于代公猗卢遣使献马”[④]，都很好地说明了这个问题。

拓跋鲜卑与西晋王朝的关系虽然以和善亲近为主，但偶尔也有武力对抗事件。《晋书》中记载了拓跋鲜卑对西晋王朝的侵扰。拓跋鲜卑作为实力渐强的周边少数民族，力量强大到影响中原王朝边疆的稳定时，势必引起西晋统治者的关注，其侵扰活动就被记录到正史当中。其一，拓跋鲜卑被西晋政权认定为“边害”[⑤]，加以防范和打压。卫瓘出镇幽州，担心沙漠汗成为晋的后患，遂秘奏晋帝，使用贿赂的手段挑拨盛乐诸部大人与沙漠汗的关系以期达到排除异己的目的，并一改允许质子沙漠汗回国的决定，又将其扣留于晋达 2 年之久。咸宁三年（277），晋帝方遣送沙漠汗回国。归途中，被晋国君臣使用挑拨离间手段所蒙骗的拓跋鲜卑诸部大人，在力微面前中伤沙漠汗。力微一时未能明辨是非，将沙漠汗错误杀害。晋人离间计成功，拓跋鲜卑失去了一位杰出卓异[⑥]的王位继承

① 《魏书》卷 1《序纪》，“晋成都王司马颖遣从事中郎田思，河间王司马颙遣司马靳利，并州刺史司马腾遣主簿梁天，并来会葬”。第 6 页。

② 《晋书》卷 102《刘聪载记》，第 2662 页。

③ 《晋书》卷 3《武帝纪》，第 65 页。

④ 《晋书》卷 5《孝愍帝纪》，第 128 页。

⑤ 《晋书》卷 36《卫瓘传》，“于时幽并东有务桓，西有力微，并为边害。瓘离间二虏，遂致嫌隙，于是务桓降而力微以忧死”。第 1057 页。

⑥ 《魏书》卷 1《序纪》记载，沙漠汗“为人雄异”，第 4 页。

人。卫瓘使用离间的手段害死沙漠汗，力微随即忧惧身亡，拓跋鲜卑出现“诸部离叛，国内纷扰”[①]的混乱局面。其二，永嘉五年（311），猗卢入寇太原，平北将军刘琨无法抵抗，于是“徙五县百姓于新兴，以其地居之”[②]。历史文献关于拓跋鲜卑与西晋王朝双方敌对关系内容记述的不多，表明二者关系确实以和睦为主，偶有对抗与冲突。

拓跋鲜卑与西晋双方在政治上、军事上以通力合作互惠互利为主的做法，必然会导致双方在经济上的频繁交流，民间、官方之间的贸易或边境贸易也会持续不断，这使拓跋部的生产力获得很快发展，经济模式发生更大变化。

（二）拓跋鲜卑与东晋的关系

317年，司马睿在建康重建晋廷，占据长江中下游和珠江流域。司马氏以“正统”自居，有将代国以属国地位对待的意愿，“遣使韩畅加崇（郁律）爵服”[③]，却遭到郁律拒绝。与当初和西晋政权和好、联系密切的关系相比，拓跋鲜卑与江南东晋政权之间联系较少，没有出现朝贡、派送质子、军事联合等方面的关联，双方关系整体上来说处于松散状态，彼此威胁不大。拓跋鲜卑通过重用留在北方晋人的途径，接受了东晋时期的汉族文化熏陶。

拓跋鲜卑与东晋王朝的关系大致体现在郁律拒绝了东晋的封爵、什翼犍提拔代地士人为显官使其参决国事、什翼犍效仿东晋的官制，设置中央、地方官职等若干方面。

什翼犍曾重用、提拔燕凤、许谦、莫显等晋人。燕凤，代郡人，学识广博，精通经史和阴阳学、谶纬学。什翼犍听闻此人才学后，采用围困代郡的手段得到燕凤，授予他代王右长史的官职，让他参与决断朝中大事，为拓跋鲜卑效力，并为献明帝拓跋寔讲授儒家经典。东晋太和元年（366），燕凤代表什翼犍出使前秦[④]，以其聪明机智，向苻坚表露出拓跋鲜卑的强大实力，受到苻坚的赏识。他为前秦、代保持友善关系做出

---

① 《魏书》卷1《序纪》，第5页。

② 《晋书》卷5《孝怀帝纪》，第123页。

③ 《魏书》卷1《序纪》，第10页。

④ 《魏书》卷1《序纪》，什翼犍二十九年（366）“夏五月，遣燕凤使苻坚”，第15页。

了贡献。即便到了前秦灭亡代国之后，在处置善后事宜过程中，苻坚也多次征求燕凤的意见。将代国各部分为两部分，由刘库仁、刘卫辰两个人分别统领，等到代王的孙子长大后，再护佑他为王，就是苻坚采纳了燕凤的主张。这个决定为拓跋鲜卑后来的复国、建立北魏王朝，起到了非同小可的作用①。许谦，代郡人，擅长天文图谶之学。什翼犍继位代国后，许谦带着全家前来归附。什翼犍很欣赏许谦的才华，提拔他为代王郎中令，兼掌文记。与燕凤一同为献明帝拓跋寔讲授经书。许谦跟从拓跋部征讨刘卫辰，因功赐给他奴仆三十户②。莫显是前雁门繁畤商人，穆帝猗卢时任左将军、关中侯莫含的儿子，也有很高的知名度，受到什翼犍的重用，担任左常侍，伴什翼犍左右。这些被重用、提拔的晋人，为拓跋鲜卑的统治出谋划策，“对于君主权力的扩张、施政，乃至其他拓跋上层贵族的影响，仍是不可忽视的”③。

受到融入拓跋部汉人的影响，拓跋鲜卑更多学习到东晋王朝的政治制度、经济文化，将仿效汉人官制内容提到议事日程④。在官员的设置和任用上，什翼犍仿照了汉族政权模式设立中央、地方官职。“始置百官，分掌众职”⑤，中央“命燕凤为右长史，许谦为郎中令矣。余官杂号，多同于晋朝”；地方“诸方杂人来附者，总谓之‘乌丸’，各以多少称酋、庶长，分为南北部，复置二部大人以统摄之”⑥。这是拓跋鲜卑进行国家政权建设的起步性标志，是按照汉族政权封建国家的样子对代国进行封建化建设的尝试。

总而言之，拓跋鲜卑与魏晋诸政权发生了政治、经济、军事、文化等各方面的交流。伴随拓跋鲜卑地域变迁和力量由弱到强的改变，它与魏晋等政权交往的手段也随之变化。与曹魏、西晋关系和睦友好，双方

---

① 《魏书》卷24《燕凤传》，第609、610页。

② 《魏书》卷24《许谦传》，第610、611页。

③ 康乐：《从西郊到南郊——国家祭典与北魏政治》，稻禾出版社，1995年，第18页。

④ 《魏书》卷113《官氏志九·职官》，“魏氏世君玄朔，远统□臣，掌事立司，各有号秩。及交好南夏，颇亦改创”，第2971页。

⑤ 《魏书》卷1《序纪》，第12页。

⑥ 《魏书》卷113《官氏志九·职官》，第2971、2972页。

交流的方式有质子、互市、朝贡、接受赏赐、通使等。对东晋政权，郁律拒绝接受封爵，不再言听计从。

拓跋鲜卑在与魏晋等政权的交往中，仿效魏晋汉族的政治制度对拓跋鲜卑内部进行适当改造和调整。通过对汉族文化的学习和吸收，拓跋鲜卑加快了自身发展的步伐，为拓跋部能够在众多民族中脱颖而出，最终完成统一中国北方大业奠定了基础。

第六章　拓跋鲜卑的文化习俗

早期拓跋鲜卑的服饰、饮食、居住、婚姻、丧葬、宗教信仰等习俗，文献中只有零散的记载。结合民族学资料，以及从20世纪50年代起，在内蒙古东北部的呼伦贝尔市、东南部的赤峰市、中部的锡林浩特市、乌兰察布市、包头市、呼和浩特市，以及山西省北部右玉、朔州等地区，先后发现的一些有共存关系的早期拓跋鲜卑遗物，从这些考古发现中，我们可以获得早期拓跋鲜卑文化习俗各方面的情况。

第一节　服饰、饮食、居住

关于早期拓跋鲜卑的文化习俗，《魏书·序纪》简单记述为："淳朴为俗，简易为化，不为文字，刻木纪契而已。"[①]其他记述早期拓跋鲜卑的文献中亦鲜有记载。进行早期拓跋鲜卑文化习俗的研究，在缺少历史文献作为依据的情况下，一方面要根据考古成果，另一方面还要依靠民族学资料。人类衣、食、住、行之类的文化习俗，明显受制于生态环境所提供的物质条件，相同的生态环境往往产生具有相同或相似的文化面貌。这里我们采用与部分生活在相同生态环境条件下的民族——古代的室韦、乌洛侯、乌桓以及当代鄂伦春、鄂温克等民族文化习俗对比的方法，对呼伦贝尔时期拓跋鲜卑文化习俗做出合理的推测及判断；结合文献记载和考古成果找寻出早期拓跋鲜卑各阶段文化习俗变化的痕迹。

一、服饰

早期拓跋鲜卑的服饰情况，在《通典·边防典·拓跋氏》中记载为

---

① 《魏书》卷1《序纪》，第1页。

“衣皮”[①]，即以皮制品为衣。结合各民族服饰习惯与生态环境、经济生活密切相关，并随着经济的发展而变化这一规律可知，早期拓跋鲜卑各个时期均以皮衣为主，即穿着皮毛服装，制作原料主要是狩猎所获的鹿、狍、貂等野生动物和畜牧业饲养的牛、马、羊等牲畜的皮毛。

“大泽”至“盛乐”时期，拓跋鲜卑人在“衣皮”的同时，还辅之以绸、麻布等纺织品。多处墓葬中出土的麻布、丝等纺织品说明了这种情况。扎赉诺尔鲜卑墓葬中出土残织锦[②]；满洲里墓葬中出土麻、毛纺织品[③]；完工墓葬中出土绸、麻布，丝绸残片，每平方厘米内有经纬线50余根，麻布是平纹，每平方厘米内有经线14、纬线22根[④]；拉布达林鲜卑墓葬中出土了丝织物[⑤]；红星生产队古墓葬中，墓主头部覆盖着残丝织品[⑥]；察右后旗三道湾墓葬中的3座墓中，皮革与丝织品共出，5座墓中出土丝织品残片，残绢片有黄、褐两种颜色[⑦]。南杨家营子、三道湾等地都有用来纺毛织布的纺轮出土。南杨家营子墓葬出土纺轮3件[⑧]，三道湾墓地出土纺轮1件[⑨]。在服装制作中，有可能利用产自外地

---

① 《通典》卷196《拓跋氏》，引南朝何承天评论拓跋魏的风俗习性是“狡虏之性，食肉衣皮，以驰骋为容仪，以燎猎为南亩，非有车舆之安，宫室之卫，栉风沐雨，不以为劳，露宿荞寝，实惟其性”。第1063页。

② 郑隆:《内蒙古扎赉诺尔古墓群调查记》,《文物》1961年第9期。

③ 中国科学院考古研究所内蒙古工作队、呼伦贝尔民族博物院、满洲里市文物管理所、扎赉诺尔区文物管理所:《满洲里市蘑菇山墓地发掘报告》,《草原文物》2014年第2期。

④ 内蒙古自治区文物工作队:《内蒙古陈巴尔虎旗完工古墓清理简报》,《考古》1965年第6期。

⑤ 内蒙古文物考古研究所、呼伦贝尔盟文物管理站、额尔古纳右旗文物管理所:《额尔古纳右旗拉布达林鲜卑墓群发掘简报》,《内蒙古文物考古文集》(第一辑)，第384—396页。

⑥ 云薮:《内蒙古新巴尔虎右旗发现一座鲜卑墓葬》,《北方文物》1987年第4期。

⑦ 乌兰察布博物馆:《察右后旗三道湾墓地》,《内蒙古文物考古文集》(第一辑)，第407—433页。

⑧ 中国科学院考古研究所内蒙古工作队:《内蒙古巴林左旗南杨家营子的遗址和墓葬》,《考古》1964年第1期。

⑨ 乌兰察布博物馆:《察右后旗三道湾墓地》,《内蒙古文物考古文集》(第一辑)，第407—433页。

的丝织品为原料。丝绸、麻布等质地的服装直至代政权时，在拓跋鲜卑的服饰中仍不具有普遍意义。拓跋什翼犍时期，拓跋鲜卑还是“国中少缯帛”[①]。

拓跋鲜卑的“衣皮”习俗，在不同历史时期有以不同动物皮毛为材质的特点。

“大鲜卑山”时期，拓跋鲜卑以衣兽皮为主。早期拓跋鲜卑活动所处的大兴安岭北部地区气候寒冷，常年出没于大森林的拓跋鲜卑几乎处于与世隔绝的生活状态。此时，拓跋鲜卑的生产力水平处于原始狩猎时代。为了适应游猎和御寒，其衣着也颇具特色。结合这样的生态环境、经济生活，参照鲜卑后裔乌洛侯、室韦的状况，以及当今大兴安岭森林民族的服饰，推测最初生活在大鲜卑山森林生态系统中从事游猎活动的拓跋先世只能以获取的野生动物的皮毛作为服饰原料，穿着野生动物皮毛制作的服装，即衣兽皮。寒冷地区野生动物的皮毛质地柔软，细密厚实，能抵御严寒，是适合的衣料。获取毛色好的野生动物对生活在森林中的拓跋鲜卑来说，也相对便利。

文献记载，“狡虏（指拓跋）之性，食肉衣皮”[②]，乌洛侯人“皮服”[③]，北室韦“饶獐鹿……食肉衣皮……冠以狐狢，衣以鱼皮”[④]。拓跋鲜卑先世、乌洛侯人、北室韦等生活在大兴安岭林区时，都应以兽皮为衣。大兴安岭多獐、鹿、狐、狢，捕鱼业也较发达，拓跋部只能以这些动物的肉、皮作为生活资源，“衣皮”即穿獐皮、鹿皮、鱼皮缝制的衣裤，戴狐、狢、貂皮制作的帽子。这种服饰，在当代东北民俗中仍可观察得到。大兴安岭林中民族鄂伦春族、鄂温克族的民族服饰都有衣皮的习惯。清末以前，他们的衣服、鞋帽等都是用各种兽皮制作而成。鞋子多用鹿、犴皮制作，既轻便又保暖，适于在林海雪原上穿用。猎手头戴用兽皮制作成的狍头样式帽子，起诱惑野兽的作用。冬天一般用长毛、厚毛皮做衣服；春秋用小毛皮，夏天也有用去了毛的光板皮做衣服的。由此可以

① 《魏书》卷 1《序纪》，第 16 页。

② 《通典》卷 196《拓跋氏》，第 1063 页。

③ 《魏书》卷 100《乌洛侯传》，第 2224 页。

④ 《隋书》卷 84《室韦传》，第 1883 页。

理解古代拓跋部位于地处寒温带气候的大兴安岭深山中[①]，冬季漫长寒冷，夏季短暂，在当时生产力条件下，把兽皮作为防寒之用，实乃原始狩猎经济之必需。

“大泽”时期，拓跋鲜卑以衣畜皮为主。人类的衣着原料同生产力发展密切相关。拓跋鲜卑来到呼伦贝尔草原后，畜牧经济建立起来，拓跋鲜卑人拥有了数量众多的牛、马、羊，这从呼伦贝尔草原各地的拓跋鲜卑墓葬中有大量牛、马、羊骨的殉葬情况得到反映。拓跋鲜卑人的衣着材料亦由以兽皮为主转换为以牛、羊等畜皮为主，即衣畜皮。拓跋焘自称“国人本着羊皮袴,何用绵帛”[②],指的就是拓跋鲜卑穿着畜皮质地服饰的习俗情况。

“匈奴故地”“盛乐”时期，拓跋鲜卑来到阴山、河套及漠南一带，生活的地域属于温带内陆地区，气候类型属于典型的温带大陆性气候，其特点是冬季漫长而寒冷，夏季短促而温热，冷暖变化剧烈，无霜期较短。衣畜皮仍然符合该地区的气候特征。同时，随着拓跋鲜卑与中原汉族和其他民族的交往日渐频繁，各民族间服饰的相互影响不可避免，拓跋鲜卑人开始越来越多地穿着麻丝等材质的服装。这一地区气候与处于寒温带的北部呼伦贝尔相比，气温要高，夏季更为炎热，故而，拓跋鲜卑服饰应是以皮衣为主，丝帛质地的服装与皮衣并存。

无论是衣兽皮，还是衣畜皮、丝帛，拓跋鲜卑人都是将皮袍、丝帛服饰长襟左掩，左襟压在右襟之上，这是北方游牧民族衣着习惯的共同特点“左衽”[③]。拓跋鲜卑人的衣着样式同他们所从事的经济活动联系在一起。为适应骑马游牧生活，穿紧身窄袖的衣服是北方民族的共同特点，拓跋鲜卑人也不例外。文献记载，拓跋鲜卑短衣短袄这种装束习惯一直保持到北魏后期高祖拓跋宏改革之时[④]。

北方游牧民族为了骑射方便，习惯以革带束腰。为了美观，往往在

---

① 大兴安岭北部地区属寒温带，冬季寒冷，夏季湿凉。年平均气温零下 3.5℃，极端最低气温零下 52.3℃，无霜期 80—110 天。

② 《资治通鉴》卷 125《宋纪》文帝元嘉二十七年，第 3948 页。

③ 《南齐书》卷 57《魏虏传》，“托跋氏……被发左衽”，第 983 页。

④ 《魏书》卷 19 中《任城王传》，“高祖曰：‘朕昨入城，见车上妇人冠帽而著小襦（rú 短衣；短袄）袄者。’”第 469 页。

革带上用铜钩、铜牌、金牌加以装饰。在衣着装饰方面，拓跋鲜卑人也喜欢佩戴革带饰束腰，通过佩戴珠饰、玉石、金饰装饰的腰带来表现自己的审美情趣。在各地拓跋鲜卑考古文化遗存中，几乎都有带扣、带銙[①]等腰带部件出土（图七）。例如扎赉诺尔墓葬中出土铜带扣 15 件，尚残留皮带腐朽痕迹，出土位置在死者腰部[②]（图八）。二连浩特盐池墓葬中出土了 16 件长方形鹿纹铜牌饰，1 件铜带扣组成的腰带饰[③]。此外，珠饰也一直是拓跋鲜卑重要的随葬品。1959 年和 1960 年两次对扎赉诺尔古墓

图七　内蒙古扎赉诺尔鲜卑墓出土骨带扣

（中国社会科学院考古研究所等：《呼伦贝尔民族文物考古大系·扎赉诺尔区卷》，文物出版社，2014 年，第 122、123 页）

图八　（飞马）鎏金铜带扣

（中国社会科学院考古研究所等：《呼伦贝尔民族文物考古大系·扎赉诺尔区卷》，文物出版社，2014 年，第 125、126 页）

---

① 銙：古代附于腰带上的装饰品，用金、银、铁、犀角等制成。

② 郑隆：《内蒙古扎赉诺尔古墓群调查记》，《文物》1961 年第 9 期。

③ 宁培杰、魏坚：《二连浩特市盐池墓葬》，《内蒙古地区鲜卑墓葬的发现与研究》，第 106—111 页。

群的发掘，出土了大量玉器珠饰，前者出土饰珠30余件，后者出土料珠7件，以玛瑙、琥珀、白灰及角质等料制成[①]。在1987年拉布达林鲜卑墓葬中出土串珠9粒，质料有玛瑙、绿松石、滑石等。另外有带扣6件，均出于墓主人的腰部[②]。1992年拉布达林鲜卑墓群出土珠饰54件，有骨、蚌、石3种质地。石质的多为玛瑙和绿松石[③]。满洲里市蘑菇山墓葬也有珠饰出土[④]。很长一段时间内，拓跋鲜卑人在以珠饰作为服饰装饰物。

拓跋鲜卑人的发式为"索头"。南朝史家称呼拓跋鲜卑人为"索头虏"，就是依据发式的特点而给予该部的称谓。《宋书·索虏传》只是记载"索头虏姓讬跋氏"[⑤]，对于为何称拓跋部为"索头虏"没有做任何解释。在《南齐书·魏虏传》中做了补充说明，拓跋氏"被发左衽，故呼为索头"[⑥]。即南朝汉人认定，拓跋鲜卑人的发式特征是披发。"拓跋鲜卑人的披发就是索头、索发，即蓄留全发后披，有的长到一定长度则以绳索在发端扎系。""这种发式大致是：留全发，将散发下披，任其自然，不编辫，不作髻，末端或以绳扎系。"[⑦]在大泽地区活动期间，拓跋鲜卑墓葬中发现了发辫遗存。扎赉诺尔第29号墓中"头骨右侧尚残存一节发辫"[⑧]。该墓为女性单人葬，只能证明拓跋部女性是辫发的。

---

① 内蒙古文物工作队：《内蒙古扎赉诺尔古墓群发掘简报》，《考古》1961年第12期；郑隆：《内蒙古扎赉诺尔古墓群调查记》，《文物》1961年第9期。

② 赵越：《内蒙古额右旗拉布达林发现鲜卑墓》，《考古》1990年第10期。

③ 内蒙古文物考古研究所、呼伦贝尔盟文物管理站、额尔古纳右旗文物管理所：《额尔古纳右旗拉布达林鲜卑墓群发掘简报》，《内蒙古文物考古文集》（第一辑），第384—396页。

④ 中国社会科学院考古研究所内蒙古工作队、呼伦贝尔民族博物院、满洲里市文物管理所、扎赉诺尔区文物管理所：《满洲里市蘑菇山墓地发掘报告》，《草原文物》2014年第2期。

⑤ 《宋书》卷95《索虏传》，第2321页。

⑥ 《南齐书》卷57《魏虏传》，第983页。

⑦ 张久和：《原蒙古人的历史——室韦—达怛研究》，第32、33、96页。

⑧ 内蒙古文物工作队：《内蒙古扎赉诺尔古墓群发掘简报》，《考古》1961年第12期。

二、饮食

拓跋鲜卑的饮食文化结构取决于其所处生态环境、经济生产提供的物质条件。因此，可以根据同一条件下的民族学资料做出推测。伴随各时期所处的不同地域和生产力发展变化，早期拓跋鲜卑饮食结构也经历了一个逐步变化过程。

“大鲜卑山”时期的拓跋鲜卑人以狩猎的野兽、鱼作为主要食物，饮食中，野生动物肉所占比例较大。嘎仙洞遗址中出土了石镞、骨镞等狩猎工具，并有獐、狍、犴、鹿、野猪等大量兽骨出土，应是活动在这里的拓跋鲜卑先世猎食这些野生动物的历史写照。前文已述，此时还没有出现畜牧业，大兴安岭野生动物资源丰富，拓跋鲜卑的饮食只能靠食兽肉为生。文献记载“狡虏之性，食肉衣皮”①。隋朝时生活在这里的北室韦“饶獐鹿，射猎为务，食肉衣皮。凿冰，没水中而网射鱼鳖……俗皆捕貂为业”②；与鲜卑习俗相同的乌桓人的生活情形“弋猎禽兽，食肉饮酪”③；现如今，狍子、犴、鹿、野猪、鱼等动物的肉，在生活于大兴安岭北部的鄂伦春、鄂温克等族猎民的食物构成中仍然占据较大的比例，依然是他们日常生活中不可或缺的主要食物。

“大泽”时期，迁徙到呼伦贝尔草原的拓跋鲜卑部落经济已经转变为游牧为主。随着畜牧业的发展，牛、马和羊等牲畜被大量牧养。这样，蓄养的牛、羊、马的肉及其乳制品就成为拓跋鲜卑人的主要食物来源。拓跋鲜卑人的饮食除了仍食用兽肉之外，增食牛、羊、马肉及少量粮食。在呼伦贝尔各处鲜卑墓葬中，几乎全部出土数量众多牛、马、羊的殉骨，说明这几类牲畜已经大量饲养。其肉、奶作为拓跋鲜卑人的主要生活物资用于饮食。鱼肉可以作为牲畜肉的辅助食物，为拓跋鲜卑人食用。呼伦湖、贝尔湖是呼伦贝尔境内非常著名的两个湖泊，其他大小湖泊不计其数，盛产鲤鱼、鲫鱼、白鱼、鲇鱼等30多种鱼类，并且盛产白虾，产量丰富。在这样得天独厚的自然条件中，拓跋鲜卑人必然会经营捕鱼业，

① 《通典》卷196《拓跋氏》引南朝何承天评论，第1063页。

② 《隋书》卷84《室韦传》，第1883页。

③ 《三国志》卷30《乌丸鲜卑东夷传》裴松之注引王沈《魏书》，第832页。

将鱼肉作为主要食物之一。在呼伦贝尔地区鲜卑墓葬中，有鱼钩、鱼骨、鱼簪等物出土，说明捕鱼是当时拓跋鲜卑的一项重要生产活动。呼伦贝尔草原墓葬中偶有发现农作物遗存[①]，但稷子这类低产的农作物不可能从根本上改变拓跋鲜卑人的饮食结构，不能改变其食物是以畜牧产品为主的现实。

来到阴山河套地区后，粮食在饮食结构中的比例会有所增加，除此之外，饮食结构与呼伦贝尔草原时期不会发生大的变化，即仍然以食用牛、羊、马、鱼肉为主，牛奶、羊奶用来饮用。这种食肉的饮食习惯在相当长的时间里没有改变。北魏建立后，一些拓跋鲜卑人仍从事畜牧业，大同沙岭北魏墓葬壁画中，有 2 人杀羊的场面，一位男子右膝压住羊的右前腿，另一位男子双腿压在羊的后腿上，右手将一把短刀插在羊肚子上。在一个带圈足的炊具两旁，有已插好的肉串[②]。明显看出，直至北魏前期，畜牧业在经济生活中仍占据重要地位，肉在拓跋鲜卑人的饮食中仍占据一定比例。

拓跋鲜卑煮食器有铜鍑和陶罐。铜鍑是游牧民族传统的煮肉炊具，便于在游牧生活中携带，不用辅助炊具，能独立使用，扎赉诺尔和二兰虎沟等地拓跋鲜卑墓葬中都有铜鍑出土。拓跋鲜卑的煮食器还有陶罐，主要为夹砂敞口罐，这种陶罐在拓跋鲜卑各处墓葬中常见，扎赉诺尔、团结、拉布达林、三道湾、大同南郊等地都有出土。出土时，有些陶罐外壁有烟炱痕迹。一般高为 15、口径为 10 厘米左右。铜鍑和陶罐这两类煮食器都是适于拓跋鲜卑游牧生活的炊具[③]。

三、居住

拓跋鲜卑居住的处所，随其活动空间的改变，生产力发展水平，以及接触人群的变化而发生多次变化。这种变化包括由最初的穴居、巢居、

① 清理出土了应是适合北方生长的稷子（俗称糜子）的谷物。陈凤山、白劲松：《内蒙古札赉诺尔鲜卑墓》，《内蒙古文物考古》1994 年第 2 期。

② 大同市考古研究所：《山西大同沙岭北魏壁画墓发掘简报》，《文物》2006 年第 10 期。

③ 陶玉坤：《北方游牧民族历史文化研究》，内蒙古教育出版社，2007 年，第 168 页。

不定居穹庐居（毡帐居），逐渐变为定居房屋居。其中，不定居穹庐居和定居房屋居两种居住方式在拓跋鲜卑人的居所生活中长时间同时存在。

拓跋鲜卑人在“大鲜卑山”“大泽”时期的居住方式，历史文献中未作具体记载。通过同一生态环境条件下民族学资料和已知的各类研究成果分析可以推知，呼伦贝尔时期拓跋鲜卑的居住方式为不定居，经历了从穴居、巢居，到坑穴居、穹庐居为主的演变过程。拓跋鲜卑人在“匈奴故地”“盛乐”时期的居住方式，在历史文献中有过记载，为不定居穹庐居和定居房屋居并存。

“大鲜卑山”时期，拓跋鲜卑先世居住处所方式为洞穴居、巢居。生活在气候寒冷地区，处于游猎经济模式时期，拓跋鲜卑先世居住方式一方面依靠天然的自然环境——天然洞穴，另一方面也会建造保障部族生存的居住处所——人造巢穴。

洞穴居为最早的居住形式。根据嘎仙洞遗存，拓跋鲜卑大兴安岭北段时期，有过在洞穴中居住生活的历史。拓跋鲜卑先世的旧墟石室嘎仙洞是一个天然山洞，可容纳2000人左右。“大鲜卑山”时期，拓跋鲜卑之所以采用洞穴居模式，主要是由当时的经济生活，以及地域、气候等自然生态环境的条件决定的。这里每到夏天蚊虫肆虐，禽兽繁多；冬季气候极为寒冷漫长，拓跋鲜卑先人当时生产力水平极为低下，抗御自然的能力又较弱，而选择位于半山腰的洞穴这样的场所居住，既可以躲避禽兽蚊虫的侵扰和自然灾害的威胁，又可以避免深冬的严寒气候给拓跋人生存带来的危害，是聪敏智慧的选择。

巢居也比较古老，是为了适应严寒多雪的气候特点和多山密林的自然地理条件而出现的，也是为适应游猎生产而产生的“构木为巢”的居住模式。大兴安岭北段地处寒温带，冬季天寒地冻，山中多有积雪。拓跋鲜卑追逐猎获到哪里就在哪里就地取材，用兽皮、树干、树皮、树枝搭建圆锥形帐篷，冬天用兽皮遮盖以御寒，夏季则用桦树皮围缮遮蔽风雨。“文献记载表明，北魏至隋，室韦人随季节变换而采取不同的居住形式：夏日‘巢居’冬季‘穴居’……钵室韦夏季用桦皮盖屋。”[①] 在呼伦贝尔的室韦人等古代林中百姓生活的大致情形是“寝则屈（木）为屋，以

---

① 张久和：《原蒙古人的历史——室韦—达怛研究》，第89—90页。

籧篨覆上，移则载行。以猪皮为席，编木为藉”[①]。考察拓跋鲜卑在大兴安岭北部森林地带游猎时期的居址文化，还可以参照其后与拓跋鲜卑在同一生态环境中生活的古代民族室韦，以及当代鄂伦春、鄂温克民族的居住习俗。

中华人民共和国成立后，生活在大兴安岭北段的狩猎民族敖鲁古雅使鹿鄂温克族、鄂伦春自治旗的鄂伦春族，仍旧用桦树皮或兽皮搭成尖顶圆锥形帐篷居住，以木为支架，四周和上面围盖毡布、树皮、兽皮，被称为“撮罗子”（意为尖或尖顶）、“仙（斜）人柱”（意为木杆屋）[②]。

从文献对钵室韦的记述，以及中华人民共和国成立后生活在大兴安岭林区的鄂伦春、鄂温克民族居住习惯上考察，拓跋鲜卑在“大鲜卑山”时期存在过巢居的居住方式的结论可以成立。

“大泽”时期，拓跋鲜卑居住方式转变为坑穴居、穹庐居。为适应新的生态环境的物质生活，衣食住行等物质文化也自然地随之改变。迁徙到呼伦贝尔草原的拓跋鲜卑已进入以畜牧业为主，狩猎业为辅的游牧经济阶段。经济结构的转变是拓跋鲜卑经济的自身发展和地域变迁以及邻近游牧民族如匈奴、高车等影响的结果。与经济结构、生产生活方式、地域变迁等转变过程相始终，拓跋鲜卑人的居住文化也由洞穴居、巢居过渡到坑穴居、穹庐居。

坑穴居是一种适应性的居住形式。在环境适宜的地区，穴居依然是氏族部落主要的居住方式，只不过人工洞穴取代了天然洞穴，更加适合人类的活动。室韦人在隋代以前，冬季“穴居”[③]，大概是利用小土丘一类地形，从背风一侧开挖洞穴，穴口向上，洞顶用木棍之类支架，架梯

---

① 《隋书》卷84《室韦传》，第1882页。

② 撮罗子，又称仙（斜）人柱，是鄂伦春、鄂温克、赫哲等东北狩猎民族的一种圆锥形“房子”。就是在地势较高、阳光能照射到而且水和柴草就近可取的平坦之处“用木杆搭起的尖顶屋”，外面用桦树皮、草帘子和犴、狍等兽皮覆盖，做成围子以遮风挡雨。现在的鄂伦春族、鄂温克族响应国家号召，已经不以游猎为生，实现了定居。撮罗子建筑仍然保留着，但功能仅限于用于在里面制作列巴和旅游观光。

③ 用挖坑的方法搭建居住地。包括地穴和半地穴。地穴是指人们模仿天然地洞来挖坑、搭棚；半地穴指人们挖的坑很浅，房屋搭出了地面。

子出入，人居地下，以避寒气。此外，史书还记载乌洛侯“民冬则穿地为室”、北室韦“冬则入山，居土穴中”、深末怛室韦“冬月穴居，以避太阴之气”①。“穴居”习俗是与人类所居地区气候寒冷、抗御自然能力低下有关。1990年，内蒙古考古工作者在位于额尔古纳河下游东岸奇乾乡一带发现了3处半地穴式群落居住址的遗迹。3处遗址均为近圆形坑穴，背山面坡，临水朝阳。大致呈东西排列，分布密集，排列有序。坑穴数量分别为53、56、58个②。“结合文献记载的室韦人冬季穴居的特点，三处遗址属于室韦人的可能性较大。从而证明室韦人的穴居是半地穴式建筑。”③曾经生活于该地区的室韦人祖先——拓跋鲜卑人，亦理应采用过这种居住方式。

穹庐居的居住方式与游牧经济有着直接的关系。在呼伦贝尔草原，拓跋鲜卑应居于毡帐④之中。随着拓跋鲜卑生存空间迁移到呼伦贝尔草原，游牧经济出现，生态环境的变化，适用于林木中百姓生活的用桦树皮和兽皮搭建的圆锥形帐篷已经不再普遍存在，拓跋鲜卑的住所被类似蒙古包的半圆形毡帐取代。

毡帐的制作，是在木质的骨架上围盖毛毡，下方呈圆柱形，这类构造可以更好地防御草原上的强风，不怕风吹雨打。毛毡利于防寒防潮，可随季节冷暖而增减，冬暖夏凉，适合于经常转场放牧民族居住和使用。

穹庐居是游牧民族典型的传统居住方式，毡帐也成为中原地区计算北方游牧族人口的单位。与鲜卑有相同习俗⑤的乌桓人，“俗善骑射，随水草放牧，居无常处，以穹庐为宅”⑥。北魏时期，拓跋鲜卑仍旧保留着居住帐毡的习俗。太和十六年（492），南齐使节出使北魏，看到拓跋鲜卑的穹庐居室（汉人称为“百子帐”），“以绳相交络，纽木枝枨，覆以青

① 《魏书》卷100《乌洛侯传》，第2224页；《隋书》卷84《室韦传》，第1883页。

② 内蒙古文物考古研究所、呼伦贝尔盟文物管理站、额尔古纳右旗文物管理所：《额尔古纳右旗奇乾乡文物普查简报》，《内蒙古文物考古文集》（第一辑），第601—604页。

③ 张久和：《原蒙古人的历史——室韦—达怛研究》，第91页。

④ 毡帐又叫“穹庐”“毪包”等，蒙古族传统的民居方式，类似今天的蒙古包。

⑤ 《后汉书》卷90《乌桓鲜卑列传》，“鲜卑……习俗与乌桓同”，第2985页。

⑥ 《三国志》卷30《乌丸鲜卑东夷传》裴松之注引王沈《魏书》，第832页。

缯，形制平圆，下容百人坐”[①]。

总之，呼伦贝尔时期拓跋鲜卑的居住方式，除嘎仙洞遗存考古发现作为早期拓跋鲜卑洞穴居的佐证外，其他巢居、坑穴居、穹庐居至今没有文献资料和考古成果发现提供依据[②]。但我们可以断定，依据山川形势、地理特点、气候条件、林木植被等因素，拓跋鲜卑在大兴安岭森林地带游猎时期和呼伦贝尔草原游牧时期的居住方式不会与古代民族室韦、乌洛侯，与当代生活在大兴安岭地区的鄂伦春、鄂温克民族的居住模式有多大区别，必然也同样经历了洞穴居、巢居、坑穴居和穹庐居等居住方式的发展变换。

“匈奴故地”“盛乐”时期，拓跋鲜卑的居住方式包括定居的房屋居和不定居的穹庐居。

拓跋鲜卑南下至临近农耕为主的地区后，渐有房屋居这种定居的居住形式。这定与吸纳了中原汉族人口，经济方式发生转变，以及有了稳定的政治统治有关。定居生活大约开始于猗卢时代。这种定居，既有利用原来的城址而居的情况，如对盛乐故城的利用；也有建筑新城的尝试，如对东木根山城的修建。拓跋鲜卑分为三部时，西部猗卢居于盛乐故城。猗卢统一拓跋三部后，在盛乐、平城和黄瓜堆（今山西省大同市南百里[③]）等地修筑城池。贺傉在东木根山筑城为都。什翼犍定都于盛乐[④]。

城内房屋居虽然出现，穹庐居这种游牧民族传统的居住方式仍然受迁徙到阴山、河套地区拓跋鲜卑人的喜爱。拓跋鲜卑贵族主要居于城市中，而从事畜牧业生产活动的牧人仍以穹庐居为主。直至迁都平城之后，穹庐居的形式依然大量存在。反映5世纪前半叶拓跋鲜卑文化习俗的大同沙岭北魏壁画墓M7壁画中，绘制有顶部天窗可以由绳索控制开启和闭合的毡帐[⑤]。

---

① 《南齐书》卷57《魏虏传》，第991页。

② 千百年以来的风雨灾变，事实上是不可能留下真正的巢居、毡帐居实物痕迹的，考古也无法考察到其原貌。

③ 1里=500米。

④ 《魏书》卷1《序纪》，第3—12页。

⑤ 大同市考古研究所：《山西大同沙岭北魏壁画墓发掘简报》，《文物》2006年第10期。

依据历史文献记载，拓跋鲜卑人北魏时期使用毡帐的方式一直持续到王朝灭亡。拓跋鲜卑军队在行营中常设毡帐野宿。太武帝拓跋焘对外征伐时，多次“立毡屋”①；太和十九年（495），孝文帝南征，“军中有黑毡行殿，容二十人坐”②；太和二十二年（498），孝文帝拓跋宏征樊城，在离城数里之地“立营顿，设毡屋”③。永熙三年（534），北魏末帝孝武帝元修被高欢迎入毡帐中，逼迫退位④。

第二节　婚俗、葬俗

拓跋鲜卑的婚姻生活普遍遵行族外婚制，即婚姻对象为本氏族或部族以外的氏族或部族成员；为了达到某种政治目的，也会与周边政权发生联系而出现政治联姻。拓跋鲜卑葬俗，文献中没有直接记载，依靠考古发现的拓跋鲜卑墓葬资料，可以大致了解其丧葬习俗。

一、婚俗

早期拓跋鲜卑的婚姻已经发展到族外婚制。拓跋邻时已经明确规定统治阶层内部不得相互通婚。“凡与帝室为十姓，百世不通婚。”⑤每年的婚配在农历二月进行，即举行部族的集体约会，在集会中自由择伴聚在一起彼此相会而婚配。这种习俗直到北魏迁洛之后仍有遗留。太和二十年（496）孝文帝下诏“夫妇之道，生民所先，仲春奔会，礼有达式，男女失时者以礼会之”⑥，正始元年（504）宣武帝下诏“男女怨旷，务令媾会”⑦，正光二年（521）孝明帝下诏“男女怨旷，务令会偶”⑧。拓跋鲜卑

① 《资治通鉴》卷125《宋纪》文帝元嘉二十七年，“魏主至彭城，立毡屋于戏马台以望城中”，第3955页；“魏主凿瓜步山为蟠道，于其上设毡屋”，第3960页。

② 《南齐书》卷57《魏虏传》，第994页。

③ 《南齐书》卷30《曹虎传》，第563页。

④ 《北史》卷5《魏本纪》，“欢遣四百骑奉迎帝入毡帐”，第170页。

⑤ 《魏书》卷113《官氏志九》，第3006页。

⑥ 《魏书》卷7下《高祖纪》，第180页。

⑦ 《魏书》卷8《世宗纪》，第197页。

⑧ 《魏书》卷9《肃宗纪》，第232页。

的族外婚制，形成了相对固定的通婚部族，如拓跋部与贺兰部、独孤部为通婚集团。拓跋部与慕容部亦世为婚姻。拓跋部与高车、柔然、赫连等临近的北方部族也都有通婚。

为保证本部族人口数量，古代北方少数民族有“妻后母、报寡嫂、寡妇再嫁”的婚姻习俗。即指父亲死后，儿子可娶后母为妻；兄长死后，其弟可娶寡嫂为妻。拓跋鲜卑早期婚姻中也有收继婚的存在。周一良考证，什翼犍在其子献明帝死后，收其子妇为妻，北魏崔浩的国史案可能与直书鲜卑故事有关[①]。

二、葬俗

大鲜卑山时期拓跋鲜卑的丧葬，实行的应该是树葬、天葬等葬式。室韦人北朝时“父母死……尸则置于林树之上”[②]，近代鄂伦春、鄂温克族等林木中人也曾采用树葬的丧葬形式。

呼伦贝尔境内的考古发现为大泽时期拓跋鲜卑的土葬习俗提供了证明。拓跋鲜卑人进入呼伦贝尔草原，其葬俗当有所变化。除树葬、天葬外，土葬已成为其主要的葬式。拓跋鲜卑迁徙途中，在呼伦贝尔市留下了大量墓葬文化遗存。20世纪后半叶至今相继发现的扎赉诺尔墓群、拉布达林墓群、伊敏河墓群、满洲里市蘑菇山古墓群等都反映了拓跋鲜卑的丧葬文化特征。

拓跋鲜卑的墓葬形制和葬式为土坑竖穴墓，扎赉诺尔等呼伦贝尔地区鲜卑古墓群多是竖井土圹内放桦木棺，木棺采用没有去掉树皮的桦树木板制成，分有盖无底和有盖有底两种情况，多为单人葬。墓穴和棺的形制前宽后窄[③]。亦有无棺情形。死者仰身直肢，头向多为偏西北。殉牲多以牛、马、羊头骨或蹄骨殉葬。除完工墓群有殉葬完整马匹的习俗[④]，

---

① 陶玉坤：《北方游牧民族历史文化研究》，第201—203页。

② 《魏书》卷100《失韦传》，第2221页。

③ 呼和浩特美岱村大约是拓跋珪建国前后不久的遗迹，木棺还保留了头宽脚窄的形制。早期拓跋鲜卑的这种棺式，成了整个北方民族的习俗。

④ 孙危《内蒙古地区鲜卑墓葬的初步研究》认为，完工墓葬有诸多与呼伦贝尔其他各墓葬不一致的地方，“应属与拓跋鲜卑文化有联系的遗存，并受其他文化的影响”。《内蒙古文物考古》2001年第1期。

其他各处呼伦贝尔墓葬群中没有出现整体殉牲的情况。牛头或马头大多在棺木外东、西两侧埋葬，也有随葬羊距骨的。殉葬牛、马、羊，这是拓跋鲜卑草原游牧时期畜牧业发展反映在葬俗上的一个重要特征。墓中有装饰品、生产生活工具、武器等种类繁多的随葬品。发掘出土的铜饰件，应是挂在死者身上的装饰。有的死者颈上套有用琥珀、绿松石、玻璃、水晶、贝壳等制成的小球。有的墓主人手内握玉石片；身侧放铜鍑、陶壶、陶罐。陶罐上有覆盖桦树皮圆牌的情况。大多随葬铁镞、骨镞、骨矛，以及桦树皮弓袋、箭囊等武器。在呼伦贝尔各墓葬中，桦皮器数量较多。这些随葬品有可能是死者生前所用，死后一同与死者下葬。《宋书·索虏传》对拓跋鲜卑临近进入中原时的葬俗有这样的记载："死则潜埋，无坟垄处所，至于葬送，皆虚设棺柩，立冢椁，生时车马器用皆烧之以送亡者。"[①] 拓跋鲜卑保留着生时用物皆烧以送亡者的丧葬习俗。

前文已述，拓跋鲜卑南迁匈奴故地过程中的墓葬有内蒙古自治区赤峰市巴林左旗南杨家营子、乌兰察布市察右后旗三道湾和商都东大井等。这些墓葬结构和随葬品所包含的文化因素等内容都与呼伦贝尔地区早期拓跋鲜卑葬俗有明显的继承关系，墓葬结构多为竖穴土坑，木棺及墓穴呈前宽后窄的长梯形状。葬式多为仰身直肢葬，墓葬多为单人葬。随葬有动物骨骼和铜器、铁器、金器、骨器、陶器、桦树皮器等。但与呼伦贝尔地区墓葬也有所不同，存在着一些自身的特点，这与拓跋鲜卑南迁后同中原汉文化地区接近，同时又融合了其他北方游牧民族文化因素有关。

早期拓跋鲜卑的文化习俗，各阶段都有不同的特征，经历了形成和发展变化的历史过程。除了受经济条件制约以外，社会形态、地理环境、气候和其他民族的影响等也是制约拓跋鲜卑文化习俗形成变化的因素。早期拓跋鲜卑文化习俗及其演变正是拓跋鲜卑社会进步、经济发展的具体表现。

第三节　宗 教 信 仰

萨满教在中国古代北方各民族的信仰中占据非常重要的地位。作为

---

① 《宋书》卷95《索虏传》，第2322页。

古代北方少数民族之一的拓跋鲜卑，也长期信仰这种原始宗教。拓跋鲜卑的萨满教信仰主要包括图腾崇拜、天神崇拜和祖先崇拜。

一、拓跋鲜卑信仰萨满教

早期拓跋鲜卑长期过着狩猎、捕鱼、采集和游牧的生活。在与大自然进行艰苦斗争的过程中，对自然界既依赖又恐惧，从而形成了“万物有灵”的宗教观念，一种沟通神人之间的巫师——萨满便应运而生。萨满的职责是代表人类向神灵祈福、禳灾、祛病，成为人神之间的媒介。萨满教以万物有灵观念为基础，宣扬灵魂主宰世界。万物有灵的信仰和对自然、图腾、天神、祖先的崇拜，都囊括在它的宗教活动之中。这种宗教信仰曾长期影响着早期拓跋鲜卑的经济、政治、社会思想及风俗习惯等社会生活的各方面。直到现代，蒙古族、鄂伦春族、鄂温克族、达斡尔族、赫哲族、锡伯族等民族的民俗生活中，还不同程度上保留着萨满信仰活动①。

各时期拓跋鲜卑墓葬中出土的鹿纹牌饰、串珠，有可能是萨满的饰牌和腰铃。萨满神器的腰铃为萨满专用，一般族众受严格禁忌限制不能接触腰铃，从而强化萨满的特权和神圣。民族学材料显示，鄂伦春族萨满作法时，法衣上的铜镜挂珠相互撞击，伴随低沉急促的曲调和节奏，气氛紧张神秘。考古学者根据现代萨满教的特征推断，古代墓葬中佩戴在人身上的铜铃都应是萨满的神器法具②。呼伦贝尔鲜卑墓葬中，位于死者腰部或偏下部位的动物纹牌饰以及玻璃珠、石珠、五铢钱等随葬品，或许正是萨满墓主人缀在身上的饰物。拉布达林 1992 年发掘的墓葬中出土了一件铜铃，纽孔处残留了一段皮结，说明是缝缀在其他物品上的。值得注意的是，这座墓葬是整个墓地中规模最大的，同时也是随葬品最丰富的。另外，本区仅发现的 5 枚“大泉五十”铜钱也出于此墓。在这里发现的几枚“大泉五十”一定不具备货币功能，很有可能是缀挂装饰之用，与铜铃的作用相同。这座墓葬会不会是一座萨满墓葬？拓跋鲜卑是一个信仰萨满的民族，萨满在族群中备受尊重，死后会享受比一般人更高的待

① 色音：《中国萨满教现状与发展态势》，《西北民族研究》2015 年第 1 期。

② 冯恩学：《考古所见萨满之腰铃与饰牌》，《北方文物》1998 年第 2 期。

遇[1]。如果这个推论成立，在南杨家营子、三道湾、东大井等拓跋鲜卑墓葬中，也均有五铢钱、珠饰随葬品出土的情况，当为我们研究拓跋鲜卑的宗教信仰提供了考古学支撑。

响器是萨满请神祭祀必需的工具，其中最主要的是鼓和腰铃。在内蒙古自治区呼伦贝尔根河市起伏绵延的林海松波之中发现的阿娘尼岩画上，有萨满教巫师的重要法器萨满鼓的图案。鼓的图案呈椭圆形，并且在椭圆中加进一个“十”字形符号。在椭圆或者圆圈中加“十”，是某些民族对萨满鼓的传统艺术表现手法[2]。“十”字在萨满教中是通四方含义的表达，表示萨满是能够通达四方天地的神灵。

北魏建立后，朝廷常年举行萨满教祭祀仪式。天赐二年（405）夏四月，拓跋珪于西郊举行一次极其隆重的祭天仪式，不仅“帝御大驾，百官及宾国诸部大人毕从至郊所”，还有“后率六宫”也一并随同出席，这在汉族祭祀礼仪上是不允许的。仪式由女巫主持。女巫手持响鼓，站立于皇帝东侧。升祭坛，摇响鼓，指挥皇帝、皇后及文武百官进行拜祭，并且要祭拜七次。这是典型的萨满教祭祀仪式。这以后，每年举行一次类似规模和程序的祭祀[3]。

二、拓跋鲜卑萨满教信仰的表现形式

对历史文献记载和拓跋鲜卑考古成果的研究表明，早期拓跋鲜卑原始宗教存在图腾崇拜、天神崇拜和祖先崇拜。这三种崇拜是拓跋鲜卑萨满教信仰的主要表现形式。

（一）拓跋鲜卑的图腾崇拜

图腾崇拜是早期拓跋鲜卑原始的宗教形式之一。在长期的狩猎生活中，他们逐渐把某些动物从一般动物中分离出来，相信这些动物与他们的亲族集团有关。驯鹿以其特有的功能和用途，成为拓跋鲜卑生产生

---

① 吴松岩:《鲜卑起源、发展的考古学研究》，第 54 页。

② 赵振才:《大兴安岭原始森林里的岩画古迹》,《北方文物》1987 年第 4 期。

③《魏书》卷 108《礼志一》，“女巫执鼓，立于陛之东……女巫升坛，摇鼓。帝拜，后肃拜，百官内外尽拜。祀讫，复拜。拜讫，乃杀牲……复拜，如此者七……自是之后，岁一祭”。第 2736 页。

活中不可缺少的伴侣，为早期拓跋鲜卑成功迁徙做出突出贡献，因而被拓跋鲜卑奉为神兽。“神兽”驯鹿是拓跋鲜卑人崇拜的图腾之一。迁徙到呼伦湖周边地区后，天鹅或许成为拓跋鲜卑的又一个图腾，并加以崇拜。

1. 历史文献《魏书·序纪》有引路者“神兽”的记载

在早期拓跋鲜卑自大泽南迁的过程中，“山谷高深，九难八阻，于是欲止”。得益于“神兽……先行导引”，拓跋鲜卑才摆脱困境走出高山密林的险恶地带，最终到达匈奴故地[①]，并进一步发展壮大。这个“先行导引”的神兽显然是“宣、献二帝”和圣武皇帝诘汾作为王者兼巫者（萨满）沟通天地的使者、助手，具有神格，是神兽[②]。目前学界普遍认为，文献中记载的“神兽”即为驯鹿。

驯鹿是分布于欧、亚、北美三洲北极圈附近的鹿类动物。在中国仅生存于大兴安岭西北部，这里苔原地区的苔藓是驯鹿的食料。因驯鹿角有数歧像鹿，蹄分两瓣似牛，身长色灰似驴，头则似鹿非鹿，似牛非牛，故俗名亦称“四不像”。驯鹿宽大而尖锐的蹄瓣适于在雪地上行走，攀登山林，也可以负重乘骑。另外，驯鹿全身皆是宝，它的肉可食，奶可喝，毛皮可以制作衣、裤，鹿茸还是珍贵的药材。驯鹿对于狩猎生产具有重要意义，它解决了游猎中生产、生活资料以及猎获物的驮运问题[③]。人类驯养驯鹿已有千余年历史。当代鄂伦春族、鄂温克族仍驯养、崇拜驯鹿。直到 20 世纪 50 年代，世居大兴安岭北段的鄂伦春族、鄂温克族走出森林之前，一直将驯鹿作为林区居民主要的生产和交通运输工具。同时，驯鹿还被他们作为萨满宗教信仰的重要手段，当作与天地沟通重要的媒介。鄂温克族萨满文化中黑白双鹿象征萨满的坐骑，成为萨满沟通天地的工具。在鄂伦春族的神话中，“鹿角通天”，鹿角成为连接幽冥与天界的阶梯[④]。时至今日，只有鄂温克族的一支——使鹿鄂温克部仍然在饲养

---

① 《魏书》卷 1《序纪》，“献帝命南移，山谷高深，九难八阻，于是欲止。有神兽，其形似马，其声类牛，先行导引，历年乃出。始居匈奴之故地”。第 2 页。

② 张碧波：《鲜卑文化渊源考略》，《黑龙江社会科学》1998 年第 3 期。

③ 《鄂伦春族简史》编写组：《鄂伦春族简史》，第 36 页。

④ 庄鸿雁：《鲜卑萨满文化三论》，《学术交流》2012 年第 9 期。

驯鹿。驯鹿已经到了濒危的程度，据不完全统计，总共仅存 1200 余头。目前驯鹿的功能也发生了彻底改变，主要用于到呼伦贝尔草原旅游观光的游客观赏。

早期拓跋鲜卑游猎于大兴安岭北部地区，驯鹿自然就与拓跋鲜卑生活息息相关、密不可分，是早期拓跋鲜卑人生产、生活中不可或缺的一部分。

2. 驯鹿岩画是早期拓跋鲜卑图腾崇拜的又一证据

考古学家在大兴安岭地区发现了许多鹿形岩画。1974 年 9 月和 1975 年 9 月，学者在大兴安岭原始森林猎场的悬崖上，发现了两处人类牵引和驯化驯鹿形象的岩画。其中，交唠呵道岩画上的人形与鄂温克人制作的人形偶的样子相一致。这两处岩画当是古代生活在这里的某些部落以及后来鄂温克族的艺术杰作。岩画所反映的社会生活和文化特征，当与鄂温克族等生活在这里的民族以及他们的祖先有关。2011 年，在呼中林业局辖区内的一处悬崖半山腰石壁上的鹿形岩画被发现。这幅鹿岩画呈铁锈红色，长约 20 厘米，鹿头昂起，鹿尾摇摆。此外，在俄罗斯境内阿穆尔河上游的阿穆河沿岸、额尔古纳河与石勒喀河交汇地带也有大量的各种鹿形岩画。考古学者测定，这些岩画产生的年代至少在新石器时代。这些被发现的岩画或可证明，早在新石器时代，饲养驯鹿就已经成为早期拓跋鲜卑人或其先世生活的一部分。这些“早于史料记载的大兴安岭岩画无疑为起源于黑龙江流域的鲜卑等民族找到了文化的渊源和母题”①。

3. 鹿纹牌饰、双禽绞颈牌饰的出土，反映了早期拓跋鲜卑将鹿、天鹅作为图腾加以崇拜的情况

早期拓跋鲜卑墓葬中，出土了许多鹿纹牌饰。例如，在扎赉诺尔鲜卑墓葬中，1959 年发掘出土 4 枚鹿纹铜牌饰，1984 年出土 1 枚三鹿纹金牌饰，1986 年出土 1 枚三鹿纹铜牌饰（图九、图一〇）。扎赉诺尔即拓跋鲜卑第一次南迁目的地“大泽”所在区域。此外，在拓跋鲜卑迁徙途中的林西县苏泗汰墓葬出土了长方形镂空鹿纹金牌饰、二连浩特盐池墓

① 庄鸿雁：《大兴安岭岩画与鲜卑文化渊源考论》，《东北史地》2013 年第 5 期。

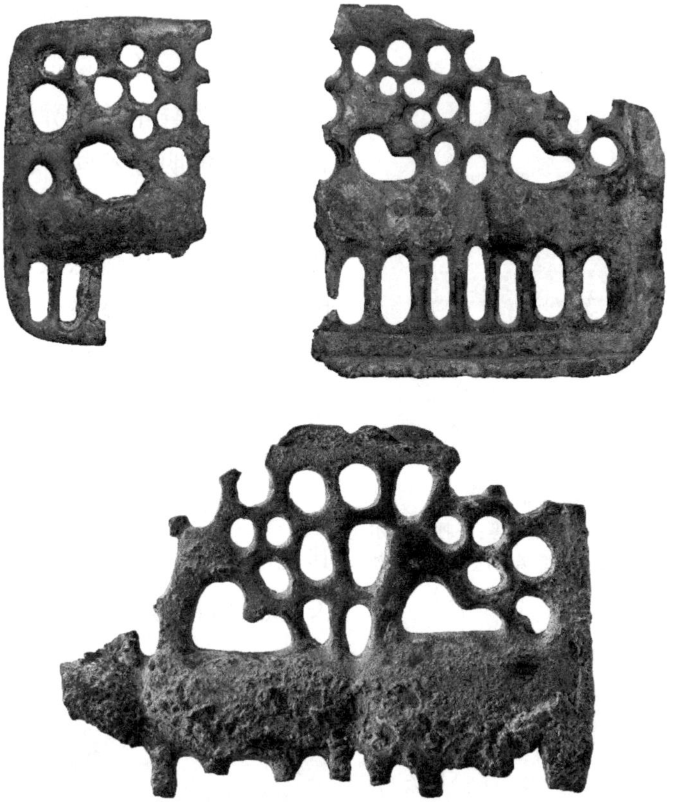

图九　内蒙古扎赉诺尔古墓群出土鹿纹铜牌饰
（中国社会科学院考古研究所等：《呼伦贝尔民族文物考古大系·扎赉诺尔区卷》，文物出版社，2014年，第143页）

葬出土了16件长方形模铸奔鹿牌饰，这些牌饰正是当时拓跋鲜卑人心目中“神兽”的形象①。大量鹿纹牌饰的出土，反映了早期拓跋鲜卑将鹿作为图腾加以崇拜的情况。2011年，由中国社会科学院考古研究所内蒙古工作队等单位发掘了满洲里市蘑菇山墓地，共发掘古墓葬7座，出土各类随葬品90件。2件牌饰中，1件为铜双禽绞颈牌饰，呈长方形。镂空透雕铸造出两只天鹅在绞颈嬉戏，局部表现出天鹅在水中浮游状态和羽

① 郑隆：《内蒙古扎赉诺尔古墓群调查记》，《文物》1961年第9期；王成：《扎赉诺尔圈河古墓清理简报》，《北方文物》1987年第3期；林西县文物管理所：《林西县苏泗汰鲜卑墓葬》，《内蒙古文物考古文集》（第二辑），第461、462页；宁培杰、魏坚：《二连浩特市盐池墓葬》，《内蒙古地区鲜卑墓葬的发现与研究》，第106—111页。

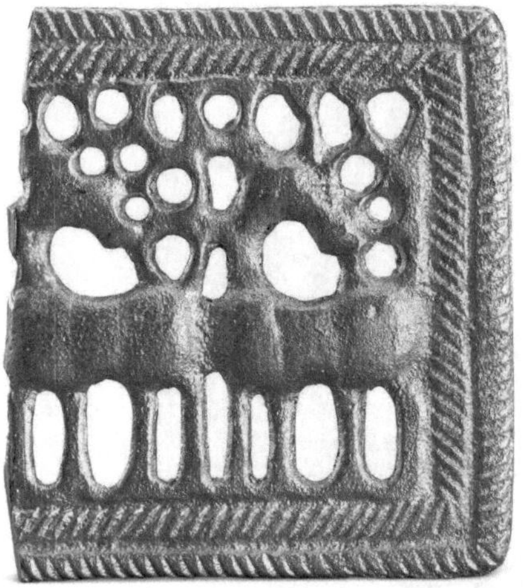

图一〇　鹿纹金牌饰

（中国社会科学院考古研究所等：《呼伦贝尔民族文物考古大系·扎赉诺尔区卷》，文物出版社，2014 年，第 144 页）

翼的质感。蘑菇山墓地大约是拓跋鲜卑南迁大泽的后期遗存，属于东汉时期拓跋鲜卑的墓葬遗存。铜双禽绞颈牌饰明显不同于出土于拉布达林和扎赉诺尔墓地的三鹿纹牌饰，其所反映的文化信息表明，此时的拓跋鲜卑似乎已经淡化了对森林中具有代表性动物“鹿”形象的崇拜，而对湖泊中具有代表性飞禽类中的天鹅加以崇拜[①]（图一一）。

至于早期拓跋鲜卑人是否还有其他图腾崇拜，由于史料记载及相关信息材料的缺乏，尚不得而知。

图一一　满洲里市蘑菇山墓地出土铜双禽绞颈饰牌（M5：4）

（中国社会科学院考古研究所等：《呼伦贝尔民族文物考古大系·扎赉诺尔区卷》，文物出版社，2014 年，第 169 页）

（二）拓跋鲜卑的天神崇拜和祖先崇拜

早期拓跋鲜卑处于原始多神崇拜时期，天神及祖先崇拜交织在一起，

① 中国社会科学院考古研究所内蒙古工作队、呼伦贝尔民族博物院、满洲里市文物管理所、扎赉诺尔区文物管理所：《满洲里市蘑菇山墓地发掘报告》，《草原文物》2014 年第 2 期。

形成了本民族独特的宗教信仰和祭祀方式[①]。

1. 祭天

早期拓跋鲜卑生产力水平低下，无力改变自然，对自然的恐惧和依赖就表现为对天、天神的崇拜，把天作为万物的主宰，信仰天命。天神崇拜是拓跋鲜卑重要的原始宗教信仰之一，通过祭天的形式表达对天的敬畏和崇拜之心。“大兴安岭岩画中大量出现的十字纹符号无疑是太阳神的象征……与太阳崇拜、天崇拜有关。”[②]天神崇拜这种信仰就通过祭天的形式表现出来。始祖神元皇帝力微，“迁于定襄之盛乐。夏四月，祭天，诸部君长皆来助祭，唯白部大人观望不至，于是征而戮之，远近肃然，莫不震慑”[③]。此时，祭天仪式在部落联盟中已经是一件极其重要的大事，象征着权力，不能违背。拓跋鲜卑建立北魏王朝后，仍行本族的祭天之礼，在都城的西郊举行。《魏书》多次留下了西郊祭天的记载，从中可以观察到拓跋鲜卑祭天的形制与规模。太祖拓跋珪登国元年（386）“即代王位于牛川，西向设祭，告天成礼”；天兴元年（398）“定都平城，即皇帝位，立坛兆告祭天地”[④]；天赐二年（405）夏四月，“复祀天于西郊，为方坛一，置木主七于上……牲用白犊、黄驹、白羊各一”[⑤]。拓跋焘派遣中书侍郎李敞到祖宗生活的石室，“用骏足、一元大武敢昭告于皇天之灵”[⑥]。高祖拓跋宏曾于太和十年（486）四月“初以法服御辇，祀于西郊”[⑦]等。通过以上记载可知，西郊祭天，筑坛而祭，有设置木偶神像和杀牲祭祀等活动。拓跋鲜卑的传统祭天习俗成为北魏国家的重要祭典活动。

2. 祭祖先

历史文献中，不见反映早期拓跋鲜卑祭祀祖先的材料，但鄂伦春族

---

① 黄云鹤：《从〈魏书·礼志〉第一卷看拓拔鲜卑祭祀的汉化》，《古籍整理研究学刊》2002 年第 2 期。

② 庄鸿雁：《大兴安岭岩画与鲜卑文化渊源考论》，《东北史地》2013 年第 5 期。

③ 《魏书》卷 1《序纪》，第 3 页。

④ 《魏书》卷 108《礼志一》，第 2734 页。

⑤ 《魏书》卷 108《礼志一》，第 2736 页。

⑥ 《魏书》卷 108《礼志一》，第 2738 页。

⑦ 《魏书》卷 108《礼志一》，第 2741 页。

崇拜的各种神灵偶像，大都为人形，有用松木刻塑的、野草绑扎的、狍皮缝制的、马尾编绣的，也有直接绘制在兽皮和纸上的，多种多样。在拉布达林墓地发现的桦树皮人形饰与鄂伦春族所供奉的神像极为相似，这应该是早期拓跋鲜卑祖先崇拜的表现形式[①]。北魏建立后，随着社会的发展，社会组织的完善以及汉文化的影响，拓跋鲜卑的世系观念进一步增强，对祖先的崇拜日益加深，表现为祭祖活动的广泛开展。拓跋珪天兴二年（399）春，“初祠上帝于南郊，以始祖神元皇帝配，降坛视燎，成礼而反”[②]，“冬十月，太庙成，迁神元、平文、昭成、献明皇帝神主于太庙”[③]。此后，这种祭祖活动变得更加频繁[④]。

祭祀是天神崇拜和祖先崇拜主要表现途径之一。祭祀主要是对鬼神和祖先的祭奠，是信仰的仪式化，也是信仰者与神灵联系的一种方式和手段。有什么样的信仰就有什么样的祭祀。

---

① 吴松岩：《鲜卑起源、发展的考古学研究》，第54页。

② 《魏书》卷2《太祖纪》，第34页。

③ 《魏书》卷2《太祖纪》，第36页。

④ 《魏书》卷108《礼志一》，元帝神瑞元年（414）“于白登西，太祖旧游之处，立昭成、献明、太祖庙，常以九月、十月之交，帝亲祭，牲用马、牛、羊，及亲行貙刘之礼。别置天神等二十三于庙左右，其神大者以马，小者以羊”。第2736、2737页。

第七章　呼伦贝尔地区拓跋鲜卑遗存考古发现与研究

鲜卑是历史上活动在我国北方地区的一支重要少数民族，所到之处留下了众多的考古遗存，早期的鲜卑遗存特征鲜明，地域集中，主要分布在呼伦贝尔地区、辽西地区、内蒙古中西部地区。呼伦贝尔地区是拓跋鲜卑起源、发展之地，故在此地留下了大量的鲜卑遗存，由于目前尚未发现有鲜卑本民族的文字流传，加之与中原地区相距较远，这些遗存在鲜卑早期历史研究中发挥着独特作用。

通过对呼伦贝尔地区已发现并经过正式发掘的遗存进行研究，鲜卑遗存主要有满洲里市扎赉诺尔圈河墓地、蘑菇山墓地，陈巴尔虎旗完工墓地、东乌珠尔墓地，鄂温克族自治旗伊敏车站墓地、孟根楚鲁墓地、二道沟墓地，额尔古纳市拉布达林墓地、七卡墓地，新巴尔虎旗伊和乌拉墓地，海拉尔区团结墓地，鄂伦春自治旗嘎仙洞遗址等。

第一节　呼伦贝尔拓跋鲜卑考古历程

呼伦贝尔拓跋鲜卑考古历程主要可以分为嘎仙洞发现以前（1949—1980）、嘎仙洞发现以后（1980—2012）和国家社科基金重大委托项目蒙古族源与元朝帝陵综合研究实施以来（2012 至今）三个阶段。嘎仙洞发现以前，有关呼伦贝尔地区的拓跋鲜卑历史，史籍记载十分有限，大量资料依赖考古调查和发掘工作。这一阶段的考古工作主要有 1959 年发现的扎赉诺尔圈河古墓地，该墓地于 1959、1960、1984、1986 和 1994 年先后进行了五次发掘，共清理墓葬 52 座。其中，1959、1960 年发掘的墓葬，疑似为拓跋鲜卑的遗迹，从而开启了对拓跋鲜卑遗迹的认定。郑隆先生在 1961 年提出扎赉诺尔古墓地的墓主应属于东汉末鲜卑族一支的认识[①]。1961、1963年，内蒙古文物工作队在陈巴尔虎旗完工镇抢救性清理发掘了6座墓葬。李作智通过对墓葬内出土遗物的分析，认为属不同时代的遗物，提出这批遗物有的应该是鲜卑民族固有，有的则是受到其他民族文化影响的认识，并通过与扎赉诺尔骨器和陶器的对比，判定其大致年代与扎赉诺尔相近或略早[②]。1978年，呼伦贝尔盟文物工作站在伊敏河流域进行考古调查时，发现了一些古墓葬，并于1979年对伊敏车站东南0.5千米处的4座墓葬进行了清理。1980年又发掘了两处墓葬，分别是孟根楚鲁孟北一号墓和孟根楚鲁白云乌拉墓地，其中白云乌拉墓地共清理了6座墓葬。发掘者从文化性质、年代、地望等方面进行分析，认为墓主是以畜牧业为主的游牧民族，所出遗物应与鲜卑族活动有关[③]。1980年7月30日，呼伦贝尔盟文物工作站的米文平先生在大兴安岭北段的嘎仙洞发现了北魏太平真君四年（443）石刻祝文，通过与《魏书》记载相印证，证明了大兴安岭即大鲜卑山，嘎仙洞即是拓跋鲜卑的"旧墟石室"，是拓跋鲜卑的发源之地。随后，米文平先生等人又在洞口和石刻壁下打了探沟和保护沟，发现了较为丰富的遗物，并测绘了全洞平面图，科学地记录了嘎仙洞的内部结构和遗迹分布情况，为研究拓跋鲜卑早期历史提供了重要考古学资料[④]。嘎仙洞的发现，使鲜卑文献与考古相结合的研究取得了飞跃性进步，对拓跋鲜卑起源及相关问题研究具有里程碑式意义。

嘎仙洞发现以后，1987年和1992年，内蒙古文物考古研究所和呼

---

① 郑隆：《内蒙古扎赉诺尔古墓地调查记》，《文物》1961年第9期；内蒙古文物工作队：《内蒙古扎赉诺尔古墓发掘简报》，《考古》1961年第12期；王成：《扎赉诺尔圈河古墓清理简报》，《北方文物》，1987年第3期；内蒙古文物考古研究所：《扎赉诺尔古墓地1986年清理发掘报告》，《内蒙古文物考古文集》（第一辑）；陈凤山、白劲松：《内蒙古扎赉诺尔鲜卑墓》，《内蒙古文物考古》1994年第2期。

② 潘行荣：《内蒙古陈巴尔虎旗完工索木发现古墓葬》，《考古》1962年第11期；内蒙古自治区文物工作队：《内蒙古陈巴尔虎旗完工古墓清理简报》，《考古》1965年第6期。

③ 程道宏：《伊敏河地区的鲜卑墓》，《内蒙古文物考古》1982年第2期。

④ 呼伦贝尔盟文物管理站：《鄂伦春自治旗嘎仙洞遗址1980年清理简报》，《内蒙古文物考古文集》（第二辑）。

伦贝尔盟文物站先后对拉布达林墓地进行了两次考古发掘，共清理墓葬 27 座，通过出土器物分析和 ^{14}C 年代测定，并与扎赉诺尔等墓地进行对比，认定其属东汉时期的鲜卑遗存 ①。1988 年，额尔古纳右旗文物管理所在进行文物普查时，发现了七卡墓地，并于同年和 1990 年先后清理了 5 座墓葬，发掘者根据葬式、器物组合及随葬品摆放位置，推断七卡墓地属鲜卑人遗存，并结合鲜卑人的迁徙路线和七卡出土器物和葬式较为落后等特点，判断七卡墓地的年代应该稍早于拉布达林等地的鲜卑墓 ②。1996 年 6 月,呼伦贝尔盟文物管理站对新巴尔虎左旗伊和乌拉墓地的两座墓葬进行了抢救性清理，根据葬式和出土器物，确认其应为鲜卑遗存 ③。1999 年 8 月,呼伦贝尔民族博物馆对二道沟墓地破坏较为严重的一座墓葬进行了抢救性清理发掘，出土陶器的质地、造型、纹饰等与呼伦贝尔地区鲜卑墓中陶器形制基本一致，故赵玉明推断二道沟墓地应属于鲜卑人遗存 ④。2001 年 8 月,呼伦贝尔民族博物馆和海拉尔区文物管理所等对团结墓地进行了抢救性考古发掘，共清理墓葬 7 座，其年代上限约当东汉中晚期,应为拓跋鲜卑走出大兴安岭南迁时留下的遗存 ⑤。2003 年，呼伦贝尔民族博物馆的工作人员对陈巴尔虎旗东乌珠尔墓地进行了抢救性考古发掘，共清理墓葬 8 座，该墓葬群是鲜卑南迁留下的重要遗存，为研究鲜卑南迁路线提供了一个重要的坐标 ⑥。

2012 年，国家社会科学基金重大委托项目“蒙古族源与元朝帝陵综合研究”（批准号 12@ZH014）在呼伦贝尔正式启动，标志着呼伦贝尔地

---

① 赵越:《内蒙古额右旗拉布达林发现鲜卑墓》,《考古》1990 年第 10 期；内蒙古文物考古研究所等:《额尔古纳右旗拉布达林鲜卑墓发掘简报》,《内蒙古文物考古文集》(第一辑)。

② 呼伦贝尔盟文物管理站等:《额尔古纳右旗七卡鲜卑墓清理简报》,《内蒙古文物考古文集》(第二辑)。

③ 呼伦贝尔盟文物管理站:《新巴尔虎左旗伊和乌拉鲜卑墓》,《内蒙古文物考古文集》(第二辑)。

④ 赵玉明:《鄂温克旗二道沟墓葬调查清理简报》,《呼伦贝尔文物》总第 5 期，2000 年。

⑤ 陈凤山、殷焕良、白劲松等:《呼伦贝尔市团结墓地》,《内蒙古地区鲜卑墓葬的发现与研究》。

⑥ 内蒙古自治区文物考古研究所:《呼伦贝尔文化遗产》，文物出版社，2014 年。

区拓跋鲜卑考古与历史研究进入新的阶段。同年7月，中国社会科学院考古研究所内蒙古第一工作队、呼伦贝尔民族博物院、满洲里市文物管理所和扎赉诺尔区文物管理所组成的联合考古队，在2011年发掘的7座墓葬的基础上，通过调查又发现了5座墓葬，并进行了抢救性清理。该墓地前后共清理墓葬12座，从出土器物种类及遗物背后反映的文化信息来看，陈凤山认为蘑菇山墓地应该晚于拉布达林、扎赉诺尔墓地，大约是拓跋鲜卑南迁大泽的后期遗存①。对拓跋鲜卑考古与历史的研究，是探寻蒙古族源关系的重要学术问题。在学术成果上，目前已出版了《呼伦贝尔民族文物考古大系·鄂伦春自治旗卷》《呼伦贝尔民族文物考古大系·扎赉诺尔区卷》和《呼伦贝尔民族文物考古大系·额尔古纳市卷》等，系统梳理了呼伦贝尔地区重要的拓跋鲜卑文化遗存，展示了拓跋鲜卑生产、生活的各种遗物，对研究拓跋鲜卑的早期历史，具有重要的学术价值。

第二节　呼伦贝尔拓跋鲜卑考古收获

呼伦贝尔地区与鲜卑相关的考古遗存，已公布资料的有13处，包括鄂伦春自治旗嘎仙洞遗址，满洲里市扎赉诺尔圈河墓地、蘑菇山墓地，陈巴尔虎旗完工墓地、东乌珠尔墓地，鄂温克族自治旗伊敏车站墓地、孟根楚鲁墓葬（含孟根楚鲁北M1、白云乌拉墓地两处）、二道沟墓葬，额尔古纳市拉布达林墓地、七卡墓地，新巴尔虎旗伊和乌拉墓地，海拉尔区团结墓地。除嘎仙洞遗址在大兴安岭东麓外，其余12处墓地均在大兴安岭西侧。

一、嘎仙洞遗址

嘎仙洞遗址位于阿里河镇西北10千米，大兴安岭北段顶巅之东麓，属嫩江西岸支流甘河之上源。其地理位置为北纬50° 38'，东经

① 呼伦贝尔民族博物院：《内蒙古满洲里市蘑菇山发现古墓地》，《草原文物》2012年第2期；中国社会科学院考古研究所内蒙古工作队等：《满洲里市蘑菇山墓地发掘报告》，《草原文物》2014年第2期。

123° 36'，海拔520米。嘎仙洞为天然的花岗岩石洞，南北长92米，东西宽27米。洞口略呈三角形，高12米，宽约20米，洞内宏伟宽阔，地面大部较为平坦，往里走逐渐上坡，最里面的坡度可达20°。按洞内空间的不同，从外向内可分为前厅、大厅、高厅和后厅四个部分。前厅长约28米，宽约18米，地面平坦而稍低于洞口，距洞口15米处的西侧洞壁上有一片稍经修凿的扇形平面，高2.3米，宽约4米。北魏太平真君四年（443），太武皇帝拓跋焘派大臣李敞至此祭祖，镌刻祝文，石刻祝文即发现于上述洞壁平面，祝文竖行共19行，201字。其字魏书隶意犹重，古朴雄健，苍然可辨。石刻祝文与《魏书》记载基本相同，证明嘎仙洞是北魏鲜卑皇族自己认定的祖居旧墟石室。同时，也为探讨拓跋鲜卑的迁徙历程以及鲜卑民族源流等课题提供了重要线索。2002年9月25日，王立民先生一行六人在嘎仙洞洞口北壁又发现北魏刻铭残泐，所见字体与西侧石壁祝文一致，且大小相同。东壁刻铭的发现，又给嘎仙洞增添了研究旨趣，而两处刻铭的关系与性质也有了进一步讨论的空间。

大厅较前厅稍宽，高10—12米，长约38米，宽约20多米，地面渐升，稍向上倾斜，坡度约10°，大厅中央有一块不规则的巨石，长3.5米，宽3米，厚1米。底下有三块石头承托，当地群众称为“石桌”。高厅由大厅稍拐向北。这里的穹顶陡然升高，最高处可达20多米，沿着20°的余坡拐向左前方，越往里越窄，最窄处仅9.5米。越往里越陡，并有巨石横躺竖卧，当系洞顶崩落所致。在高厅东壁上方，距地面12米高处有小洞，洞口高约5米，宽约6米。洞内深广约10多米，当为天然洞穴。后厅从高厅拐向左上方的斜洞，在洞尽头最高处较为平整，有如平台。这里空间最小，高6—7米，宽约9米，后厅上部东西各一壁龛状耳室，距地面高约4米。当系人工所凿，西侧耳室高1.1米，宽2.5米，深2.7米，东侧耳室高1.55米，宽约4米，深约3米。

1980年，米文平先生在嘎仙洞发掘了4条探沟和1条保护沟，出土了陶器，石器，骨角器，小件铜、铁器和大量兽骨等遗物。陶器手制，均为夹砂陶，烧制火候较低，陶色不均匀，多呈黑褐色，少数呈红褐色，器形简单，以敞口罐为主，此外还有侈口罐、直口罐和假圈足罐等。石器多为细石器，主要有镞、矛、刮削器、尖状器等。骨器主要有镞、匕、钻孔骨板等，还发现有角器。金属器有铜牌饰和铁刀。通过嘎仙洞出土的陶器、石器、骨角器、金属器的形制、纹饰等特征分析，嘎仙洞鲜卑文化遗存在迄今已知的鲜卑遗存中年代较早，上限至少可早到战国初期，这又为研究拓跋鲜卑的早期历史，提供了重要的考古学资料。1988 年 1 月 13 日，嘎仙洞遗址被列为第三批全国重点文物保护单位[①]。

二、扎赉诺尔圈河墓地

扎赉诺尔圈河墓地位于扎赉诺尔区木图那雅河东岸坡地上，坡地高 20 余米，长 500 余米，属东汉时期拓跋鲜卑族墓地。1959 年首次发现，截至目前，共发掘清理了 54 座墓葬。墓坑排列密集，均为长方形竖穴式，一般长 2 米左右，宽 0.5—1、深 1—3 米不等。葬具有桦木棺和桦皮棺。桦木棺形制基本相同，为前宽后窄的梯形，多有盖无底，少数有盖有底。桦皮棺较少，以桦树皮做棺板（图一二）。绝大多数为仰身直肢单人葬，个别有双人葬、母子合葬和小孩墓，葬式均为仰身直肢。头向多朝北或北偏西，随葬陶器、铜器、铁器、骨器、金器、玉器以及丝织品、桦木器、珠饰、贝壳等，陶器多为手制夹砂陶，器类以大口罐为主。金属器以双耳铜鍑、飞马纹铜牌饰、三鹿纹金牌饰等最具特色。铁器多为实用工具，有铁刀、铁矛、铁镞、铁马衔等（图一三）。骨器以骨镞为主，还有骨弓弭、马衔、骨板等。桦皮器有弓囊、箭袋、罐、圆牌等。随葬品中有汉代的规矩纹铜镜和“如意”纹织锦，说明与中原地区联系密切。有牛头、马头和羊头、蹄随葬习俗，多放置在人头骨前，也有少数放在棺盖上。

关于扎赉诺尔圈河墓地的年代及族属问题，1961 年发掘整理者郑隆的意见是“应属于东汉末鲜卑族的一支”。同时，黄展岳提出另一种意见，认为“属于较典型的匈奴文化遗物”。1964 年，安志敏认为“还没有足够的证据得出属于鲜卑人的论点，也不能肯定属于匈奴人”。1977 年，宿白推测扎赉诺尔墓地“大约是拓跋祖先推寅（宣帝）‘南迁大泽方

① 呼伦贝尔盟文物管理站：《鄂伦春自治旗嘎仙洞遗址 1980 年清理简报》，《内蒙古文物考古文集》（第二辑）。

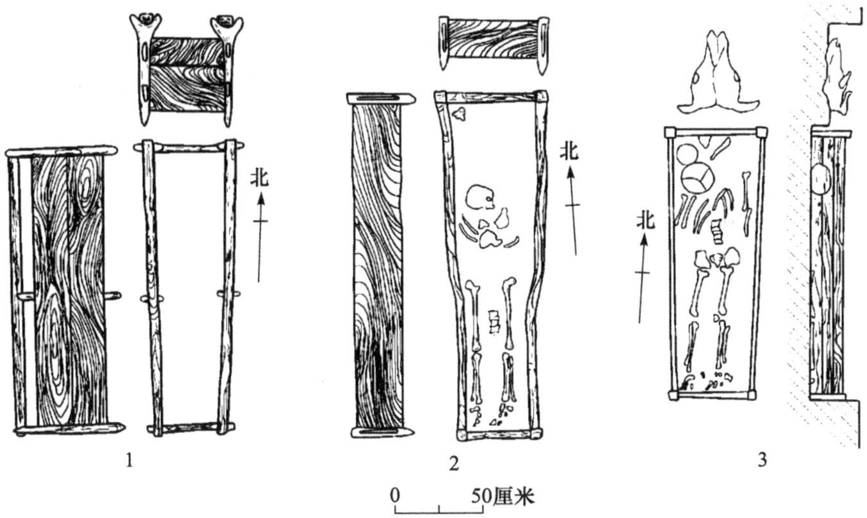

图一二　扎赉诺尔墓群墓葬平、剖面图

1. M27 木棺　2. M24 木棺　3. M19 木棺

（中国社会科学院考古研究所等:《呼伦贝尔民族文物考古大系·额尔古纳市卷》，文物出版社，2014 年，第 77 页）

图一三　扎赉诺尔墓群出土鸣镝

（中国社会科学院考古研究所等:《呼伦贝尔民族文物考古大系·额尔古纳市卷》，文物出版社，2014 年，第 105 页）

千余里，厥土昏莫沮洳’前后的遗迹”。1979 年，李逸友进一步论证扎赉诺尔古墓为东汉时期的拓跋鲜卑遗迹。此后，宿、李的观点为人普遍接受。综合前人研究的成果，结合扎赉诺尔墓地出土的几件典型中原汉代器物可以断定，该墓地应属于东汉中晚期，其规模之大、数量之多、保存之好在呼伦贝尔草原罕见，为研究东汉拓跋鲜卑社会和习俗提供了重要的实物资料。2006 年 6 月，扎赉诺尔墓地被评为“第六批全国重点文物保护单位”①。

三、蘑菇山墓地

蘑菇山墓地位于扎赉诺尔区蘑菇山西侧（图一四）。已清理的 12 座

图一四　扎赉诺尔区蘑菇山墓群（东北—西南）
（中国社会科学院考古研究所等：《呼伦贝尔民族文物考古大系・额尔古纳市卷》，文物出版社，2014 年，第 157 页）

---

① 郑隆：《内蒙古扎赉诺尔古墓地调查记》，《文物》1961 年第 9 期；内蒙古文物工作队：《内蒙古扎赉诺尔古墓发掘简报》，《考古》1961 年第 12 期；王成：《扎赉诺尔圈河古墓清理简报》，《北方文物》，1987 年第 3 期；内蒙古文物考古研究所：《扎赉诺尔古墓地 1986 年清理发掘报告》，《内蒙古文物考古文集》（第一辑）；陈凤山、白劲松：《内蒙古扎赉诺尔鲜卑墓》，《内蒙古文物考古》1994 年第 2 期。

墓葬均为长方形竖穴土坑二层台式墓，墓向多朝北偏西，葬式有单人葬、双人葬及二次葬，以仰身直肢葬为主。随葬陶罐、金马饰、金腰带饰、金耳饰、铜双鹅纹颈饰牌、铜环、铜镞、铁矛、铁环首刀、铁马衔、石镞、玛瑙项饰、玉石瑗、玻璃珠饰、煤精项饰、骨弓弭、骨镞、骨环、漆器、麻、毛织品及动物骨骼等，陶器均为手制夹砂陶，器形不甚规整。陶罐、壶和漆器均放置在头骨两侧，有殉牲，只殉葬牛、马、羊的蹄骨，在墓葬填土中大量堆放石块。其中 M8 是已发掘的墓葬中规格最高的一座，墓主人颈部佩戴一件弧形的玛瑙坠饰及成组的珠饰，左、右腕部各佩戴一件玉环及成组的珠饰，腰部出土一条包裹薄金片的腰带，金腰带上刻有花纹。从墓葬形制和随葬品的特征看，M8 墓主人生前拥有较高的政治地位和社会身份，应为当时社会的统治者，或已具有了鲜卑“王”者的身份（图一五）。这是继扎赉诺尔墓地后拓跋鲜卑考古的又一重大发现，为研究“大泽”地区在拓跋鲜卑南迁前后的状况提供了重要资料。2014 年，该墓地被评为“内蒙古自治区级文物保护单位”①。

四、完工墓地

完工墓地是早于扎赉诺尔的鲜卑早期遗存，因其所处地理位置以及墓葬的文化因素而为学界所关注。完工墓地位于呼伦贝尔市陈巴尔虎旗境内，完工车站西南约 600 米处。1961 年和 1963 年，前后清理了 6 座墓葬，为竖井木椁墓和土坑竖穴墓。流行多人葬，1961 年清理的两座墓葬共发现 20 多具人骨，排列规律，均为仰身直肢葬。1963 年清理的 M1B 共发现人骨 26 具。墓内有大量的牛、马、狗等殉牲。随葬品丰富，主要有陶器、石器、骨器、蚌器、金、银、铜、铁器及珠饰、桦树皮器、漆器和丝织品等。陶器为手制，种类和数量较少，分夹砂粗陶和白陶两种，器形主要有陶鬲、壶、罐和三耳器等。石器有刮削器、镞、璜和燧石等。骨器数量最多，包括镞、弧形器、鸣镝、束腰长条形器、长条形器、牛角形器、尖状器、锥状器及骨饰片等。金器仅发现金片饰 1 件。

---

① 呼伦贝尔民族博物院：《内蒙古满洲里市蘑菇山发现古墓地》，《草原文物》2012 年第 2 期；中国社会科学院考古研究所内蒙古工作队等：《满洲里市蘑菇山墓地发掘报告》，《草原文物》2014 年第 2 期。

1

2

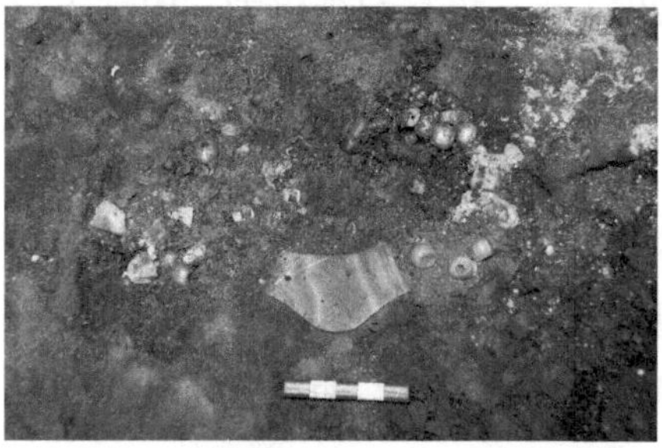

3

4

5

图一五　扎赉诺尔区蘑菇山墓群 M8

1. 人骨及随葬品（西南—东北） 2. 金腰带（东南—西北） 3. 弧形玛瑙坠饰及珠饰（东南—西北） 4. 墓主人右腕部玉环及珠饰（东北—西南） 5. 墓主人左腕部玉环及珠饰（南—北）
（中国社会科学院考古研究所等：《呼伦贝尔民族文物考古大系·额尔古纳市卷》，文物出版社，2014 年，第 182、186、188、193 页）

银器有银碗和银饰等。铜器有环、带饰、带扣、扣和铃等。铁器有镞、刀、带扣和环等。该墓地保存着家族丛葬的制度，也见有殉葬完整马匹的风俗。1963 年发掘的 M1 分为上下层的丛葬墓。置于下层墓底北部的一具仰身直肢的墓主人骨架，其左侧置有石镞、骨镞，西部排列陶器，头部附近还出有一件极为特殊的牛角状器，其余有 25 具不同性别的骨架，姿势不同地置于该墓主人的四周和上面。这些尸骸可能为二次葬。此外，埋在上层较为零乱的四具儿童骨架，亦应为二次葬。完工墓地的随葬品中的鬲以及绢、麻、漆器等应来自中原地区，而一些铜制的小型饰具如各种式样的环、扣等，则可能是受到匈奴的影响，说明完工墓地的居民与中原及匈奴等有着经济和文化的交往关系。根据墓葬出土遗物与扎赉诺尔圈河墓地的比较，推断其大致年代与扎赉诺尔鲜卑墓葬遗存相近或略早①。

五、东乌珠尔墓地

东乌珠尔墓地位于陈巴尔虎旗东乌珠尔苏木，地处海拉尔河右岸的台地上。2003 年呼伦贝尔民族博物馆的工作人员对东乌珠尔古墓地进行了抢救性发掘，共清理墓葬 8 座。墓葬均为土坑竖穴墓，大多数有木质葬具，即木棺。木棺形制基本相同，为前宽后窄状，大多数有盖无底，少数有盖有底，单人葬居多。墓主人皆为仰身直肢，头向北或北偏西，有殉牲现象，大多为牛、马、羊头蹄，多置于墓主人头前。各墓中出土遗物的位置也较一致，陶器一般置于墓主人的头顶或头两侧。出土器物以陶器为主，铜、铁、木器较少见。陶器以大口罐类为主，基本为手制夹砂。陶器器形小，大敞口，短颈，长鼓腹，平底或高圈足，多数素面无纹，个别陶器的口沿下或肩部有凸弦纹和指甲纹。据东乌珠尔古墓地埋葬形式和出土遗物，判断其时代应属于东汉时期鲜卑墓葬②。

六、伊敏车站墓地

伊敏车站墓地位于伊敏河左岸，伊敏车站东南 0.5 千米处。该墓地

① 潘行荣：《内蒙古陈巴尔虎旗完工索木发现古墓葬》，《考古》1962 年第 11 期；内蒙古自治区文物工作队：《内蒙古陈巴尔虎旗完工古墓清理简报》，《考古》1965 年第 6 期。

② 内蒙古自治区文物考古研究所：《呼伦贝尔文化遗产》。

共发现10余座墓，清理的4座墓葬为单人葬，M1为成年男性，M2、M3为幼童。均发现有殉牲，为马、羊、狗的头和足。殉牲头像朝北或北偏东。其中，发现一处狗与马、羊同时殉葬的现象。随葬品有环状双耳红褐色陶壶、银扣、铜扣、铜饰件、铁马衔、骨镞、串珠、海贝等。此外，在墓地周围还采集到夹砂褐色陶片、铜扣、铁马衔、海贝、绿松石珠饰等①。

七、孟根楚鲁北一号墓

孟根楚鲁北一号墓位于伊敏河右岸，原孟根公社所在地北1千米处。该墓为长方形土坑竖穴墓，墓穴前宽后窄，墓底留有土台，其上放置牛、马的头和蹄。葬式为单人仰身直肢葬，墓主人为40岁左右的男性，人骨保存较好，其上下均铺有两层灰黑色桦皮，应为葬具。随葬品包括大口长腹平底罐、小口圆腹罐、金耳饰、弓形金饰、铁矛、铁甲、铁马衔、铁片、直背环首短刀、铁带钩、方形铁穿、鸣镝、铁镞、骨镞、半圆形骨片、骨刀形器、木柄、木铤等②。

八、孟根楚鲁白云乌拉墓地

孟根楚鲁白云乌拉墓地位于伊敏河右岸，原孟根公社所在地北10千米处，白云乌拉生产队东侧的台地上。该墓地共清理墓葬6座，均为土坑竖穴墓，墓穴前宽后窄，可分为有葬具墓和无葬具墓两种。墓穴内均为单人葬，除M5为屈肢葬外，其余为仰身直肢葬，墓主人头向均朝西北。墓主人头前的土台上多放置有牛或马的头骨，蹄骨则多置于牲畜头骨或人骨上肢处。随葬品有鼓腹罐、长腹罐、金耳饰、半环形金头饰、铜镯、铁带钩、铁镞、铁甲片、串珠、木铤等。通过中国科学院古脊椎动物与古人类研究所对白云乌拉M2和M6朽木葬具所做的^{14}C测定，其年代分别为距今2120年±80年和2190年±95年，因此这批墓葬的年代上限有较早的可能性。伊敏河地区发现的伊敏车站墓地、孟根楚鲁孟北一号墓、孟根楚鲁白云乌拉墓地与扎赉诺尔、南杨家营子和

① 程道宏：《伊敏河地区的鲜卑墓》，《内蒙古文物考古》1982年第2期。

② 程道宏：《伊敏河地区的鲜卑墓》，《内蒙古文物考古》1982年第2期。

完工等墓地有较大的一致性，墓圹为土坑竖穴墓，墓穴前宽后窄，用牛、马、羊等动物的头骨和蹄骨作为殉牲。随葬品多为生前实用器，陶器有上有烟炱和焦垢，纹饰与制作工艺与扎赉诺尔和南杨家营子等墓地相近[①]。

九、二道沟墓地

二道沟墓地位于鄂温克旗辉河伊和博克托台地的南坡下段。清理的1座墓葬破坏较为严重，为竖穴土坑墓，无葬具。葬式为双人仰身屈肢葬，头像北偏西30°，人骨保存较差，仅存头骨和部分肢骨。两位墓主头前都摆放有一个陶罐，陶罐下都垫有青石，出土的3件陶器为手制夹砂的黑褐色陶，其外表均有烟炱。此外，还出土有铁刀、铁镞、铁环和桦树皮器等。二道沟墓地的仰身屈肢合葬墓在呼伦贝尔地区比较罕见[②]。

十、拉布达林墓地

拉布达林墓地位于根河南岸拉布达林镇小西山的东南坡上，1987年7月发现时部分分布较为密集的墓葬已遭到严重破坏。1987年及1992年，前后共清理墓葬27座，均为竖穴土坑墓，多呈前宽后窄的梯形，部分有二层台。墓主人多为单人葬。此外，还有双人葬和儿童墓。有葬具的居多，葬具为木棺或桦树皮棺，棺木多有盖无底，有的墓坑上铺圆木或覆石板。无葬具墓多为儿童墓。葬式为仰身直肢葬，头向多为北偏西或正北。殉牲现象比较普遍，有10座墓葬随葬有牛、马、山羊、野猪的头骨和蹄骨，10座墓葬中均有牛头骨，再与其他动物头骨同时殉葬，其他墓葬仅发现蹄骨，除牛、野猪等蹄骨外，还可能有狍、鹿等野生动物的蹄骨。

随葬品丰富，主要有陶器、桦树皮器、金耳饰、铜器、铁器、骨器、石镞、珠饰等（图一六）。陶器除1件轮制泥质敞口壶外，其余均为手制夹砂陶，器形有敞口罐、敞口壶、双耳壶、单耳尊、钵、碗等（图一七）。

---

① 程道宏:《伊敏河地区的鲜卑墓》,《内蒙古文物考古》1982年第2期。

② 赵玉明:《鄂温克旗二道沟墓葬调查清理简报》,《呼伦贝尔文物》总第5期，2000年。

图一六　额尔古纳市拉布达林鲜卑墓群出土石镞
（中国社会科学院考古研究所等：《呼伦贝尔民族文物考古大系·额尔古纳市卷》，
文物出版社，2014 年，第 76 页）

1

2

3

4

图一七　额尔古纳市拉布达林鲜卑墓群出土陶器
1. 陶罐　2. 双耳陶罐　3. 陶杯　4. 陶壶
（中国社会科学院考古研究所等：《呼伦贝尔民族文物考古大系·额尔古纳市卷》，
文物出版社，2014 年，第 66、70、71 页）

桦树皮器和骨器出土数量较多。桦树皮器有罐、筒、箭袋、人形饰和明器等（图一八），其中直领桦皮罐和筒状桦皮罐是新发现的桦皮容器器形。“人形饰”桦皮器可能与原始宗教有关。骨器主要以镞和弓弭、弓把为主（图一九）。铜器主要有铜镜、铜铃、铜扣、铜镞、铜环、铜镯、铜饰和铜钱。铁器以棺钉和铁环为主，此外还有带卡、铁镞和铁刀。珠饰质地主要有骨质、蚌制、玛瑙及绿松石等。内蒙古自治区及呼伦贝尔盟文物考古工作者认为，该墓地的墓葬形制、埋葬制度及出土遗物，与扎赉诺尔圈河古墓极为相似，应同为拓跋鲜卑墓地。此外，根据墓葬棺木葬具比例较少及殉葬的动物种类和数量推断，拉布达林墓地的年代应该略早于扎赉诺尔圈河古墓地，发现的大泉五十铜钱，也证实其年代不应早于东汉初年，经 ^{14}C 测定，墓葬年代距今 1770 年 ± 50 年，树轮校正年代为 1715 年 ± 65 年[①]。

图一八　额尔古纳市拉布达林鲜卑墓群出土桦皮壶

（中国社会科学院考古研究所等：《呼伦贝尔民族文物考古大系·额尔古纳市卷》，文物出版社，2014 年，第 72 页）

十一、七卡墓地

七卡墓地位于拉布达林西北约 80 千米，七卡生产队西 200 米的山南坡下侧。墓地东西长约 400 米，宽约 70 米。1988 年清理的 2 座墓葬与 1990 年清理的 3 座墓葬均因取土而遭到不同程度的破坏。墓葬为竖穴土坑墓，葬式为单人仰身直肢葬，头向西，无葬具。墓葬之间间隔 3—5 米。随葬品有陶器、骨器、铁器、桦树皮器、铜器等。陶器主要有陶罐、杯等，骨器有骨镞、鸣镝、骨扣和骨坠等，铁器有马衔、带卡和铁刀等，

① 赵越：《内蒙古额右旗拉布达林发现鲜卑墓》，《考古》1990 年第 10 期；内蒙古文物考古研究所等：《额尔古纳右旗拉布达林鲜卑墓发掘简报》，《内蒙古文物考古文集》（第一辑）。

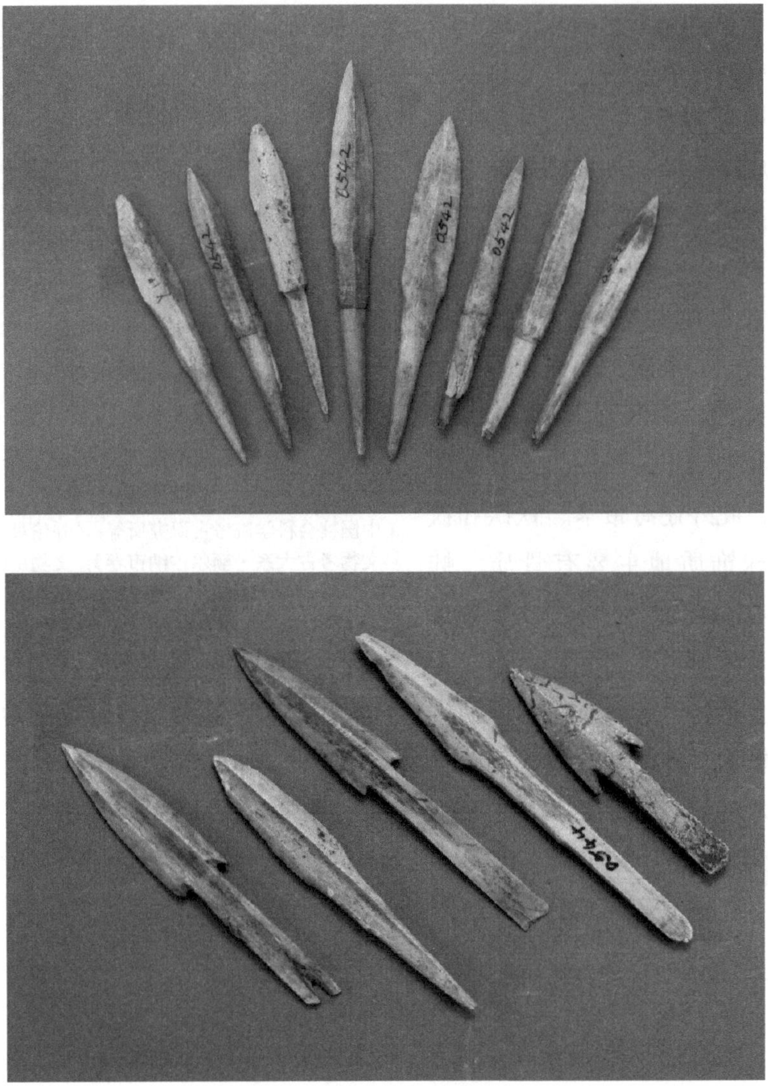

图一九　额尔古纳市拉布达林鲜卑墓群出土骨镞

（中国社会科学院考古研究所等：《呼伦贝尔民族文物考古大系·额尔古纳市卷》，文物出版社，2014 年，第 79、80 页）

桦树皮器有桦树皮圆牌，铜器有 1 件耳环。七卡墓葬的墓穴内均填充石块，是其葬俗的显著特征。从鲜卑人迁徙路线及七卡墓葬的墓葬形制与随葬品特征看，该墓地年代应稍早于拉布达林鲜卑墓葬遗存[①]。

---

① 呼伦贝尔盟文物管理站等：《额尔古纳右旗七卡鲜卑墓清理简报》，《内蒙古文物考古文集》（第二辑）。

十二、伊和乌拉墓地

伊和乌拉墓地位于新巴尔虎左旗嘎拉布尔苏木（嵯岗镇）伊和乌拉山西南2千米处，地处海拉尔河北岸台地上。1996年6月，由呼伦贝尔盟文物管理站清理了一南一北两座墓葬。两座墓葬相距5米，均为土坑竖穴墓，墓圹前宽后窄，葬式为单人仰身直肢葬，头向西北，人骨保存较差，未发现葬具。随葬陶器分手制和轮制两种，主要有夹砂黑褐色陶罐和泥质褐色陶壶，金属器出土3件，有金饰件、铁马衔、铁刀各1件，还随葬有牛头骨、牛蹄骨和马头骨等殉牲。根据伊和乌拉墓地出土遗物及所处地望、葬式与扎赉诺尔、拉布达林、伊敏河地区古墓地等较为一致的特征，故推断该墓地应为鲜卑人的墓葬遗存①。

十三、团结墓地

团结墓地为拓跋鲜卑走出大兴安岭南迁时留下的遗存。该墓地位于海拉尔区哈克镇团结村西约0.5千米处的海拉尔河南岸台地上，北距海拉尔河约0.8千米，南距301国道约2千米。该墓地共发掘7座墓葬，均为土坑竖穴墓，无葬具，墓口呈长方形，均为单人葬，葬式多为仰身直肢，仅一例为仰身略屈肢。随葬品均为生活用品和装饰品，以陶器为主，包括双耳侈口陶罐、侈口罐、鼓腹罐，手制、火候较低，均为实用器，陶器表面有烟炱。部分墓葬中出有铁器，殉牲现象较普遍，为马、牛、羊的头骨和牛蹄骨。这些葬俗与呼伦贝尔地区鲜卑墓地的土坑竖穴墓基本相同。从团结墓地的墓葬形制和文化内涵来分析，该墓地上限约为东汉中晚期。这一发现为拓跋鲜卑的研究增添了新的实物资料。2006年9月4日，该墓地被批准为内蒙古自治区第四批文物保护单位②。

---

① 呼伦贝尔盟文物管理站：《新巴尔虎左旗伊和乌拉鲜卑墓》，《内蒙古文物考古文集》（第二辑）。

② 陈凤山、殷焕良、白劲松等：《呼伦贝尔市团结墓地》，《内蒙古地区鲜卑墓葬的发现与研究》。

第三节 呼伦贝尔拓跋鲜卑考古主要认识

呼伦贝尔地区是拓跋鲜卑早期民族文化遗存最为集中和丰富的地区之一。梳理呼伦贝尔地区拓跋鲜卑考古的主要收获，总结拓跋鲜卑早期遗存的独特规律，有助于推动拓跋鲜卑起源与发展等学术问题的进一步深入探讨。呼伦贝尔地区的鲜卑遗存，主要有满洲里市扎赉诺尔墓地，额尔古纳市拉布达林墓地、七卡墓地，鄂温克自治旗孟根楚鲁墓地，海拉尔区团结墓地，新巴尔虎左旗伊和乌拉墓地等，这些遗存均集中分布在大兴安岭北段西侧的海拉尔河流域。

迄今已发现的呼伦贝尔地区鲜卑墓葬均为竖穴土坑墓。从墓葬形制来看，主要有墓圹呈头端宽、尾端窄的长梯形和墓圹平面呈长方形两类。前者占比例较高，七卡墓地的5座墓葬平面均呈长梯形，拉布达林墓地可辨识的墓葬中有4座平面呈长梯形，扎赉诺尔墓地可辨识的29座墓葬中有21座平面呈长梯形，伊和乌拉墓地的2座墓葬平面均为长梯形，孟根楚鲁墓地的7座墓葬平面均呈长梯形。平面呈长方形的主要有拉布达林墓地的4座墓葬，扎赉诺尔墓地的8座墓葬和团结墓地的7座墓葬。部分墓地中发现有二层台，但不是普遍现象。其中，拉布达林墓地中的4座墓葬、扎赉诺尔墓地中的2座墓葬、孟根楚鲁墓地中的7座墓葬均有二层台。另外，近年发掘的蘑菇山鲜卑墓地中也有12座墓葬有二层台。

从葬式来看，流行单人仰身直肢葬。在团结墓地保存较好的4座墓葬中，除HTM5为仰身屈肢葬外，其余3座均为仰身直肢葬。在孟根楚鲁墓地已发掘的7座墓葬中，除M5为屈肢葬外，其余6座均为仰身直肢葬。在扎赉诺尔墓地已发掘的54座墓葬中，可辨认的41座墓葬的墓主人葬式均为仰身直肢葬。在拉布达林墓地可辨认墓主人葬式的24座墓葬中，除92M3墓主人葬式为仰身、下肢弯曲外，其余23座均为仰身直肢葬。在七卡墓地已发掘的5座墓葬和伊和乌拉墓地已发掘的2座墓葬，均为仰身直肢葬。从埋葬习俗来看，单人一次葬是最主要的埋葬方式。在扎赉诺尔墓地可辨识的44座墓葬中，86M3008为上、下男女合葬墓，60M8和60M14为男女双人合葬墓，60M10为母子双人合葬墓，其余均为单人一次葬。在拉布达林墓地已发掘的27座墓葬中，除92M2、

92M17 和 92M23 为双人合葬墓外，其余均为单人一次葬。由此可见，仰身直肢葬和单人一次葬是呼伦贝尔地区鲜卑墓葬遗存的典型特征。

呼伦贝尔地区的鲜卑墓葬盛行以马、牛、羊等作为殉牲。从已发表的资料来看，上述 6 处墓地中都有墓葬以马、牛、羊等的头蹄骨作为殉牲的现象，最多的是扎赉诺尔墓地，有 25 座墓葬以马、牛、羊等的头蹄骨做殉牲，其次是拉布达林墓地，有 10 座墓葬出现以上习俗，最少的是七卡墓地，只有 M3 一座墓葬出土了 4 件马蹄骨。这些墓葬在殉葬数量的多寡上存在着较为明显的差距，多数都只有一种牲畜的头或蹄骨，个别墓葬的殉牲则明显多于其他墓葬，如孟根楚鲁墓地的 M7，出土马头骨 1 个、牛蹄骨 4 件、牛距骨 2 件；扎赉诺尔墓地的 60M25，出土有牛蹄骨 4 件、马蹄骨 4 件和羊蹄骨 4 件；拉布达林墓地的 87M3，出土有马头骨 1 个、牛头骨 2 个、蹄骨 12 件。墓葬中以马、牛、羊作为主要殉牲，是当时生活在呼伦贝地区的鲜卑人生产和生活方式的反映；而殉牲数量的多少，应为墓主人生前社会等级、地位、身份和财富多寡的标志。

桦树皮制品是鲜卑墓葬中比较常见的随葬品。以扎赉诺尔和拉布达林墓地为例，在扎赉诺尔已发掘的 54 座墓葬中，有 26 座墓葬随葬桦树皮制品；在拉布达林已发掘的 27 座墓葬中，有 20 座墓葬随葬有桦树皮制品。从随葬器类来看，主要有桦树皮圆牌、桦树皮容器以及桦树皮人形饰等。其中，随葬桦树皮圆牌最为普遍，出土数量最多。在扎赉诺尔墓地中，有 23 座墓随葬桦树皮圆牌；在拉布达林墓地中，有 9 座墓葬随葬桦树皮圆牌。扎赉诺尔墓地 86M5 共随葬 12 件桦树皮圆牌，是呼伦贝尔地区现已发掘的鲜卑墓葬中随葬桦树皮圆盘最多的一座墓葬。呼伦贝尔地区独特的自然环境使其成为我国目前最大的桦树林生长地区，拥有悠久的桦树皮加工和使用历史，形成了独具特色的“桦树皮文化”。呼伦贝尔地区鲜卑墓葬中大量出土的桦树皮制品，具有重要的考古、历史和工艺美术价值。

呼伦贝尔地区鲜卑墓葬中随葬装饰品数量较多，主要有耳饰、项饰、挂饰、佩饰、坠饰等，典型器类有耳环、臂钏、串珠、带具、牌饰、铃、泡等，质地为金、银、铜、玉、玛瑙、绿松石、骨、贝等。在扎赉诺尔墓地已发掘的墓葬中，有 32 座墓随葬有装饰品。其中，86M3002 墓主人为男性，随葬装饰品有铜耳饰 2 件、铜臂钏 1 件、珠饰 10 件、铜牌饰 1 件；86M3003 墓主人为女性，随葬装饰品有珠饰 4 件、羊距骨 1 件。在拉布达林墓地已发掘的墓葬中，有 23 座墓随葬有装饰品。其中，92M24 墓主人为男性，随葬装饰品有金耳饰 1 件、珠饰 7 件、铜带具 1 件、带扣 12 件、铜铃 1 件、骨角状饰 1 件。在已出土的装饰品中，三鹿纹牌饰是呼伦贝尔地区最具鲜卑民族特征的装饰品，以三鹿纹铜牌饰居多，形制相同。以扎赉诺尔 86M3002 随葬三鹿纹铜牌饰为例，呈圆角长方形，以透雕镂空手法展现出三鹿直立回首状，牌饰边缘无纹饰，长 6.6、宽 4.1 厘米，出土时穿在一段皮绳上，枕于脑后①。

呼伦贝尔地区鲜卑墓葬多随葬武器、工具和马具，主要有弓、箭、箭囊、刀、矛、马衔等。在扎赉诺尔墓地已发掘的墓葬中，有 30 座墓随葬有武器或工具；在拉布达林墓地已发掘的墓葬中，有 22 座墓随葬有武器、工具或马具。其中，扎赉诺尔墓地 86M12 随葬有铁镞 10 件、骨镞 17 件、骨弓把 1 件、骨弓弭 3 件、骨马衔 1 件、铁鞘 1 件、环首铁刀 1 件、长条双孔铁刀 1 件、铁矛 1 件。拉布达林墓地 92M23 随葬有铁镞 1 件、骨镞 11 件、骨弓把 2 件、骨弓弭 3 件、鸣镝 2 件、残铁环 1 件。骨镞的出土数量最多，镞身横截面呈三棱形或菱形，铤部呈圆锥状或扁锥状。铁镞的数量仅次于骨镞，从铁镞形制看，镞身平面多呈三角形，分为有尾翼和无尾翼两种。从呼伦贝尔地区鲜卑墓葬中出土弓、箭的现象看，鲜卑人具有射猎的传统和征战的能力。

鲜卑墓葬中随葬的生活日用器多为陶器，以罐、壶、碗为主。陶器以手制夹砂陶居多，另有少量轮制泥质陶，器表多素面。在随葬陶器中，陶罐数量最多，主要有夹砂大口罐、单耳罐和双耳罐等。以扎赉诺尔墓地为例，共有 23 座墓葬随葬有夹砂大口罐，外壁多留有烟炱，呈灰黑色或黑色，应是炊煮食物时留下的痕迹。如扎赉诺尔墓地 86M3010：5，手制夹砂陶，盘口，较浅，口径略大于最大腹径，腹部略外弧。口径 10.8、腹径 10.6、高 13.6 厘米。七卡墓地 M3：1，手制夹砂陶，大口外敞，矮腹，口径大于腹径和底径，外壁留有一层黑灰色烟炱。口径 9.5、腹径 8.7、底径 5.5、高 10 厘米。双耳罐也是典型器类之一，双

① 内蒙古文物考古研究所：《扎赉诺尔古墓地 1986 年清理发掘报告》，《内蒙古文物考古文集》（第一辑），第 374 页。

耳的设计更加符合炊煮器的使用。如扎赉诺尔墓地的86M3014：4，泥质，小口，直领，器身瘦长，颈部两侧置对称双耳，鼓腹，平底。口径8、腹径13.6、高17厘米。碗是重要的饮食器具之一，在鲜卑墓葬中也较常见，以敞口、直口和敛口碗为主。如拉布达林92M10出土1件陶碗，器表呈红褐色，素面，斜口、方唇，平底。口径8.4、底径4.4、高7.7厘米。

此外，呼伦贝尔地区拓跋鲜卑墓葬中还有部分随葬品来源于中原地区，主要有规矩镜、昭明镜和大泉五十货币等。扎赉诺尔墓地和拉布达林墓地各发现规矩镜1件，拉布达林墓地发现有昭明镜1件，拉布达林墓地发现有大泉五十货币5枚。从目前的考古发现和研究结果看，规矩镜主要流行于王莽至东汉前期，昭明镜则在西汉后期最为盛行[①]。大泉五十货币始铸于王莽始建国二年（10），铸造时间前后共13年。呼伦贝尔地区出现规矩镜、昭明镜和大泉五十货币等西汉后期至东汉早期的遗物，表明当时以此为主要活动地域的拓跋鲜卑应已与中原地区建立了比较密切的文化往来。

拓跋鲜卑是东胡后裔，鲜卑诸部中的重要一支，“国有大鲜卑山，因以为号”[②]。从民族史角度定位拓跋鲜卑，完整地说，“应当包括北魏建国以前的拓跋部、建国之后的拓跋魏，还有建立南凉的秃发部，一称河西鲜卑等等”[③]。本书只涉及北魏建国以前的拓跋部的历史，泛指自拓跋部先世在大鲜卑山的活动始，至什翼犍时期拓跋代衰亡这段时间内的历史。按其活动区域具体包括“大鲜卑山”“大泽”“匈奴故地”和“盛乐”四个时期。

拓跋鲜卑发祥于今内蒙古自治区呼伦贝尔市鄂伦春自治旗境内的大兴安岭北段，呼伦贝尔是拓跋鲜卑人的摇篮。根据文献记载尤其是

① 孔祥星、刘一曼：《中国古代铜镜》，文物出版社，1984年。
② 《魏书》卷1《序纪》，第1页。
③ 马长寿：《乌桓与鲜卑》，第237页。

考古发现证实，西汉或是在西汉之前相当长的时间里，拓跋鲜卑活动在大兴安岭北段大鲜卑山一带。随着部众增多，实力增强，匈奴势力衰落，大约在东汉初期，拓跋推寅率部从茂密的大兴安岭林区向西南迁至大泽所处的呼伦贝尔草原，在此居住生息了7世（约200年）。受地理环境、与其他游牧民族往来等因素影响，其部落构成、社会形态、生产生活方式等均发生了重要变化，人口增多，实力增强。“大鲜卑山”和“大泽”时期可以合称为呼伦贝尔时期，是拓跋鲜卑起源和初步发展阶段。

至首领邻、诘汾时，拓跋鲜卑继续迁徙。经过重重磨难，艰苦跋涉，约在二三世纪之交，始居匈奴故地。258年，迁于定襄之盛乐，拓跋部进入盛乐时期。经过力微、禄官、猗卢、郁律、贺傉、纥那、翳槐、什翼犍等4代首领200余年的建设，通过与周边匈奴、高车、柔然、乌桓等各部族的接触融合，以及与东汉、曹魏、两晋诸政权的政治、经济联系，拓跋鲜卑逐步发展壮大。猗卢于西晋末年建立代政权。“匈奴故地”“盛乐”时期（北魏建立以前），拓跋鲜卑继续发展壮大，完成了从原始社会向阶级社会的变革。

淝水之战后，拓跋珪重建代国，不久，国号改称魏，史称北魏，398年迁都平城。拓跋焘统一中原北部地区，北魏与宋、齐、梁、陈四朝形成了南北朝对峙局面。在六镇起义的打击之下，534—535年北魏分裂为东魏、西魏；后来，分别被北齐、北周取代。581年，杨坚受禅代北周称帝，建立隋朝。北魏王朝上承汉晋之风，下启隋唐气韵，开创了中国历史上长城内外连成一片、政治一体、经济互补的政治统治格局，在中华民族多元一体文化体系不断形成方面起着非常重要的作用。

拓跋鲜卑重视民族融合。发祥于今大兴安岭北段并伴随迁徙而不断强大的拓跋鲜卑，本身就是民族融合的产物。南迁到呼伦贝尔草原后，拓跋鲜卑与匈奴、高车等民族融合，在不断兼收并蓄中发展和完善。迁入今呼和浩特平原、大同地区后，拓跋鲜卑与汉、匈奴、乌桓、鲜卑其他各部等进一步交融，尤其是迁都洛阳并进行文化改革后，其政治、经济、文化发生了根本性变化。魏、晋、南北朝是中国历史上的民族大迁徙大融合时期。据考证，该时期融入汉族的鲜卑总人口至少有250万。拓跋鲜卑为推进我国古代民族大融合做出了突出贡献。

拓跋鲜卑对汉文化认同。自始祖力微开始，拓跋鲜卑对中原王朝采取的就是和好友善的政策，并为力微后世所继承延续。北魏建立初期，拓跋珪便自称为“炎黄子孙”。虽“未可尽信”[①],但拓跋鲜卑依托轩辕为先祖，将其起源与汉族建立起密不可分的联系，在后世君主的强调之下，炎黄血脉的观点在拓跋鲜卑人心中逐步确立起来。孝文帝迁都洛阳后进行的汉化改革，禁胡服、断北语、改汉姓、定族姓、鼓励胡汉通婚等一系列措施，是拓跋鲜卑一次全面的自我改造和完善，进一步促进了拓跋鲜卑汉化的进程。这些做法，主观上虽然是为了建立与中原汉人一样的祖先体系，从而为其入主中原，巩固其统治地位创造政治舆论，但实际上充分证明了拓跋鲜卑对汉文化的认同，客观上起到了稳固拓跋鲜卑政权，促进中国社会进一步向前发展的作用。有学者考证，鄂伦春、锡伯族、土族，或有可能是拓跋鲜卑后裔。这些说法是否确切，还有待更多的资料来证明。

拓跋魏对经济制度推陈出新。将汉族中原地区的经济制度与拓跋鲜卑原有的经济手段有机结合而形成的均田制，促进了中国经济的发展。北魏建立之前，拓跋鲜卑主要从事游牧狩猎生活，土地制度无从谈起。北魏统一北方后，急需缓和北方十六国长期战乱造成的经济残破的局面，稳固统治。北魏统治者把注意力从战争掠夺转向内部政治经济改善和整顿，恢复和重建中原地区的经济。拓跋鲜卑统治者很快地接受了汉族比较先进的农业文化和封建制度。高祖太和九年（485）正式颁布了均田法令。均田制既借鉴了西晋的“占田制”，也吸纳了拓跋鲜卑原有“计口授田”的做法，并且被隋、唐两代所沿用。这项承前启后的土地政策，成为中国封建社会历史上一个里程碑式的制度，在中国古代史上具有划时代的意义。

拓跋魏促进了中西经济文化交流。北魏重视与睦邻诸国的友好往来，招引各国前来经商贸易和互派使节相互通贡。当时草原丝路通畅无阻，各国使臣来往不断。孝文帝迁都洛阳后，各国使臣络绎不绝来到洛阳，北魏政府设置金陵、燕然、扶桑、崦嵫“四夷馆”来接待使臣。出土于常山王元邵墓中的两件长衣俑，皆卷发，虬髯，深目高鼻，是北魏与西

---

① 姚薇元：《北朝胡姓考》（修订本），第4页。

方往来的有力证据[①]。当时北魏的对外贸易关系远达中亚地区，"北魏同大秦、波斯等国也有贸易活动，在今山西、河南等地的北魏墓葬中也曾多次发现拜占庭和波斯的金银币及器物"[②]。在国际交往中重视中西经济文化交流，北魏在为后世做出了有益的探索。

拓跋魏结束了中国北方长期混战割据的局面，为隋朝统一奠定基础。自"八王之乱"开始，由于自然灾害、战争，中原汉人南下长江流域以南地区，游牧民族则南下占据北方地区。匈奴、鲜卑、羯、氐、羌各族之间相互厮杀，最后完成北方统一的是拓跋鲜卑。虽然破胡夏、灭燕凉、伐柔然、征山胡、降鄯善、逐吐谷浑，所统一的范围还只限于分裂割据的北部中国，就是漠南和黄河中下游的平原农业地区，但这个统一的格局是经过百余年之久的割据战乱之后逐步形成的，使西晋末年以来的十六国分裂局面宣告结束。北魏迁都洛阳，依托中原腹地，进一步强化政治、军事、文化的融合，国势蒸蒸日上，使汉文化再一次于黄河流域崛起，北魏统治下的中原也成为传统文化中心的代表，统一中国的序幕由北魏拉开。经过魏晋南北朝 300 多年的分裂，最终由北魏的局部统一走向隋王朝的全国大一统。

拓跋魏为唐朝盛世的出现奠定基础。当罗马帝国秩序崩溃，欧洲走进黑暗的中世纪之时，中华民族迎来了辉煌的盛唐文明。大唐盛世之所以出现，离不开拓跋鲜卑人的功绩。北魏如同一个助力器，将原有的政治、经济、文化更新重建后，把中华民族历史推向前所未有的盛世。北魏冯太后和孝文帝制定了新的制度，采取了全面接受汉文化的政策，以博大的胸怀、兼容并蓄的措施保证了北魏统治更加稳固，成为盛唐气象出现的根源所在。唐朝建国，汉化鲜卑贵族的支持起了举足轻重的作用。唐朝前期所采取的政治制度有很多沿袭西魏、北周，尤其制度建设上，由西魏宇文泰创建的府兵制正是李唐起家的基础。此外，社会生活中也处处体现着鲜卑的文化因素。有唐一代，名义上是汉族统治，实际上是包括拓跋鲜卑在内的各族参与的政权。唐代是中华文化的一个

① 洛阳博物馆：《洛阳北魏元邵墓》，《考古》1973 年第 4 期。

② 刘美云：《北魏时期的对外贸易》，《山西大同大学学报》（社会科学版）2012 年第 2 期。

高峰，它的特色也许就在于它的开放性和开拓性，这和民族成分的大混杂和大融合是密切相关的。正如陈寅恪先生在《李唐氏族推测之后记》中所言："李唐一族之所以崛兴，盖取塞外野蛮精悍之血，注入中原文化颓废之躯，旧染既除，新机重启，扩大恢张，遂能别创空前之世局。"①

拓跋鲜卑为中华民族融入新鲜血液。隋唐以后，拓跋鲜卑已不再作为一个民族的整体存在，而是以中原王朝内的臣民身份深深地融入了以汉族为代表的各民族之中，为中华民族补充了新鲜血液。正是少数民族血脉的流入、文化的融合，才使李唐王朝创造了空前的盛世辉煌！大唐王朝以其宽广的胸怀、恢宏的气度，海纳百川，博采众长，形成了令人耳目一新的盛唐气象；鲜卑民族迁徙足迹使其特有的文化底蕴在政治、经济、文化各方面贯穿于盛唐气象的每一个细节，与汉族文化水乳交融，二者相互作用，共同造就了大唐盛世的局面，拓展和开创了中华文明辉煌的历史。

在中华文明之中，拓跋鲜卑留下的印记仍然拥有巨大的影响力和鲜活的生命力。北魏孝文帝迁都洛阳，对这座城市进行了大规模重建，历时近 10 年。北魏洛阳城废除了两汉以来南、北两宫的制度，建立了单一的宫城，形成了东西大道和南北大道相交的"T"形结构。城内还建有佛寺 1300 多座。由于北魏大多数统治者崇信并提倡佛教，佛教在这一时期得到了长足发展，建立的寺院不计其数。如今已成为中华文化标志之一的少林寺，是太和十九年（495）孝文帝为了安顿前来传授小乘佛教的印度高僧跋陀尊者，在与都城洛阳相望的嵩山少室山北麓敕建而成。五台山的佛光寺，也是在北魏孝文帝时期修建的。位于河南登封市西北嵩山南麓的嵩岳寺塔，始建于北魏永平二年（509），原是北魏宣武帝的离宫，后改为佛教寺院，为我国现存最古的砖塔。随着佛教的兴盛，石窟艺术在这一时期空前繁荣，敦煌莫高窟、云冈石窟、龙门石窟、麦积山石窟、炳灵寺石窟等，或是由北魏统治者亲自督造，或是在北魏拓跋鲜卑统治时期大量开凿。

---

① 陈寅恪：《李唐氏族推测之后记》，《历史语言研究所集刊·第叁本·第壹分》，1931 年。

拓跋鲜卑是一个神奇的民族，创造了灿烂辉煌的文明，对后世产生了深远影响。拓跋鲜卑的后代与汉族和其他少数民族共同构建的隋、唐王朝，冲破了之前秦、汉、魏、晋王朝僵硬的一元化格局，改变汉末腐朽僵化风气，呈现出生动的多元化局面，在中华文明史上谱写出光彩夺目的历史篇章。

参考书目

一、古籍

（西汉）司马迁：《史记》，中华书局点校本，1959 年。

（西晋）陈寿：《三国志》，中华书局点校本，1982 年。

（南朝宋）范晔：《后汉书》，中华书局点校本，1965 年。

（南朝梁）沈约：《宋书》，中华书局点校本，1974 年。

（南朝梁）萧子显：《南齐书》，中华书局点校本，1972 年。

（北齐）魏收：《魏书》，中华书局点校本，1974 年。

（唐）杜佑：《通典》，中华书局点校本，1984 年。

（唐）房玄龄等：《晋书》，中华书局点校本，1974 年。

（唐）李延寿：《北史》，中华书局点校本，1974 年。

（唐）释慧琳：《一切经音义》，台湾大通书局，1985 年。

（唐）魏征等：《隋书》，中华书局点校本，1973 年。

（唐）姚思廉：《梁书》，中华书局点校本，1973 年。

（宋）陈彭年：《钜宋广韵》，上海古籍出版社，1983 年。

（宋）司马光编著，（元）胡三省音注：《资治通鉴》，中华书局点校本，1956 年。

（宋）郑樵：《通志》，中华书局，1987 年。

（元）马端临：《文献通考》，中华书局，1986 年。

（清）顾祖禹：《读史方舆纪要》，中华书局点校本，2005 年。

二、专著

（一）中文专著

陈正祥：《草原帝国——拓跋魏王朝之兴衰》，中华书局，1991 年。

杜士铎主编：《北魏史》，山西高校联合出版社，1992 年。
《鄂伦春族简史》编写组：《鄂伦春族简史》，内蒙古人民出版社，1983 年。
费孝通等：《中华民族多元一体格局》，中央民族学院出版社，1989 年。
干志耿、孙秀仁：《黑龙江古代民族史纲》，黑龙江人民出版社，1986 年。
管芙蓉、吕向阳：《鲜卑族源流》，山西人民出版社，2018 年。
韩儒林主编：《元朝史》，人民出版社，1986 年。
何光岳：《东胡源流史》，江西教育出版社，2004 年。
黄烈：《中国古代民族史研究》，人民出版社，1987 年。
江应梁主编：《中国民族史》，民族出版社，1990 年。
康乐：《从西郊到南郊——国家祭典与北魏政治》，稻禾出版社，1995 年。
李德山：《东北古民族与东夷渊源关系考论》，东北师范大学出版社，1996 年。
李德山、栾凡：《中国东北古民族发展史》，中国社会科学出版社，2003 年。
李凭：《北魏平城时代》，社会科学文献出版社，2000 年。
李凭：《拓跋春秋》，浙江文艺出版社，2010 年。
林幹：《东胡史》，内蒙古人民出版社，1989 年。
林幹：《匈奴史》，内蒙古人民出版社，2007 年
林惠祥：《中国民族史》，商务印书馆，1993 年。
刘精诚：《两晋南北朝史话》，中国青年出版社，1993 年。
刘学铫：《鲜卑史论》，南天书局，1994 年。
罗新：《中古北族名号研究》，北京大学出版社，2009 年。
吕光天、古清尧编著：《贝加尔湖地区和黑龙江流域各族与中原的关系史》，黑龙江教育出版社，1991 年。
吕思勉：《两晋南北朝史》，上海古籍出版社，1983 年。
吕思勉：《中国民族史》，中国大百科全书出版社，1987 年。
马长寿：《乌桓与鲜卑》，上海人民出版社，1962 年。
米文平：《东北亚研究——鲜卑史研究》，中州古籍出版社，1994 年。

苗霖霖:《中国古代北方游牧民族行国体制研究——以鲜卑为中心的探讨》，黑龙江人民出版社，2019年。

内蒙古自治区文物考古研究所:《呼伦贝尔文化遗产》，文物出版社，2014年。

倪润安:《光宅中原——拓跋至北魏的墓葬文化与社会演进》，上海古籍出版社，2017年。

秋浦:《鄂伦春族》，文物出版社，1984年。

苏秉琦:《中国文明起源新探》，生活·读书·新知三联书店，1999年。

孙同勋:《拓拔氏的汉化及其他——北魏史论文集》，稻乡出版社，2017年。

孙危:《鲜卑考古学文化研究》，科学出版社，2007年。

陶克涛:《毡乡春秋·拓跋篇》，内蒙古人民出版社，1997年。

陶玉坤:《北方游牧民族历史文化研究》，内蒙古教育出版社，2007年。

田余庆:《拓跋史探》，生活·读书·新知三联书店，2003年。

佟克力:《锡伯族历史与文化》，新疆人民出版社，1989年。

王凯:《北魏盛乐时代》，内蒙古人民出版社，2003年。

王明珂:《华夏边缘——历史记忆与族群认同》，社会科学文献出版社，2006年。

魏坚主编:《内蒙古地区鲜卑墓葬的发现与研究》，科学出版社，2004年。

翁独健主编:《中国民族关系史纲要》，中国社会科学出版社，1990年。

吴松岩:《鲜卑起源、发展的考古学研究》，上海古籍出版社，2018年。

夏鼐:《中国文明的起源》，文物出版社，1985年。

肖爱民:《中国古代北方游牧民族两翼制度研究》，人民出版社，2007年。

杨伯峻编著:《春秋左传注》，中华书局，1981年。

姚薇元:《北朝胡姓考》(修订本)，中华书局，2007年。

亦邻真:《亦邻真蒙古学文集》，内蒙古人民出版社，2001年。

殷宪主编:《北朝史研究——中国魏晋南北朝史国际学术研讨会论文集》，商务印书馆，2004年。

张博泉:《鲜卑新论　女真新论》，吉林文史出版社，1993年。

张继昊：《从拓跋到北魏——北魏王朝创建历史的考察》，稻乡出版社，2003年。

张金龙：《北魏政治与制度论稿》，甘肃教育出版社，2003年。

张久和：《原蒙古人的历史——室韦—达怛研究》，高等教育出版社，1998年。

（二）译著

〔日〕白鸟库吉著，方壮猷译：《东胡民族考》，商务印书馆，1934年。

〔日〕谷川道雄著，李济沧译：《隋唐帝国形成史论》，上海古籍出版社，2011年。

〔英〕Parker著，向达、黄静渊译：《鞑靼千年史》，商务印书馆，1937年。

三、论文

（一）中文论文

白劲松：《从考古发现看拓跋鲜卑的发展壮大》，《内蒙古社会科学》（文史哲版）1993年第2期。

包文胜：《盛乐时期拓跋鲜卑历史初探》，内蒙古大学硕士学位论文，2005年。

曹永年：《拓跋鲜卑南迁匈奴故地时间和契机考》，《内蒙古社会科学》（文史哲版）1987年第4期。

曹永年：《早期拓跋鲜卑的社会状况和国家的建立》，《历史研究》1987年第5期。

曹永年：《拓跋力微卒后"诸部叛离、国内纷扰"考》，《内蒙古师大学报》（哲学社会科学版）1988年第2期。

曹永年：《关于拓跋鲜卑的发祥地问题——与李志敏先生商榷》，《中国史研究》2010年第3期。

曹永年：《拓跋鲜卑南迁匈奴故地考古学研究的文献反证——重读宿白先生〈东北、内蒙古地区的鲜卑遗迹〉》，《内蒙古师范大学学报》（哲学社会科学版）2019年第6期。

常谦：《北魏长川古城遗址考略》，《内蒙古文物考古》1998年第1期。

陈大为：《辽宁北票房身村晋墓发掘简报》,《考古》1960 年第 1 期。

陈凤山、白劲松：《内蒙古札赉诺尔鲜卑墓》,《内蒙古文物考古》1994 年第 2 期。

陈凤山、殷焕良、白劲松等：《呼伦贝尔市团结墓地》,《内蒙古地区鲜卑墓葬的发现与研究》，科学出版社，2004 年，第 3—15 页。

陈可畏：《拓跋鲜卑南迁大泽考》,《黑龙江民族丛刊》1989 年第 4 期。

陈连开：《鲜卑史研究的一座丰碑》,《民族研究》1982 年第 6 期。

陈连开：《鲜卑山考》,《社会科学战线》1982 年第 3 期。

陈棠栋、陆思贤：《鲜卑动物形装饰中反映的拓跋氏族源与祖源神话的创作》,《辽海文物学刊》1993 年第 2 期。

程道宏：《伊敏河地区的鲜卑墓》,《内蒙古文物考古》1982 年第 2 期。

陈星灿：《关于中石器时代的几个问题》,《考古》1990 年第 2 期。

崔明德：《李陵·拓跋氏·黠戛斯——兼论汉唐时期北方少数民族的寻根现象和认同心态》,《烟台大学学报》(哲学社会科学版）1995 年第 1 期。

大同市考古研究所：《山西大同沙岭北魏壁画墓发掘简报》,《文物》2006 年第 10 期。

冯恩学：《考古所见萨满之腰铃与饰牌》,《北方文物》1998 年第 2 期。

冯永谦、米文平：《拓跋鲜卑与慕容鲜卑同源的考古学研究——兼论乌桓考古学文化》,《博物馆研究》2004 年第 3 期。

盖山林：《内蒙古察右后旗赵家房村发现匈奴墓群》,《考古》1977 年第 2 期。

干志耿、孙秀仁：《关于鲜卑早期历史及其考古遗存的几个问题》,《民族研究》1982 年第 1 期。

郭硕：《“拓跋”、“鲜卑”合称与拓跋氏族称问题》,《人文杂志》2016 年第 2 期。

郭硕：《拓跋氏与魏晋政权的早期关系——兼论拓跋早期民族交往史料的辨析问题》,《烟台大学学报》(哲学社会科学版）2018 年第 6 期。

郭治中、魏坚：《察右前旗下黑沟鲜卑墓及其文化性质初论》,《内蒙古文物考古文集》(第一辑)，中国大百科全书出版社，1994 年，第 434—437 页。

韩昇、蒙海亮：《隋代鲜卑遗骨反映的拓跋部起源》,《学术月刊》

2017年第10期。

韩兆民:《宁夏固原北周李贤夫妇墓发掘简报》,《文物》1985年第11期。

郝思德、杨志军、李陈奇:《平洋墓葬族属初论——为纪念苏秉琦先生从事考古工作55周年而作》,《北方文物》1989年第3期。

何德章:《鲜卑代国的成长与拓跋鲜卑初期汉化》,《武汉大学学报》(人文科学版)2001年第1期。

何光岳:《鲜卑族的来源与迁徙》,《黑龙江文物丛刊》1984年第4期。

何天明:《两汉时期呼和浩特地区的建置和民族构成》,《内蒙古师大学报》(哲学社会科学版)1985年第4期。

何天明:《试论鲜卑族的迁徙及其社会进步》,《黑龙江民族丛刊》1994年第3期。

何天明:《内蒙古汉末魏晋时期若干问题探讨》,《北方文物》1997年第1期。

何天明:《北都盛乐与拓跋鲜卑的代政权》,《北方文物》1998年第2期。

何天明:《东胡到鲜卑檀石槐时期的政权演变》,《阴山学刊》2008年第6期。

呼伦贝尔盟文物管理站:《鄂伦春自治旗嘎仙洞遗址1980年清理简报》,《东北亚研究——鲜卑史研究》,中州古籍出版社,1994年,第37—45页。

呼伦贝尔盟文物管理站、额尔古纳右旗文物管理所:《额尔古纳右旗七卡鲜卑墓清理简报》,《内蒙古文物考古文集》(第二辑),中国大百科全书出版社,1997年,第457—460页。

呼伦贝尔盟文物管理站:《新巴尔虎左旗伊和乌拉鲜卑墓》,《内蒙古文物考古文集》(第二辑),中国大百科全书出版社,1997年,第453—456页。

呼伦贝尔民族博物院:《内蒙古满洲里市蘑菇山发现古墓群》,《草原文物》2012年第2期。

胡玉春:《铁弗匈奴与拓跋鲜卑关系考略》,《黑龙江史志》2012年第1期。

黄云鹤:《从〈魏书·礼志〉第一卷看拓拔鲜卑祭祀的汉化》,《古籍整理研究学刊》2002年第2期。

吉林省博物馆文物队、吉林大学历史系考古专业:《吉林大安渔场古代墓地》,《考古》1975年第6期。

金刚:《虎狮民族鲜卑源流(上)》,《满语研究》2003年第1期。

金学山:《内蒙古托克托县皮条沟发现三座鲜卑墓》,《考古》1991年第5期。

雷云贵、高士英:《朔县发现的匈奴鲜卑遗物》,《山西省考古学会论文集》,1992年,第140—147页。

李春梅:《匈奴与乌桓的关系考述》,《内蒙古社会科学》(汉文版)2012年第2期。

李德山:《试论鲜卑史研究中的几个问题》,《社会科学战线》1993年第2期。

李海叶:《拓跋鲜卑与慕容氏的关系及北魏初年的政治变乱》,《内蒙古师范大学学报》(哲学社会科学版)2008年第5期。

李海叶、陈长琦:《宇文氏东迁时间及与拓跋鲜卑的关系》,《文史哲》2016年第3期。

李凭:《北魏平城政权的建立与封建化》,《文献》1990年第3期。

李凭:《盛乐成为漠南中心的历史背景》,《学习与探索》2010年第3期。

李书吉:《拓跋魏代北史实拾遗》,《学习与探索》2010年第3期。

李兴盛、郝晓菲:《关于"弹汗山"与"歠仇水"的地望》,《内蒙古文物考古文集》(第三辑),科学出版社,2004年,第510—512页。

李兴盛、魏坚:《商都县东大井墓地》,《内蒙古地区鲜卑墓葬的发现与研究》,科学出版社,2004年,第55—102页。

李逸友:《内蒙古出土古代官印的新资料》,《文物》1961年第9期。

李志敏:《嘎仙洞的发现与拓跋魏发祥地问题》,《中国史研究》2002年第1期。

梁云:《拓跋鲜卑西迁大泽、匈奴故地原因探析》,《内蒙古社会科学》(汉文版)2011年第4期。

林幹:《鲜卑拓跋、秃发、乞伏三部的早期历史及其南迁路线的初步探索》,《北方文物》1989 年第 3 期。

林西县文物管理所:《林西县苏泗汰鲜卑墓葬》,《内蒙古文物考古文集》(第二辑),中国大百科全书出版社,1997 年,第 461、462 页。

刘国祥、倪润安:《嘎仙洞遗址的发现及相关问题探讨》,《文物》2014 年第 11 期。

刘军:《论拓跋鲜卑的“神元”崇拜》,《宁波大学学报》(人文科学版)2015 年第 4 期。

刘美云:《北魏时期的对外贸易》,《山西大同大学学报》(社会科学版)2012 年第 2 期。

刘涛:《浅谈拓跋氏与诸鲜卑成败之比较》,《中北大学学报》(社会科学版)2006 年第 1 期。

刘文学:《北魏拓跋氏与黄帝渊源关系考证》,《黄河科技大学学报》2010 年第 6 期。

刘中伟:《从北魏王朝核心区域墓葬看拓跋鲜卑的汉化过程》,《南都学坛》(人文社会科学学报)2015 年第 4 期。

龙华:《对鲜卑源流关系的文化考察》,《贵州师范大学学报》(社会科学版)1990 年第 2 期。

楼劲:《〈元和姓纂〉所叙拓跋昭成帝及其子孙史事释证》,《社会科学战线》2017 年第 6 期。

罗嗣忠:《拓跋鲜卑族统一中国北方原因初探》,《青海社会科学》1996 年第 5 期。

罗新:《论拓跋鲜卑之得名》,《历史研究》2006 年第 6 期。

罗新:《民族起源的想像与再想像——以嘎仙洞的两次发现为中心》,《文史》2013 年第 2 辑。

洛阳博物馆:《洛阳北魏元邵墓》,《考古》1973 年第 4 期。

马利清:《匈奴与拓跋鲜卑毁镜习俗之比较研究》,《郑州大学学报》(哲学社会科学版)2015 年第 6 期。

马耀圻、吉发习:《鲜卑早期珍贵文物——北魏先祖的“石室”旧墟》,《内蒙古社会科学》1980 年第 4 期。

孟广耀、何天明:《西汉时期内蒙古民族人口考论》,《内蒙古社会科学》1986 年第 1 期。

米文平：《鲜卑石室的发现与初步研究》，《文物》1981 年第 2 期。

米文平：《鲜卑源流及其族名初探》，《社会科学战线》1982 年第 3 期。

米文平：《鲜卑石室所关诸地理问题》，《民族研究》1982 年第 4 期。

莫久愚：《西晋永兴年间拓跋鲜卑出兵并州史实考异——拓跋史札记之一》，《内蒙古大学学报》（哲学社会科学版）2015 年第 6 期。

内蒙古博物馆：《卓资县石家沟墓群出土资料》，《内蒙古文物考古》1998 年第 2 期。

内蒙古文物考古研究所：《和林格尔县土城子古城考古发掘主要收获》，《内蒙古文物考古》2006 年第 1 期。

内蒙古文物考古研究所、呼伦贝尔盟文物管理站、额尔古纳右旗文物管理所：《额尔古纳右旗拉布达林鲜卑墓群发掘简报》，《内蒙古文物考古文集》（第一辑），中国大百科全书出版社，1994 年，第 384—396 页。

内蒙古文物考古研究所、呼伦贝尔盟文物管理站、额尔古纳右旗文物管理所：《额尔古纳右旗奇乾乡文物普查简报》，《内蒙古文物考古文集》（第一辑），中国大百科全书出版社，1994 年，第 601—604 页。

内蒙古文物工作队：《内蒙古扎赉诺尔古墓群发掘简报》，《考古》1961 年第 12 期。

内蒙古自治区文物工作队：《和林格尔县土城子试掘纪要》，《文物》1961 年第 9 期。

内蒙古自治区文物工作队：《内蒙古陈巴尔虎旗完工古墓清理简报》，《考古》1965 年第 6 期。

内蒙古自治区文物考古研究所、乌兰察布市博物馆、察右前旗文物管理所：《察右前旗常家村东滩鲜卑墓文物调查简报》，《草原文物》2015 年第 1 期。

倪润安：《拓跋起源问题研究述评》，《文物春秋》2011 年第 1 期。

倪润安：《呼伦贝尔地区两汉时期考古遗存的分组与演变关系》，《边疆考古研究》（第 9 辑），科学出版社，2010 年。

倪润安：《北魏盛乐时代至平城时代墓葬的发现与研究》，《文物世界》2009 年第 6 期。

倪润安：《拓跋南迁匈奴故地研究述评》，《东北史地》2012 年第 1 期。

倪润安：《拓跋—北魏墓葬研究的学科背景与核心问题》，《内蒙古文物考古》2010 年第 1 期。

宁培杰、魏坚:《二连浩特市盐池墓葬》,《内蒙古地区鲜卑墓葬的发现与研究》，科学出版社，2004 年，第 106—111 页。

潘其风、韩康信:《东汉北方草原游牧民族人骨的研究》,《考古学报》1982 年第 1 期。

潘行荣:《内蒙古陈巴尔虎旗完工索木发现古墓葬》,《考古》1962 年第 11 期。

钱国旗:《拓跋鲜卑的南迁及其对鲜汉民族融合的影响》,《江苏社会科学》1995 年第 2 期。

乔梁、杨晶:《早期拓跋鲜卑遗存试析》,《内蒙古文物考古》2003 年第 2 期。

色音:《中国萨满教现状与发展态势》,《西北民族研究》2015 年第 1 期。

珊丹、魏坚:《正蓝旗和日木图鲜卑遗存》,《内蒙古地区鲜卑墓葬的发现与研究》，科学出版社，2004 年，第 103—105 页。

申宪:《试论拓跋鲜卑部落联盟中的匈奴、高车、柔然族成分》,《北方文物》2006 年第 4 期。

施光明:《〈魏书〉所记鲜卑拓跋部妇女婚姻关系研究》,《中央民族学院学报》1992 年第 3 期。

舒傅之:《鲜卑与中原的经济文化联系》,《内蒙古社会科学》(文史哲版)1987 年第 5 期。

舒朋:《力微生卒年考》,《首都师范大学学报》(社会科学版)2003 年第 3 期。

舒顺林:《“匈奴故地”初探》,《内蒙古社会科学》1983 年第 1 期。

舒顺林:《拓跋鲜卑的南迁与其在我国历史上的作用》,《内蒙古师大学报》(哲学社会科学版)1984 年第 4 期。

宿白:《东北、内蒙古地区的鲜卑遗迹——鲜卑遗迹辑录之一》,《文物》1977 年第 5 期。

宿白:《盛乐、平城一带的拓跋鲜卑——北魏遗迹——鲜卑遗迹辑录之二》,《文物》1977 年第 11 期。

孙进己:《鲜卑源流考》,《黑龙江文物丛刊》1982 年第 3 期。

孙危:《内蒙古地区鲜卑墓葬的初步研究》,《内蒙古文物考古》2001年第1期。

唐长孺:《拓跋族的汉化过程》,《历史教学》1956年第1期。

陶克涛:《论嘎仙洞刻石》,《民族研究》1991年第6期。

田刚:《嘎仙洞与拓跋鲜卑的历史发展》,《黑龙江民族丛刊》2004年第4期。

佟柱臣:《嘎仙洞拓跋焘祝文石刻考》,《历史研究》1981年第6期。

佟柱臣:《中国古代北方民族游牧经济起源及其物质文化比较》,《社会科学战线》1993年第3期。

托克托县博物馆:《呼和浩特托克托县郝家窑鲜卑墓葬的清理》,《草原文物》2014年第2期。

王滨生:《关于拓跋氏继统制的几个问题》,《晋阳学刊》1991年第3期。

王成:《扎赉诺尔圈河古墓清理简报》,《北方文物》1987年第3期。

王大方:《嘎仙洞遗址》,《内蒙古文物考古》1991年第1期。

王金鑪:《鲜卑诸部与北方民族的融合》,《松辽学刊》1993年第2期。

王克林、宁立新、孙春林、胡生:《山西省右玉县善家堡墓地》,《文物季刊》1992年第4期。

王庆宪:《乌桓鲜卑势力的消长》,《内蒙古大学学报》(哲学社会科学版)1991年第4期。

王尚达:《匈奴与拓跋鲜卑历史发展的不同及其原因》,《社科纵横》1997年第1期。

王万盈:《论拓跋鲜卑民族的融合》,《西北师大学报》(社会科学版)2001年第6期。

吴洪琳:《铁弗匈奴的族源、族称及其流散》,《青海民族大学学报》(社会科学版)2011年第3期。

乌兰察布博物馆:《察右后旗三道湾墓地》,《内蒙古文物考古文集》(第一辑),中国大百科全书出版社,1994年,第407—433页。

乌兰察布盟文物工作站:《内蒙古兴和县叭沟村鲜卑时期墓葬》,《考古》1993年第3期。

吴松岩:《早期鲜卑考古学主要发现与研究述评》,《东北史地》2009

年第1期。

温海清：《北魏、北周、唐时期追祖李陵现象述论——“以拓跋鲜卑系李陵之后”为中心》，《民族研究》2007年第3期。

温玉成：《论拓跋部源自索离》，《新疆师范大学学报》（哲学社会科学版）2012年第6期。

许辉：《鲜卑族拓跋部封建化历程述论》，《学海》1993年第3期。

徐迎花：《魏晋时期拓跋鲜卑祭天问题研究》，《福建师范大学学报》（哲学社会科学版）2007年第5期。

杨军：《拓跋鲜卑早期历史辨误》，《史学集刊》2006年第4期。

杨军：《二世纪至十一世纪北族前国家时期的社会组织》，《历史研究》2018年第3期。

杨学跃、王银春：《“强者得立”与拓跋鲜卑早期权力继承》，《宁夏大学学报》（人文社会科学版）2013年第2期。

杨永俊：《论拓跋鲜卑的动物崇拜遗存》，《求索》2007年第1期。

姚大力：《论拓跋鲜卑部的早期历史——读〈魏书·序纪〉》，《复旦学报》（社会科学版）2005年第2期。

殷宪：《拓跋代与平城》，《学习与探索》2010年第3期。

于长春、谢力、张小雷、周慧、朱泓：《拓跋鲜卑和匈奴之间亲缘关系的遗传学分析》，《遗传》2007年第10期。

云薮：《内蒙古新巴尔虎右旗发现一座鲜卑墓葬》，《北方文物》1987年第4期。

张碧波：《鲜卑文化渊源考略》，《黑龙江社会科学》1998年第3期。

张柏忠：《哲里木盟发现的鲜卑遗存》，《文物》1981年第2期。

张博泉：《嘎仙洞刻石与对拓跋鲜卑史源的研究》，《黑龙江民族丛刊》1993年第1期。

张国文：《拓跋鲜卑殉牲习俗探讨》，《南方文物》2017年第2期。

张国文：《拓跋鲜卑农业发展的古食谱分析》，《北方文物》2017年第4期。

张景明：《内蒙古凉城县小坝子滩金银器窖藏》，《文物》2002年第8期。

张久和：《东胡系各族综观》，《内蒙古大学学报》（哲学社会科学版）

1990年第2期。

张久和、傅宁:《东胡系各族发式考辨》,《内蒙古社会科学》(文史哲版)1990年第5期。

张久和:《东胡系各族族名研究及其存在问题——兼谈译名研究的可行性条件》,《内蒙古大学学报》(哲学社会科学版)1996年第1期。

张久和:《鲜卑兴盛原因初探》,《内蒙古社会科学》(汉文版)2001年第6期。

张全超、朱泓:《内蒙古达茂旗百灵庙砂凹地墓群鲜卑人骨研究》,《边疆考古研究》(第8辑),科学出版社,2009年。

张书城:《拓跋魏系李陵之后小考》,《兰州大学学报》1990年第2期。

张泰湘、范忠泽、王世杰:《从最新考古学成就看鲜卑族的渊流与发展》,《黑龙江民族丛刊》2003年第2期。

张小虎:《拓跋鲜卑早期的权力继承》,《西北师大学报》(社会科学版)2000年第4期。

赵玉明:《鄂温克旗二道沟墓葬调查清理简报》,《呼伦贝尔文物》2000年第5期。

赵越:《内蒙古额右旗拉布达林发现鲜卑墓》,《考古》1990年第10期。

赵越:《拓跋鲜卑文化初探》,《内蒙古文物考古》1994年第1期。

赵振才:《大兴安岭原始森林里的岩画古迹》,《北方文物》1987年第4期。

郑德浩:《论拓跋鲜卑早期的匈奴化倾向》,《荆楚学刊》2016年第4期。

郑隆:《内蒙古扎赉诺尔古墓群调查记》,《文物》1961年第9期。

郑隆、李逸友:《察右后旗二兰虎沟的古墓群》,《内蒙古文物资料选辑》,内蒙古人民出版社,1964年,第99—101页。

中国社会科学院考古研究所内蒙古工作队、呼伦贝尔民族博物院、满洲里市文物管理所、扎赉诺尔区文物管理所:《满洲里市蘑菇山墓地发掘报告》,《草原文物》2014年第2期。

中国科学院考古研究所内蒙古工作队:《内蒙古巴林左旗南杨家营子的遗址和墓葬》,《考古》1964年第1期。

朱泓：《从扎赉诺尔汉代居民的体质差异探讨鲜卑族的人种构成》，《北方文物》1989年第2期。

朱泓：《人种学上的匈奴、鲜卑与契丹》，《北方文物》1994年第2期。

朱泓：《察右后旗三道湾汉代鲜卑族颅骨的人种学研究》，《内蒙古地区鲜卑墓葬的发现与研究》，科学出版社，2004年，第273—288页。

庄鸿雁：《鲜卑萨满文化三论》，《学术交流》2012年第9期。

庄鸿雁：《大兴安岭岩画与鲜卑文化渊源考论》，《东北史地》2013年第5期。

庄金秋、崔明德：《略论拓跋鲜卑与两晋的关系》，《齐鲁学刊》2009年第6期。

（二）汉译论文

〔法〕伯希和著，冯承钧译：《支那名称之起源》，《西域南海史地考证译丛·第一卷》，商务印书馆，1995年，第39—41页。

〔日〕船木胜马：《关于匈奴、乌桓、鲜卑的“大人”》，古清尧摘译，《民族译丛》1984年第3期。

〔日〕江上波夫：《内蒙古百灵庙砂凹地的古坟》，《亚细亚文化史研究·论考篇》，东京大学东洋文化研究所，1967年。

〔日〕内田吟风：《乌桓鲜卑的习俗》，李步嘉摘译，《民族译丛》1985年第1期。

〔日〕松下宪一：《拓跋鲜卑的都城与陵墓——以呼和浩特地区为中心》，王庆宪译，《草原文物》2011年第1期。

〔俄〕札尔金科：《中国编年史中的古代各族（匈奴、东胡、鲜卑、室韦）与埃文基人》，罗致平译，《民族问题译丛》1957年第1期。

索　　引

F

G

H

J

K

L

M

N

P

Q

R

S

T

W

X

Y

Z

Abstract

The records about the early Tuoba Xianbei (拓跋鲜卑) in the historical documents of different times in ancient China were the main materials for studying them. Archaeological remains from different stages and areas also provide materials for researching the historical problems of the early Tuoba. Abundant research achievements have assisted us to study the early history of Tuoba from various perspectives.

Tuoba is the Chinese transliteration of the ethnic name in the language of Tuoba. Examining the relevant historical documents, geography, language, and customs, Xianbei originated from the Donghu people, then evolved into several branches including Tuoba, which was a tribe formed after the fusion of Xianbei and Xiongnu. Tuoba originated from the northern part of the Great Xing'an Mountains, where they lived for more than seventy generations. They then moved to the Hulun Lake area. During the latter part of the East Han Dynasty they migrated to the Yinshan Mountain and the Hetao area, which once was the territory of Xiongnu. After that they moved to the Shengle County, Dingxiang Commandery (present Huhhot Plain). In 315 Yilu established the regime of Dai. In 386 Tuobagui built the Northern Wei Dynasty and unified northern China. The historical changes of the early Tuoba Xianbei included several stages such as the Da Xianbei Mountain, the Da'ze, the native land of Xiongnu, and the Shengle.

In the stage of Da Xianbei Mountain, Tuoba Xianbei still lived by hunting, fishing, and gathering. In the stage of the Da'ze, they had developed the nomadic economy and made animal husbandry the main industry. In the stages of the native land of Xiongnu and the Shengle, agriculture was gradually developed. The handicraft existed at all stages. Tuoba had all kinds of connections, sometimes hostile and sometimes peaceful, with the Central Plain regimes and other northern nomadic ethnicities. Finally, Tuoba had become an important political force by unifying the north of China. According to the ethnological materials and remains of the early Tuoba in northern China, we have learned the historical cultures and customs such as costume, diet, residence, marriage, funeral, and religion.

Through research on the history of the early Tuoba Xianbei, we can provide some academic ideas for reference.

后　记

我们的家乡呼伦贝尔是中国古代北方游牧民族繁衍生息、发展融合的一片神奇土地，这里的民族历史文化播下了我们学习和研究民族史兴趣的种子，以至于后来选择了历史学这个专业，并将其作为了一生的事业。

我们共同承担《中国古代北方民族史·拓跋鲜卑卷》的撰写任务后，在以往研究基础上，进一步补充文献和考古资料，虚心求教前辈学者，对拓跋鲜卑的历史文化有了更深的理解，切身感受到从事历史研究，能给出略显满意的答案，均需要拥有不懈的钻研精神和不断的艰辛付出。

感谢在书稿撰写、编辑过程中给予我们帮助的所有人，感谢团队的精诚合作、相互支持。感谢科学出版社赵越编辑付出的努力和辛劳。最后要感谢家人给予我们的莫大支持和理解。本书写作期间梁云母亲病重，老人能理解女儿的繁忙，宽容女儿的失陪，一直坚强支持女儿的工作。虽然她未能得见本书的出版，但我们会用加倍的努力告慰她的在天之灵。

在本书的撰写过程中，我们收获了知识、友谊，共同见证了团结、互助，对此我们心存感激。

由于学识和水平有限，书中定有不足之处，恳请学界指正。

梁　云　白劲松

2021年6月

总 后 记

在十卷本《中国古代北方民族史》即将出版之际，我们感觉有一些与全书有关的人和事应该记下来，权做一个交代和备忘。

2011 年春季，由时任内蒙古自治区呼伦贝尔市委常委、统战部部长孟松林同志召集，中国社会科学院考古研究所内蒙古第一工作队队长刘国祥研究员、呼伦贝尔民族博物院院长白劲松研究员具体组织，辽宁师范大学历史文化旅游学院院长田广林教授、内蒙古大学历史与旅游文化学院院长张久和研究员等人参加，在海拉尔落实论证由时任十一届全国政协副主席、中国社会科学院院长、党组书记陈奎元同志倡议的“蒙古族源与元朝帝陵综合研究”项目方案，填报立项申报书，通过中国社会科学院科研局，报送至全国哲学社会科学规划办公室。2012 年 8 月，“蒙古族源与元朝帝陵综合研究”被列为国家社会科学基金重大委托项目（批准号为 12@ZH014），研究周期为 10 年。中国社会科学院科研局作为项目主管单位，中国社会科学院考古研究所、内蒙古自治区文物局、呼伦贝尔市人民政府作为项目联合实施单位，内蒙古大学历史与旅游文化学院作为项目协作单位之一。王巍、孟松林二位先生担任项目首席专家，设北京和呼伦贝尔两个项目办公室，刘国祥、白劲松分别担任主任，组织全国相关科研机构和高校研究人员，以考古学为主，结合历史学、民族学、人类学、社会学、地理学等开展综合研究，力争取得具有国际影响力的学术成果。根据工作计划，2013—2014 年，刘国祥作为考古领队主持发掘了海拉尔区谢尔塔拉、陈巴尔虎旗岗嘎两处墓地，经过研究确认这两处墓地均为室韦人遗存。谢尔塔拉和岗嘎墓地的发现、识别和初步研究，为室韦史、北方民族史研究提供了丰富、直观的珍贵资料，对研究蒙古族族源问题具有重要学术价值。该重大委托项目的设立、室韦考古学文化遗存的发现与识别、共同的学术追求和多年来建立的深厚友谊，为我们开展相关合作研究奠定了坚实基础。

2017 年 6 月末，项目组在海拉尔召开学术研讨会，经过讨论，我们认为组织编写一套北方民族史著作的时机和条件基本成熟，根据项目实施计划，需要编写出版一部系统性的、与蒙古族起源史具有密切关系的历史学研究成果。于是，决定主要依托内蒙古大学培养的北方民族史科研力量组成学术团队编写《中国古代北方民族史》，并作为国家社会科学基金重大委托项目“蒙古族源与元朝帝陵综合研究”的子课题。达成共识后，经过准备，2017 年 8 月 16 日即在内蒙古大学召开了第一次“中国古代北方民族历史与考古系列学术研讨会”。在这次会议上，组建编写组，确定张久和、刘国祥为主编，何天明、白劲松为副主编，胡玉春、何天明、梁云与白劲松、袁刚、包文胜、吴飞、王洁、冯科、王丽娟、张久和与刘国祥为各卷作者，形成了老中青结合的学术团队。讨论了编写大纲、撰写内容、人员分工、全书体例和编纂要求等事项，标志着该项研究工作的正式启动。考虑到北方民族历史发展的连续性、诸北方民族的重要历史地位、与学界蒙古族起源说有关的北方民族、团队成员的科研主攻方向和前期的学术成果积累等因素，确定了以匈奴、乌桓、拓跋鲜卑、柔然、突厥、回鹘、黠戛斯、契丹、库莫奚和室韦这十个北方民族为研究对象，按族别史体例，一族一卷，形成十卷本的《中国古代北方民族史》。此后，十卷作者分别进入了研究和撰写阶段。

从研究工作启动，截至 2021 年 1 月，编写组以“中国古代北方民族历史与考古系列学术研讨会”的名义又召开了六次以推进研究、解决问题为主要目的务实会议。2017 年 11 月 11—12 日，第二次“中国古代北方民族历史与考古系列学术研讨会”在海拉尔召开，各卷著者就第一部分试写稿内容及相关事宜做了说明，与会人员充分讨论并提出了修改完善建议，并进一步讨论细化了各卷大纲。2018 年 7 月 31 日—8 月 1 日，第三次会议在内蒙古大学召开，以各卷撰写进展汇报为主题，与会专家围绕各卷完成的基本内容、学术创新、难点等展开了深入的学术研讨。2019 年 2 月 16—17 日，第四次会议在科学出版社召开，社领导高度重视，专门为每卷书稿选定一位编辑，个别卷甚至配备了两位编辑，开始与各卷作者对接。此次会议以撰写进展汇报为主要议题，作者、编辑和相关专家学者等与会人员围绕编写内容、编写进度、主旨思想、学术重点、学术规范、出版规范等内容进行了深入细致的研讨。

在第四次会议上基本确定了各卷完成和上交初稿的时间段。为了提高效率、保证质量，决定组成由张久和、何天明、冯科、曹磊、王石雨、任翔为主要成员的统稿小组，远离喧嚣闹市，摆脱杂事干扰，进行封闭集中统稿。2019 年 3 月 25—30 日，统稿小组在赤峰市红山区赤峰宾馆进行了第一次统稿，统阅胡玉春《匈奴卷》、王洁《黠戛斯卷》、王丽娟《库莫奚卷》三部书稿。中国社会科学院考古研究所内蒙古第一工作队承担了后勤保障工作。2019 年 4 月 8—13 日，在山西省朔州市右玉县进行了第二次统稿，得到右玉县文史学者王泽民先生的热情接待和周到安排。本次集中统阅何天明《乌桓卷》，梁云、白劲松《拓跋鲜卑卷》和张久和、刘国祥《室韦卷》三部书稿。2019 年 5 月 6—11 日，在赤峰市敖汉旗进行了第三次统稿。统阅袁刚《柔然卷》、包文胜《突厥卷》、吴飞《回鹘卷》、冯科《契丹卷》四部书稿。中国社会科学院考古研究所内蒙古第一工作队负责后勤保障工作，内蒙古史前文化博物馆田彦国馆长给予了热情支持。实际上，每一次统稿所用时间并不止于一周，每次回到呼和浩特后，统稿、校对人员各自又费时十余天才完成了相关工作。统稿小组诸位成员不辞辛苦，认真投入，指出和改正了书稿中存在的一些具体问题，提出了整体修改完善建议，在充分保证学术质量的同时，有效推进了编纂工作。

2019 年 7 月 13—14 日，第五次会议在中国社会科学院考古研究所召开，主要就全书的统稿情况，各卷的作者简介、内容简介、内容摘要翻译、配图、索引，出版阶段的有关问题及解决方案、下半年工作计划等进行讨论，做出了安排和要求，对此前整体工作做了总结。总体而言，五次会议就全书编写提纲、体例、结构、内容、编纂要求、进展等相关工作展开充分讨论，及时解决出现的问题，为整体工作的顺利进行起到了良好作用，推动了编纂进度，提高了内容质量。在第五次研讨会成果基础上，各卷作者用时近两个月完成相关工作内容，十卷书稿于 2019 年 9 月一次性交付出版社，正式进入编辑出版程序。至 2020 年 9 月，各卷先后审完作者样。

2020 年 9 月 7—12 日，第六次“中国古代北方民族历史与考古系列学术研讨会”在海拉尔召开，各卷作者、部分项目组专家、出版社编辑等参会，讨论确定了各卷作者样、索引、英文摘要、后记等最后上交期限以及后期编辑、出版方面的问题，对整体工作做了总结，对下一步工作做了安排。

2021 年 1 月 27 日，第七次“中国古代北方民族历史与考古系列学术研讨会”通过线上方式举办，本次会议以《中国古代北方民族史》十卷本书稿的外审意见反馈沟通为主要议题，各卷作者与编辑人员围绕相关建议进行研讨，并就书稿进一步的修改与编校深入交流意见。与会专家一致认为，送审意见既体现了对国家有关政策的深入理解，又有对具体写作表述细节的精准见解，是进一步开展书稿修改编校的工作指南，落实好上级部门的送审意见是书籍能够高质量面世的重要前提。各卷作者表示，一定会认真领会送审意见，与责编紧密配合，做好书稿修改工作，用优质学术成果回馈社会。张久和研究员在发言中指出，本套书全体撰写、编辑人员在实际工作中要始终贯彻好“铸牢中华民族共同体意识”的要求，一定要根据送审意见全面解决还存在的各种学术和技术问题，对于一些难点问题可以再次进行讨论，找到最佳解决方案，确保书籍质量。刘国祥研究员在会议总结时强调，习近平总书记在哲学社会科学工作座谈会上的讲话、致中国历史研究院成立的贺信以及 2020 年 9 月 28 日在中央政治局第二十三次集体学习时发表的《建设中国特色中国风格中国气派的考古学　更好认识源远流长博大精深的中华文明》的重要讲话，为历史学研究和考古学研究提供了科学指引，也为我们的工作注入了强劲的动力。在各卷编写的过程中均注重吸收最新的考古学研究成果，促进了历史学与考古学的融合发展，提升了该项成果的学术价值和创新价值。

自决定编写《中国古代北方民族史》开始，从论证体例、结构，斟酌目录、编纂要求，到试写内容的讨论、完成初稿，再到统稿中的增删修改、核对史料、提出总体建议、修改完善书稿，直到选图配图、编制索引、校对书稿等，整个过程大家各尽其责，团结协作，体现了应有的专业素养和团队意识。应该说我们尽了很大努力去组织全书的编纂，各卷作者也克服困难、夜以继日地工作，但从 2017 年 8 月启动，到 2019 年 9 月正式交稿，撰写时间毕竟太短，作者又各有学习、教学、科研甚至行政工作任务，投入的时间和精力难以保证；加之成果积累程度不同，其中半数有博士论文作基础，有数年或十余年的积淀，编纂起来相对容易；有的纯粹白手起家，从收集分析史料、总结归纳前人成果做起，再进行研究，工作量和难度确实很大；有的作者年轻，刚刚踏入史学门槛，想法稚嫩，功力尚浅，难免存在许多缺陷。吸收青年学人加入团队，也是抱着锻炼、培养和带动他们成长的目的。因此，虽然全书整体体例、编写要求等大体一致，但在内容论述深度、提出和解决问题等方面还各存差异，在学术上尚存在很大的提升和完善空间，一定会有许多不足和遗憾之处。考虑到“蒙古族源与元朝帝陵综合研究”重大委托项目的迫切需要，以及国内外尚无一次性推出以族别史为体例的多卷本北方民族史成果的现实，我们不揣浅陋，把十卷本《中国古代北方民族史》作为一项团队研究北方民族史的阶段性学术成果呈现出来，供学界同仁批评指正，以达到抛砖引玉，锻炼队伍，增进交流，推动研究的目的。

从启动编写到正式出版，费时四年。我们能够顺利完成这项研究工作，离不开各位领导、学界同仁、出版社编辑和媒体记者朋友的大力支持和鞭策。“蒙古族源与元朝帝陵综合研究”重大委托项目首席专家王巍先生、孟松林先生宏观指导、鼎力支持，同意将《中国古代北方民族史》列为重大委托项目子课题资助研究。孟松林院长每次会议均到场致辞，亲切关怀，热情鼓励，增强了编写组成员的信心。内蒙古大学党委书记朱炳文同志，校长陈国庆教授，副校长张吉维教授、高光来教授、额尔很巴雅尔教授始终关心关注这项工作，多次询问研究、出版进展，学校并以“双一流”建设经费予以科研资助。中共呼伦贝尔市委书记于立新同志对该项目给予了高度重视和大力支持，多次听取项目组工作汇报，帮助解决诸多实际困难，有力保障了该项目的顺利实施。内蒙古自治区社会科学院院长李春林研究员亲临研讨会，给予指导帮助。中国社会科学院考古研究所的各位领导对该项目始终给予关心和支持，陈星灿所长多次听取项目工作汇报，积极推动本套书的编辑和出版工作。中国历史研究院副院长李国强研究员对该项目给予了学术指导和热情帮助。中国科技出版传媒股份有限公司（科学出版社）副总经理闫向东先生、文物考古分社副社长孙莉女士，高度重视项目进程，并在2017年底将项目确立为出版社的重大项目，极大鼓舞了编写者的士气。同时还为每本图书配备了优秀编辑，积极协调出版事宜，为图书出版提供了有力保障。各卷责任编辑审读校阅，纠错证谬，确保了出版质量。新华通讯社记者李贺、中国新闻社记者孙自法、人民政协报记者付裕、中国社会科学网记者齐泽垚、中国社会科学报记者杨阳、中国文物报记者郭晓蓉等不辞辛劳，追踪项目进展，连续深度报道，提升了该项目的学术和社会影响力。工作组精心组织，周到安排，辛勤付出，全力配合，使历次研讨会成功举办，统稿工作顺利进行，摘要英译、选图配图等取得良好效果，为整体研究工作的顺利进展提供了坚强有力的保障。各卷的英文摘要由中国社会科学院考古研究所蒙古族源研究中心学术秘书王珏女士翻译，美国华盛顿大学王海城副教授审定，特此致谢！总之，在编写该书过程中，支持帮助过我们的人还有很多，难免挂一漏万，要讲的话也一时言不尽意，在此，我们一并表达崇高的敬意和由衷的谢忱！

历史的机缘、共同的学术志趣使我们成为合作者。值得欣慰的是，在收获学术果实的同时，我们也收获了友情、亲情。这一过程中的耳闻目睹、酸甜苦辣丰富了我们的人生阅历和感受，团结融洽、勇于担当、相互砥砺、理解包容成为我们共同的精神财富。

《中国古代北方民族史》编写组

2021年6月